普通高等教育规划教材

课件制作软件实用技能

主　编　薛　颖

副主编　王双全　张艳明　陆明玉　唐胜凯
关　健　张艳华　张格日乐吐

中国环境出版社·北京

图书在版编目（CIP）数据

课件制作软件实用技能/薛颖主编. —北京：中国环境出版社，2018.1

普通高等教育规划教材

ISBN 978-7-5111-3411-0

Ⅰ. ①课… Ⅱ. ①薛… Ⅲ. ①多媒体课件—制作—高等学校—教材 Ⅳ. ①G434

中国版本图书馆 CIP 数据核字（2017）第 293082 号

责任编辑 黄晓燕 李兰兰
责任校对 尹 芳
封面设计 宋 瑞

更多信息，请关注
中国环境出版社
第一分社

出版发行 中国环境出版社
（100062 北京市东城区广渠门内大街 16 号）
网 址：http://www.cesp.com.cn
电子邮箱：bjgl@cesp.com.cn
联系电话：010-67112765（编辑管理部）
010-67112735（第一分社）
发行热线：010-67125803，010-67113405（传真）
印 刷 北京市联华印刷厂
经 销 各地新华书店
版 次 2018 年 1 月第 1 版
印 次 2018 年 1 月第 1 次印刷
开 本 787×960 1/16
印 张 16
字 数 252 千字
定 价 41.00 元

前　言

知识经济时代，新技术的迅速发展和广泛应用对社会多方面产生了深远影响，教育也不例外。中共中央、国务院颁布实施的《国家中长期教育改革与发展规划纲要（2010—2020 年）》中要求的强化信息技术应用，提高教师应用技术水平，更新教学观念，改进教学方法，提高教学效果一直是我国教育行业的工作方针和宗旨。“互联网+”时代的到来给各行各业都带来了翻天覆地的变化，教育也发生着日新月异的变化。新技术都已深入教育科研和教学第一线。先进的教学理念和最新技术在教育教学改革中的应用一直是教育科研工作者研究的热点和难点问题。教育技术的应用已经日益成为教育改革发展的重要突破口，现代教育技术理论和实践能力已成为教师必备的基本素质。本教材就是为了提高教师和师范类专业学生的应用软件能力，针对当今教育实践所需要的各种应用型软件所编写的教育技术领域有关课件制作的理论与技能应用。

编者一直从事教育技术领域的科研和教学工作，积累了一定的教学经验和科研成果，本教材从理论和实践的角度阐述了课件制作软件实用技能，主要内容包括课件制作理论基础、课件中多媒体素材的分类特点及准备、课件中的教学设计、PowerPoint 操作技能、课件制作标准及实践案例、课件制作软件拓展等。本教材在编写过程中参阅了大量资料，同时也引用了相关专家和学者的研究成果，能够在教育理念、教育理论和教学实践等方面为从事教育教学改革的老师提供一个全新的视角和可借鉴的实践经验，对一线教师具有指导意义。

本书既可以作为中小学教师信息技术培训用书，也可以作为师范类院校教科书，还可以成为教育技术爱好者指导用书。本书主编为赤峰学院薛颖，副主编由赤峰学院王双全、张艳明、陆明玉、关健、张艳华、张格日乐吐和点点互动（北京）科技有限公司唐胜凯担任。

在编写过程中笔者参阅了大量相关科研资料，同时也引用了相关专家学者的最新研究成果，在此表示诚挚的感谢！同时非常感谢本书编辑付出的努力！由于时间仓促、水平有限，有错误和不当之处恳请广大读者提出宝贵意见，以便进一步修改和完善！

编　者

2017 年 11 月 1 日

目　录

第一章　课件制作与理论基础

第一节　多媒体教学概述

一、多媒体教学

随着媒体技术的不断发展，在现代科学方法论的影响下，教育技术逐渐成为一门独立的学科体系，教育技术的应用成为教育现代化的重要标志。教育信息化的发展要求教师必须掌握计算机及网络应用，能够进行多媒体课件的开发设计制作并熟练运用课件完成教学任务。

多媒体教学在教育领域一直得到广泛应用，教师借助文本、图形图像、音频、视频和动画等开展教学，20 世纪 80 年代开始出现将多种电子媒体如幻灯、投影、录音、录像等综合运用于课堂教学，这种教学技术又称多媒体组合教学或电化教学。90 年代起，随着计算机技术的迅速发展和普及，多媒体计算机已经逐步取代了以往的多种教学媒体综合使用的地位。因此，目前我们所说的多媒体教学特指运用多媒体计算机并借助于预先制作的多媒体教学软件来开展的教学活动过程。

多媒体教学又称计算机辅助教学（Computer Assisted Instruction，CAI），是指在教学过程中，根据教学目标和教学对象的特点，通过教学设计，合理选择和运用现代教学媒体，并与传统教学手段有机组合，共同参与教学全过程，以多种媒体信息作用于学生，形成合理的教学过程结构，达到最优化的教学效果。

二、多媒体素材的种类及特点

多媒体教学利用计算机技术、网络技术、通信技术及科学规范的管理对学习、教学、科研、管理和生活服务有关的所有信息资源进行整合、集成和全面的数字化，以构成统一的用户管理、统一的资源管理和统一的权限控制。它侧重于学生可随时通过 Wi-Fi 接入校园网及互联网，方便地获取学习资源，教师可利用无线网络随时随地查看学生的学习情况、完成备课及开展科研工作。其核心在于无纸化教学的实施及校园内无线网络的延伸。

多媒体素材是多媒体教学中课件的重要组成部分，使用多媒体素材进行教学活动，除了可以增加自学过程的互动性，更可以吸引学生学习、提升学习兴趣，以及利用视觉、听觉及触觉三个方面的反馈（feedback）来增强学生对知识的吸收。本章我们通过了解多媒体的概念、多媒体素材的种类和特性，以及多媒体素材的获取方式，掌握多媒体素材的收集方法和加工方法，为开发多媒体课件奠定重要基础。

表 1-1　多媒体素材的种类及特点

常见的多媒体素材类型	特点	适用的教学内容
文本	在计算机屏幕上呈现的文字内容，它是准确、有效地传播教学信息的重要媒体元素	在多媒体课件中，概念、定义、原理的阐述，问题的表述，标题、菜单、按钮、导航等都离不开文本信息
图片	可以形象、生动、直观地表现出大量的信息，学习者接受起来比较容易。计算机中的图片是数字化的，图片类型的素材包括图形和图像两种：图形指由外部轮廓线条构成的矢量图，它是一种抽象化的形状，多是由计算机绘制的直线、圆、矩形、曲线、图表等。由于承载的信息量比较少，因此数据量少。图像是由扫描仪、摄像机等输入设备捕捉实际的画面产生的数字图像，由像素点阵构成。它的色彩比较丰富，层次感强，可以真实地重现生活环境，其承载的信息量比较大	多用于描述轮廓不很复杂，色彩不很丰富的对象，其描述对象可任意缩放而不失真。图像文件存储量往往比较大，而且在缩放过程中容易造成变形或锯齿

常见的多媒体素材类型	特点	适用的教学内容
音频	属于过程性信息，有利于限定和解释画面。此外，在教学中利用音频传递教学信息，是调动学生使用听觉接受知识的必要前提	用于语言解说、背景音乐和效果音等，发音标准的解说、动听的音乐有利于集中学生学习注意力、陶冶学生情操、激发学生学习潜力。其缺点是数据量比较大，在课堂教学中，音频素材不易获取
动画	一种可感觉到相对于时间、位置、方向和速度运动的动态媒体，它忽略了事物运动变化过程中的次要因素，突出强化了其本质要素，更有利于学习者把握本质规律。此外，经过设计的动画更加生动、有趣，有利于激发学习者学习的兴趣	用来模拟事物的变化过程、说明科学原理。在许多领域中，利用动画来表现事物甚至比视频效果更好
视频	视频信息量比较大，具有更强的感染力	适宜呈现一些学习者感觉比较陌生的事物

多媒体素材的搜索技巧和其他技术一样，需要大家在实践中不断地去体验和总结。一般情况下，只要选用好的搜索工具，采取科学的搜索策略和技巧，并熟悉所搜索的领域知识，就能够获得比较满意的搜索结果。

三、多媒体课件概述

技术的发展日新月异，具有直观、信息量大、易于接收和传播等特点，当前新技术新媒体更是在互联网、人工智能、大数据和虚拟现实等各个方面发展迅猛并被广泛应用于教育领域，多媒体课件是新技术在教育教学和学习中应用最广泛的产物，不仅可以帮助教师开展教学活动，更能够发挥其智能性特点辅助学生的学习。

课件（courseware）是指在一定的教学理论、学习理论指导下，以计算机技术、多媒体技术和通信技术为基础，为完成特定的学习目标而设计的，能反映某种教学策略和教学内容的计算机软件。多媒体课件是指根据一定教学目标，表现特定教学内容，反映一定教学策略的多媒体应用软件。它将文本、图形图像、音频、视频和动画等五类媒体素材综合起来，支持教师的教和学生的学，贯穿整个教学过程中，具有诊断、评价、反馈、强化等功能的计算机程序，它反映了整个教学传播系统中各个要素的关系以及教学内容、教学目标、教学策略等。多媒体课件的规模可大可小，大的课件可以包括一门完整的课程内容，小的课件可以只包含某一个知识点内容。多媒体课件根据教学目标和课程内容的不同，通常有以下几种类型：课堂教学型、自主学习型、资料工具型、操练复习型、模拟实验型、教学游戏型等。

第二节　教学理论与课件制作

教学理论是通过研究教学的现象、问题，揭示教学的一般规律的理论科学，也是研究利用和遵循规律以解决教学实际问题的应用科学。进行课件制作，就需要对教学规律有清楚的认识。通过掌握、遵循和运用教学规律，有益于课件的制作，为课件制作提供有益的启示和指导。

一、古代教学理论

（一）中国古代教学理论

早在公元前 6 世纪，我国的教育思想中就有教学过程理论的雏形。伟大的教育家孔子提出："学而不思则罔，思而不学则殆"，并注重"躬行"，即身体力行，将学习过程概括为学—思—行的统一过程。这一思想被后来的思孟学派发展，在《中庸》中进一步提出了"博学之，审问之，慎思之，明辨之，笃行之"的学习过程。

世界教育史上最早的较为完整的教育专著《学记》对孔子和思孟学派作了辉煌的发展。《学记》论述了当时的教育与教学的地位、作用、目的、任务以及制度和内容，极其精彩地阐述了"教学相长"中教与学间的辩证关系；总结了"藏息相辅""长善救失"等教学原则和教学方法；明确地论述了教师循循善诱的教学经验。《学记》注重教与学的双向互动，不仅重视学生如何学，更突出阐明教师如何教的原理和方法。这些理论十分精粹，至今仍熠熠发光。

宋朝著名理学家朱熹比较注意学与思的关系，提出了著名的“循序渐进、熟读精思、虚心涵泳、切己体察、着紧用力、居敬持志”的读书法。这些理论强调学生个体能动的学习、思辨和实践，强调教与学的双边互动，循循善诱，对我国后世的教学产生了积极的影响。

（二）古代西方教学理论

公元前 5 世纪，古希腊出现了第一批职业教师，他们是以传授知识为职业的智者派，开始了对教学过程的探索。其中最有影响力的苏格拉底，他在教学中，并不把真知直接教给学生，而是通过对话、诘问，让学生陷于矛盾的困境中，然后引导学生经过自己的思考去获取知识。这种帮助学生获取知识的方法“产婆术”，也叫苏格拉底法。

例如：苏格拉底与士兵的讨论“什么是勇敢？”

“什么是勇敢？”苏格拉底随便问一个士兵。

“勇敢是在情况变得艰难时能坚守阵地。”士兵回答。

“但是，假如战略要求撤退呢？”苏格拉底问。

“假如这样的话，就不要把事情变得愚蠢。”士兵回答。

“那么，你同意勇敢既不是坚守阵地也不是撤退？”苏格拉底问。

“我猜想是这样，但是，我不知道。”士兵回答。

“我也不知道，或许它正好可以开动你的脑筋，对此你还有什么要说的？”苏格拉底又问。

“是的，可以开动我的脑筋，这就是我要说的。”士兵回答。

“那么，我们也可以尝试地说：勇敢是在艰难困苦的时候的镇定、正确的判断。”苏格拉底说。

“对。”士兵最后回答。

古罗马教育家昆体良在总结自己教学工作过程的基础上，提出了“模仿、理论、练习”三个循序渐进的学习过程理论。这一过程重视直观及理论知识的掌握、理论水平的提高和技能的训练，注重教学方法的研究和改进，是十分可贵的。

二、近代教学理论

随着欧洲资本主义的发展、思想启蒙的兴起和自然科学的革新，推动了教学理论的研究和教育制度及方法的改进，教学过程理论逐步走向系统化、科学化的进程，系统的教学过程理论开始形成。

（一）夸美纽斯的自然教学理论

17世纪捷克教育家夸美纽斯根据时代变革的要求，锐意教学改革，反对统治阶级垄断教育的精英教育以及天主教的宗教教育，反对用严酷粗暴的方法把学校变成“儿童恐怖的场所，变成他们才智的屠宰场”，主张一切男女儿童不分富贵贫贱，都应该进入学校，接受周全的泛智的教育。他认为教学是“把一切事物教给一切人类的全部艺术”。他将教学建立在感觉活动的基础上，主张教学要遵循自然的秩序，提倡直观教学和实物教学，重视事物的真实性和起源，在前人的基础上系统地提出了班级授课制度、学年制度和分科教学，重视循序渐进、因材施教。1632年，完成了教育学专著《大教学论》，为教育做出了杰出贡献。

1．论教育的目的和作用

夸美纽斯肯定了教育在社会发展和个人发展中的重大作用。他认为教育的终极目的是为永生做准备；教育的直接目的是为现实的人生服务，培养具有“学问、德行和虔信”的人。

2．论教育适应自然的原则

“教育适应自然”的原则是夸美纽斯整个教育思想体系的根本性指导原则。夸美纽斯认为，“教育适应自然”包括两方面的含义：一是教育要适应大自然的发展法则；二是教育要适应儿童个体的自然发展，即适应儿童的天性、年龄特征。

3．论普及教育和统一学制

夸美纽斯提出了“泛智教育”思想，认为学校教育的基本功能应当是给人以广泛的知识教育，教育应当“把一切事物教给一切人”。并以此为基础提出了普及教育的主张，论述了关于统一学制的设想。

4. 论学年制和班级授课制

夸美纽斯对近代教育学最大的贡献之一，就是他所确立的班级教学制度及其理论。直到17世纪，西欧各国仍普遍沿用个别施教制。根据学年制，每年招生一次，学生同时入学，以便使全班学生的学习进度一致，学年结束时，经过考试，同年级学生同时升级；各年级应在同一时间开学和放假；他还强调学校工作要有计划，使每月、每周、每日、每时都按计划进行各项工作。

5. 论教学原则

（1）直观性原则。夸美纽斯在感觉论的基础上论证了直观教学的必要性，要求“在可能的范围内，一切事物都应尽量放到感官跟前”。

（2）循序渐进原则。夸美纽斯主张要合理地安排教学科目的顺序，做到由近及远，由易到难，由简到繁，由已知到未知，由具体到抽象，同时也要适合儿童的年龄特征。

（3）巩固性原则。夸美纽斯要求学生在理解的基础上掌握知识，并将所学的知识加以练习和运用。

（4）主动性与自觉性原则。夸美纽斯主张“应该用一切可能的方式把孩子的求知与求学的欲望激发起来”，提高学生学习的主动性与自觉性。

（5）量力性和因材施教原则。夸美纽斯提出教学应根据学生的年龄特征、知识水平及个别差异有针对性地进行。

（二）赫尔巴特的教学理论

赫尔巴特的思想反映了德国发展资本主义的强烈愿望，在教学上不仅把资产阶级的“德行”作为教育的“终极目的”，而且把“多方面的兴趣”作为教学的“较近的目的”。他认为多方面性是德行的基础，“教学应当多方面地培养人……”。

赫尔巴特在西方教育史上第一次明确提出“教育性教学”的思想。在赫尔巴特之前，教育学家们通常把道德教育和教学分开进行研究和阐述，教育和教学通常被赋予不同的目的和任务。赫尔巴特的开创性贡献在于阐明了教育教学之间的联系。他明确指出，“不存在‘无教学的教育’这个概念，正如反过来，我不承认有任何‘无教育的教学’”，“德育问题是不能同整个教育分离开来的，而是同其他教育问题必然地、广泛深远地联系在一起的”。从而使道德教育落实在学科教学的坚实基础上，也使学科教学具有了道德教育的任务，成为教育的基本原则，推进了教育理论的发展。

赫尔巴特根据人们多方面的兴趣，拟订了反映当前科学文化发展的广泛而全面的教学科目。他要求教师要善于传授知识，掌握传授知识的方法。

赫尔巴特还根据“统觉”学说，强调教学应该是一个统一完成的过程，提出形式教学阶段理论。他认为：学生掌握系统的书本知识的程序阶段是：明了（传授新知识、明了新观念）—联合（与已有的观念建立联系）—系统（新旧知识进行联系，探索规律）—方法（运用知识，实践操作）。此后，他的学生赖因将此演变为预备—提示—联系—总结—运用，即五段教学法。这些教学过程理论于 19 世纪在欧美各国广泛推行，并于清末流传到我国，被后世称为传统教育派或传统教学。

赫尔巴特的教学理论强调教师中心、教材中心、课堂中心，一定程度上有助于学生对系统知识与技能的掌握和运用，提高了教学质量，但它过于强调教师在教学中的领导作用与课堂教学的规范，往往忽视学生的主动性，忽视学生个体能力的重要作用，导致教学与实际生活的脱节，学生对教学过程的游离。但赫尔巴特的教育思想对当时乃至之后百年来的学校教育实践和教育理论的发展产生了非常巨大、广泛而又深远的影响。在西方教育史上，他被誉为“科学教育学的奠基人”，在世界教育史上被称为“教育科学之父”。

三、现代教学理论

19 世纪末以来，特别是 20 世纪，科技与经济迅猛发展，国际竞争加剧，民主意识日益高涨，推动了教育的发展和变革，教育领域尤为突出，形成了“现代教育”与“传统教育”之争。他们相互批判、相互对立、相互作用，各有优点和不足。20 世纪 60 年代后，他们根据历史和实际经验，对教育的发展和人才培养提出了新要求。

（一）杜威的实用主义教学思想

美国教育家杜威认为，教育就是经验的不断重组与改造，教学即儿童通过切身实践探索经验的过程。他重视学生的生活经验，认为教学要善于联系学生的生活经验来理解教材，强调学生中心、活动中心、作业中心，从做中学来调动学生的主动性和积极性，感知与掌握知识与技能。因此，他提出了“教育即生活”“学校即社会”“从做中学”的教育教学主张。

1. “新三中心论”

区别于传统教育“课堂中心”“教材中心”“教师中心”的“旧三中心论”，杜威提出“儿童中心（学生中心）”“活动中心”“经验中心”的“新三中心论”。

杜威是在批判旧教育的过程中提出“儿童中心主义”思想的。在杜威看来，在传统教育中，“学校的重心在儿童之外，在教师、教科书以及你所高兴的任何地方，唯独不在儿童自己即时的本能和活动之中”，教科书“是过去的学问和智慧的主要代表”，而“教师是使学生和教材有效地联系起来的机体，教师是传授知识和技能以及实施行为准则的代言人”。因而，传统教育的弊病是显而易见的。由于传统教育把教育的“重心”放在教师和教科书上，而不是放在儿童的本能和活动中，于是，儿童只能受到“训练”“指导和控制”以及“残暴的专制压制”。去除这种弊病的出路是使教育实现重心的转移。“我们教育中将引起的改变是重心的转移，这是一种变革，这是一种革命，这是和哥白尼把天文学的中心从地球转到太阳一样的那种革命。这里，儿童变成了太阳，而教育的一切措施则围绕着他们转动；儿童是中心，教育措施便围绕着他们而组织起来。”把教育的重心从教师、教材转移到儿童身上，这就是杜威倡导的“新教育”（或“进步教育”），也就是“以儿童为中心”的教育。

2. 教学主张

杜威以教育是生活、生长和经验改造的理论为基础，对教材和教法等课题做出与传统观念不同的论述。

在教材的选择上，杜威建议“学校科目的相互联系的真正中心，不是科学……而是儿童本身的社会活动”。具体地讲，是学校安排种种作业，把基本的人类事物引进学校中来，作为学校的教材。

在教学方法上，杜威主张“从做中学”，他认为儿童不从活动中而由听课和读书所获得的知识是虚渺的。

3.“五步教学法”

杜威将教学过程分为以下几个步骤：困难（发现困难与目的）—问题（提出要解决问题）—假设（假设解决问题的办法）—验证（推断可能的解决假设）—结论（实验验证，形成结论），即五步教学法。这种教学理论的优势在于，重视学生个体的作用，紧密联系生活的实际，充分发挥学生的主动性、创造性与实践能力的提升，但它忽视了教师与教材的作用，并且在实践中难以操作和评定，影响了学生系统知识的习得，导致教学质量的降低。但其积极的一面仍值得借鉴。

（二）凯洛夫的教学过程思想

凯洛夫是苏联著名的教育家，他的教育思想集中反映在其主编的《教育学》一书中。他注重系统的科学文化知识的教学，认为教学是教学教养和教育的基本途径，使教学具有教育性。教学过程是教师引导学生掌握知识、形成技能技巧的过程，同时，必须遵循列宁提出的“从生动的直观到抽象的思维，并从抽象的思维到具体的实践，这一认识真理的辩证途径”。他提出了感知具体事物，理解事物的特点、关系或联系，形成概念，巩固知识，形成技能、技巧，实践运用等六个环节的教学过程。

凯洛夫试图用马克思主义科学地解释教学过程，揭示学生认识的特点，概括教学过程的基本环节，提出并阐明教学必须遵循的原则。他确实在新的理论基础上发扬了传统教学论的优点，纠正了实用主义教育忽视系统知识偏向，显著提高了学校科学文化知识的教学水平，在理论和实践上都达到了新的高度。但由于过于强调学习书本知识、教师主导作用和课堂教学，尽管也提到要引导学生积极参与教学，发展学生的智力，实际上对学生在学习中的主体地位认识不足，对学生学习的主动性、积极性有所忽视，对发展学生的智力、能力强调不够，暴露出类似“传统教育”的一些弊病，这就影响了教学质量的进一步提高。

（三）赞可夫的发展性教学理论

赞可夫是苏联著名的教育家、心理学家，他从1957年开始进行了长达20年的“教学与发展”的实验，他“致力于探求新的途径”“以尽可能好的教学效果来促进学生的一般发展”。他所指的学生的“一般发展”不等同于智力的发展，它包括了身体发展和心理发展。而心理发展不仅包括智力和实际操作能力的发展，还包括情感、意志、品德和个性的发展，是人的完整发展。他主张教学应推动发展前进，“只有当教学走在发展前面时，这才是好的教学”。

赞可夫的发展性教学理论运用了他的导师、苏联著名心理学家维果茨基最近发展区学说。维果茨基说：“教学应该创造最近发展区，然后使最近发展区转化为现有发展水平；教育学不应当以儿童发展的昨天，而应当以儿童发展的明天作为方向。”只有当教学走在发展的前面时，教学才有好的结果。通过长期广泛的教学实验，赞可夫提出了以下五条教学原则：

1．以高难度进行教学的原则

教学要有一定的难度。教学内容要充分满足学生的求知欲和利用学生的认知的可能性，用稍高于学生原有水平的教学内容来教学生。“只有走在发展前面的教学才是最好的教学。”他主张把教学建立在高水平的难度上，在教学过程中，只要学生懂了，就要向下教授，不要原地踏步走，防止学生产生心理抑制，使学生时时感到在学习新东西。同时，他也指出高难度不是越难越好，要注意掌握难度的分寸。只有这样能为紧张的智力工作不断提供丰富营养的教学，才能有效地促进学生的发展。

2．以高速度进行教学的原则

赞可夫认为教学进度太慢，大量的时间花在单调的重复讲授和练习上，阻碍了学生的发展。他主张从减少教材和教学过程的重复中求得教学速度，从加快教学速度中求得知识的广度，从扩大知识广度中求得知识的深度。当然，强调高速度也不是越快越好，引导者必须通过观察确定学生已经真正地理解了概念后，再发现学生的些许探究的意愿后，才可以继续下一步的引导。速度要与学生的“最近发展区”的实际相适应，以丰富多彩的内容去吸引、丰富孩子的智慧，促进其发展。根据学生的发展现状，提供丰富多彩的、更高层次的应用价值很高的教学内容，学生会被其吸引，从而得到自然的发展。

3．理论知识起指导作用的原则

赞可夫根据实验的观察材料指出：在20世纪五六十年代，小学一年级学生就能掌握许多抽象的概念，理解某些事物的内在联系，而且，人类科学技术的发展已使人的感官延伸到宏观世界和微观世界，借助于现代化的教学手段，人们已经可以把过去认为极其复杂的现象变成容易理解的东西。因此，他认为孩子“知识的获得、技巧的形成是在一般发展的基础上，在尽可能深刻理解有关概念、法则及其之间的依存性的基础上实现的”。掌握理论知识对于事实材料和技能的规律能加深理解，使知识结构化、整体化，方便记忆；理论知识可以揭示事物内在联系，孩子掌握理论知识后能够把握事物规律，然后展开思想，实现知识迁移，调动思维积极性，促进一般发展。

4．使学生理解学习过程的原则

这一原则要求学生在理解知识本身的同时，也理解知识是怎样学到的，也就是教材和教学过程都要着眼于学习活动的“内在”机制，教学生学会怎样学习。例如，学生学习氧气的化学性质，教师可先引导学生动手做碳、硫、磷、铁分别在空气中燃烧和在氧气中燃烧的实验，进而根据现象，使学生认识可燃物在氧气中燃烧比在空气中燃烧要剧烈，甚至在空气中不能燃烧的物质在氧气中也可以燃烧；同时还可以以此为基础，引导学生比较归纳上述四个反应，提出它们有什么共同点；再以蜡烛在氧气里燃烧的实验与之比较，又有什么异同；从而使学生理解碳、硫、磷、铁、石蜡等物质与氧气的反应，尽管不全都是化合反应，却全是氧化反应。显然，这个原则要求学生把前后所学的知识进行联系，了解知识网络关系，使之融会贯通，灵活运用，教学要引导学生寻找掌握知识的途径，要求学生明确学习产生错误与克服错误的机制等。概括地说，要发展学生的认知能力，培养学生的自学能力，才有利于学生的发展。

5．使全体学生都得到一般发展的原则

教学要面向全体学生，特别是要促进学习较差的学生的发展，教材必须适合大多数学生的学习水平；教学要以实验为基础，多做实验，增强学生的感性认识，发展学生的观察能力；用知识本身来吸引学生，使他们感到学习是一种乐趣，体会到克服学习困难后得到精神上的满足和喜悦，以此增强学生学习的内部诱因；教学中要注意设计好教与学的思路，重视知识的前后联系，融会贯通；启发思考，适时练习，及时反馈、矫正等。用这样一些方法，持之以恒，使全体学生都得到一般发展是可以做到的。

赞可夫在理论上提出教学应推动发展和高难度、高速度、以理论为主导等方面的要求，以激发学生学习的积极性、主动性，推动学生的一般发展解决了“教学与发展的问题的迫切性，不仅是科学技术的迅猛发展所决定的，在实现崇高的人道主义理想——个性的全面发展上起着卓越的作用”。他的实验是成功的，他提出的指导思想和教学原则对后人是有启发作用的。但是，由于他的“高难度、高速度”均为相对概念，没有稳定的标准，故其“度”就难以把握，往往要求偏高，难以推广流传。

（四）布鲁纳的结构主义教学思想

美国教育心理学家布鲁纳（J. S. Bruner）所著的《教育过程》一书，体现了美国 20 世纪 60 年代进行的一次教学改革的指导思想。他关心的是教育质量与智育目标。为此，他主张搞好中学课程设计，编写出“既重视内容范围，又重视结构体系的教材”。重视“内容”指要求教材现代化，重视“结构”则是指要求教材包含学科的基本概念、法则及其联系，有助于学生“学习事物是怎样相互关联的”。

他认为“在提出一个学科的基本结构时，可以保留一些令人兴奋的部分，引导学生自己去发现它”。这样，学生通过发现法来掌握学科基本结构，易理解、记忆，便于知识的迁移、能力的发展。布鲁纳发扬了杜威教学理论中的积极因素，注意调动学生学习的主动性，通过发现、探索活动掌握知识。

但他和杜威不同，重视科学知识，重视发挥教师的作用。虽然他强调学生的发现，但他认为发现法“消耗时间可能太多”，因而教师的讲授对学生来说仍然是很必要的，主张在发现与讲述“两者之间取得恰当的平衡”。

布鲁纳认为，教学过程应依据儿童的智力发展过程。他依据皮亚杰的学说，把儿童智力发展分为三个阶段：第一阶段，前运算阶段，到 5～6 岁止，儿童依靠动作去应对世界；第二阶段，为具体运算阶段，儿童已入学，他们依靠用手操作事物或在头脑里操作代表事物与关系的那些符号进行认识，但不易处理那些不在他面前或他未经历过的事物；10～14 岁进入第三阶段，形式运算阶段，儿童智力活动以假设性命题进行运算的能力为基础，不限于面前的事物。他要求按各年龄阶段儿童观察事物的方式阐述学科结构，又说：“教授基本概念最重要的一点，是要帮助儿童不断地由具体思维向在概念上更恰当的思维方式的利用前进”。

在关于学生掌握知识的过程上，布鲁纳认为学习包括三个差不多同时发生的过程。第一个是新知识的获得。由于新知识往往同一个人以往的模糊或清晰的知识违背或是它的代替，故新知识的获得是先前知识的重新提炼。第二个是转换，使所得的知识，整理成另一种形式以适合新任务。第三个是评价，即检验与估计知识的正确性。他认为学习任何一门学科常有一连串的情节，每个情节都涉及获得、转换、评价三个过程。他举了一个例子，一位社会学科的教师在四年级讲文化往往发源于肥沃的河谷这个事实，然后在课堂讨论中鼓励学生思索：为什么这是事实？为什么文化的发生多半不在多山之国？这就是运用发现法，先给学生以必要的事实，然后引导他们靠自己的思考与探索获取知识，接着对其来源、出处进行检核或估计。他认为这个学习情节进行得很成功。

布鲁纳的教学过程理论提出了许多很宝贵的见解。但他的学科结构理论很难掌握，教学内容现代化的要求过高，对发现法的作用也估计过高，片面强调了教育过程的智力目标。因此，他的理论很难被教育工作者付诸实践。尽管如此，这并不能否定其理论的可取之处。

（五）巴班斯基的教学过程最优化思想

苏联教育家巴班斯基（1927—1987 年）在总结 20 世纪 60 年代顿河罗斯托夫地区克服大面积留级现象的经验基础上，运用辩证的系统方法来改进教学，提出了教学过程最优化的理论。

巴班斯基认为，以往的教学过程理论在一定范围内也反映了某些教学的规律性，但只是过程的某个侧面、某种关系，往往以偏概全。因此，要运用辩证系统的方法，把教学过程置于系统的形式中加以考察，从整体与部分、部分与部分、整体与外部环境之间的相互关系中综合地研究对象，以期达到最优地处理教学过程问题，即在规定时间内以较少的精力达到当时条件下尽可能好的效果。这里所指的“最优”，并不是绝对的，而是与具体条件相联系的。在某一条件下的最优，在另一条件下未必最优。这就要用系统论的方法来达到最优或优化。

巴班斯基指出，近年来教育科学家“十分重视对过程基本环节的阐述”，查明一个单元教学过程的“典型段落”，这被看作是教学过程的缩影。他认为，在现有的教育学中，对教学过程环节存在不同观点，有的考察掌握知识过程和讲授过程的基本环节；有的用掌握知识的因素（知识的感知、理解、概括、熟记和运用）代替教学过程的环节。故有必要对如何阐述教学过程的“段落”提出一些基本要求：第一，将内容与活动结合起来；第二，反映出教师与学生的活动及相互影响；第三，要包括从教师使教学任务具体化（即备课）开始，到教师间接控制的学生独立学习活动（如作业）为止的整个教学过程。这样便可以得出比较完整的教学过程的基本环节：①掌握教学的社会目的和任务，在研究学生、教学条件、教师本身可能性基础上使之具体化；②考虑全班学生特点，使教学内容具体化；③计划教学手段，最优地选择出教学活动的形式与方法，制订课程计划；④计划的执行，这是中心环节，要把教师的教的影响和学生的学习活动统一起来，形成师生在教学中的相互影响；⑤对知识、技能、技巧掌握的情况进行日常检查和自我检查，随机应变地调整教学过程的进程；⑥分析教学效果，查明尚未解决的任务，供下一轮过程参考。

巴班斯基以系统论研究教学过程，较全面、具体地阐述了教学的实际进程。这有助于教师最优地制订教学方案和组织教学过程以获得最佳效果。但是，他的教学过程最优化理论过于烦琐，若想使广大教师掌握与推广，尚需做很大的改进。

（六）瓦根舍因的范例教学思想

心理学家 M. 瓦根舍因首创了“范例教学理论”，他认为，范例教学法的基本思想在于，反对庞杂臃肿的传统课程内容和注入式的死记硬背教学方法。因为它实际上使学生获得的知识，往往是掌握得少，丢弃得多。提倡要敢于实施“缺漏”教学，让学生学习最基本的、有可能一辈子都记住的东西。理由是，在科学技术快速发展，知识量剧增的情况下，要想什么都教，无异于是在从事一项毫无希望获胜的竞赛。而只有注重发展学生“有教养性”的知识能力，使之在这个基础上改变思想方法，主动地去发现知识的规则、原理、结构，才能使知识如滚雪球般地扩展，获得打开知识大门的钥匙。因此，范例教学法的目的在于，培养学生在校内外活动中的独立性和主动学习的能力，养成独立地批判、判断和决定事物的能力。

1. 范例教学的基本内容

所谓范例，就是那些在日常生活素材中隐含着本质因素、根本因素、基础因素的典型事例。范例教学就是通过基本性、基础性和范例性知识教学，培养学生具有独立的判断能力和创造能力。

2．范例教学的基本原则

范例教学提出了多种教学原则，其中基本性、基础性、范例性原则是最基本的三条原则。

基本性原则是针对学科内容而言的，是指教给学生的内容应当是一门学科的基本要素，如基本概念、基本原理和基本科学规律等，使学生掌握学科的知识结构，在教学内容上反对多而杂，力求去芜存精。基础性原则是针对受教育者而言的。它要求教学内容的选定必须从学生的身心发展实际出发，适应他们的智力发展水平和已有的知识经验，并与他们的现实生活和未来发展需要密切相关，使他们在获得基本经验的过程中认识社会科学、自然科学的种种实质性关系，使他们的智力得到发展。范例教学理论认为，基础性是基本性的更高一个层次。范例性原则是要求教师教给学生的知识更新是经过精选的基本性和基础性的知识，而且这种知识一定是能起到示范作用的，它是一个窗口，从这个窗口可以看到更广阔的场景。通过范例性知识，有助于学生举一反三、触类旁通，有助于学生的迁移和实际应用。因此，在教学内容上反对面面俱到，力求做到典型性、代表性。范例性是在基本性、基础性之上所做的更高度的抽象。

3．范例教学的基本要求

实施范例教学，要求教师在备课时，应对教学内容进行五个方面的分析。

（1）基本原理分析。分析本节课表示和阐明了哪些重要的和带有普遍意义的内容，对这些内容的探讨可以使学生掌握哪些基本现象、基本原理、基本规律、基本概念以及方法和态度。

（2）智力作用分析。分析这节课的内容对学生努力活动应起什么作用。通过这个分析，教师可以知道学生对他所要教的内容了解到何种程度，以便在教学中突出重点，有的放矢地采取必要措施，强化学生的智力活动。

（3）未来意义分析。分析这节课的内容对学生今后生活和前途发展有什么意义。如果学生了解某些课题同他们的今后生活密切相关，那么这些课题的教学是比较容易进行的。反之，教师应采取相应措施，启发学生认识这些内容对他们未来的意义，从而调动学生学习的积极性。

（4）内容结构分析。分析这节课的内容有哪些要素，这些要素之间的关系如何，是否分层次，教学内容的难点何在，学生通过学习应获得什么样最基本的知识。

（5）内容特点分析。分析这节课有哪些特点，哪些内容能引起学生的兴趣，通过哪些直观手段引导学生提出问题，布置什么作业能使学生有效地应用知识。

范例教学是西德教育改革的中心，它是试图解决20世纪50年代西德的科技迅猛发展与当时的教学现状之间的矛盾而产生的。它打破了传统的机械地进行系统教学的模式，提倡用精选的、带有基本性和基础性的范例内容来编制教材，通过范例教材教学。使学生遵从由特殊到一般、再从一般到特殊的规律来认识世界，了解事物，这是符合人类认识规律的。范例教学虽然有诸多优点，但在具体实施过程中也存在一定难度，如科学地选定每门学科的范例性课题便绝非易事，而且也不是每一个教师都能做得十全十美的。另外，范例教学理论对某些问题的论述还不够具体、明确，如它强调各门学科的基本性、基础性、范例性，但没有给出具体的确定方法，这些都给教师实施该教学理论增加了难度。因此，范例教学论的倡导者建议还进一步探讨范例教学理论的有关问题。这也给我们在实践中留下了创造性教学的广阔空间。

第三节　学习理论与课件制作

一、联结学习理论

联结学习理论认为，一切学习都是通过条件作用，在刺激（S）和反应（R）之间建立直接联结的过程。强化在S—R联结的建立中起着重要作用。在S—R联结中，个体学到的是习惯，而习惯是反复练习与强化的结果。习惯一旦形成，只要原来的或类似的刺激情境出现，习得的习惯性反应就会自动出现。

（一）桑代克的尝试—错误说

1．桑代克的经典实验

桑代克（E. L. Thorndike，1874—1949年）是美国著名心理学家，西方教育心理学奠基人之一，联结主义学习理论创始人，代表著作有《教育心理学》《人类的学习》《成人的学习》等。

他把人和动物的学习定义为刺激与反应之间的联结，联结是通过盲目尝试、逐步减少错误而形成的，即通过试误形成的。桑代克以动物为对象研究学习过程，较著名的实验是“小猫迷箱”实验。他把一只饥饿的小猫放入迷箱，把食物放在箱外，然后详细记录小猫在箱子中的行为表现。刚放入箱子时，小猫竭力想从任何缺口中挤出来，咬栅栏或铁丝，直至碰巧抓住线、环或扣，打开门逃出箱外为止。第二次再把小猫放入迷箱时，它的表现和第一次差不多。但重复很多次以后，小猫的那些盲目乱冲、乱抓、乱咬的行为逐渐减少，它从箱子里逃出来所需的时间也越来越短，以至于最后把小猫一放入箱子，它就能很快地用一定的方式抓住门上的环或扣，逃出箱外。根据这一实验结果，桑代克认为，动物初次进入迷箱时，其活动不是根据对箱子性质的理解，而是依照某种一般的冲动行事，随着错误反应的逐渐减少，正确反应的逐渐巩固，最终形成稳定的刺激—反应联结。

2．尝试—错误学习的基本规律

桑代克认为，学习遵循三条重要的学习原则。

（1）效果律

在试误学习的过程中，如果其他条件相等，在学习者对刺激情境做出特定反应之后能够获得满意的结果时，则其联结就会增强；而得到烦恼的结果时，其联结就会削弱。桑代克的效果律表明，如果一个动作跟随着情境中一个满意的变化，在类似的情境中这个动作重复的可能性将增加。但是，如果跟随的是一个不满意的变化，这个行为重复的可能性将减少。可见，一个人当前行为的后果对决定他未来的行为起着关键的作用。也就是说，在刺激与反应之间形成可改变的联结，给以满意的后果，联结就增强；给以不满意的后果，联结就减弱。奖励是影响学习的主要因素，它也是感到愉快的或可能进行强化的物品、刺激或后果。在桑代克后来的著作中，他取消了效果律中消极的或令人烦恼的部分，因为他发现惩罚并不一定削弱联结，其效果并非与奖励相对。

（2）练习律

在试误学习的过程中，任何刺激与反应的联结，一经练习运用，其联结的力量就会逐渐增大；如果不运用，则联结的力量会逐渐减小。也就是说，尝试—错误联结被练习和使用的次数越多，就变得越来越强，反之变得越弱。在后来的著作中，桑代克修改了这一规律，因为他发现没有奖励的练习是无效的，联结只有通过有奖励的练习才能增强。

（3）准备律

在试误学习的过程中，当刺激与反应之间的联结在事前有一种准备状态时，实现则感到满意，否则感到烦恼；反之，当此联结不准备实现时，实现则感到烦恼。

应该说明的是，虽然尝试—错误学习模式是从动物实验中推导出来的，但它对于人类学习和学生学习来说，仍有很大的借鉴意义。科学发展史上许多的发明创造和技术革新都是通过尝试—错误的过程而获得的。中小学生的学习也有这个特点，它特别强调“做中学”，即在实际的操作过程中学习有关的概念、原理、技能和策略。在这一过程中，教师应该允许学生犯错误，并鼓励学生从错误中进行学习，这样获得的知识学生才会终生不忘。因此，在实际教育过程中，教师应努力使学生的学习获得自我满意的积极结果，防止一无所获或得到消极后果。同时应注意在学习过程中加强合理的练习，并注意在学习结束后不时地进行练习。此外，任何学习都应该在学生有准备的状态下进行，而不能“打无准备之仗”。

（二）华生的行为主义

华生（J. B. Watson，1878—1958 年）于 1913 年首先打出行为主义心理学的旗帜，是美国第一个将巴甫洛夫的研究结果作为学习理论基础的人。他认为学习就是以一种刺激替代另一种刺激建立条件反射的过程。在华生看来，人类出生时只有几个反射（如打喷嚏、膝跳反射）和情绪反应（如惧、爱、怒等），所有其他行为都是通过条件反射建立新的刺激—反应（S—R）联结而形成的。

华生曾经用条件反射的原理做了一个恐惧形成的实验。因为一种动物和一种引起恐惧的刺激产生了联系，婴儿产生了对那种动物的恐惧。

在形成条件反射以前，图 1-1①中小孩接近兔子时毫无害怕的表现。后来图 1-1②中兔子出现后，紧接着就出现一个使小孩害怕的响声。图 1-1③中，形成条件反应之后，单是兔子也能使小孩害怕。图 1-1④表示最严重的程度，这时小孩会对任何有毛的东西感到害怕，如老鼠、制成标本的动物，甚至有胡子的人。原来以兔子为条件的恐惧，现在泛化到相似的刺激（见图 1-1）。

图 1-1　恐惧形成的实验

在实际教育中，许多学生的态度就是通过经典条件反射而学到的。例如，许多学生可能不喜欢外语，因为他们将这些外语与要求在课堂上大声翻译句子这样不愉快的经验联系了起来。在课堂上被提问难题（条件刺激，CS）引起了焦虑（条件反应，UR），学生形成了对外语恐惧的条件反射，可能会泛化他们对其他课程或学校机构的恐惧，在其他学校经验中发生类似的学习过程。

（三）巴甫洛夫的经典性条件作用论

1. 巴甫洛夫的经典实验

经典性条件作用由俄国著名的生理学家伊凡·巴甫洛夫（Ivan Pavlov，1870—1932 年）经过实验研究而提出。在实验中，他将狗置于隔声实验室内。首先向狗呈现铃声刺激，铃响 30 秒后便给予食物，则狗产生唾液分泌反应。当铃声与食物反复配对多次以后，仅呈现铃声而不出现食物时，狗也会做出唾液分泌反应。在这个实验开始时，食物可以诱发狗的唾液分泌反应。但铃声不能诱发狗的唾液分泌，这时食物叫无条件刺激，铃声叫中性刺激，诱发的唾液分泌反应称为无条件反应。在铃声与食物多次匹配之后，单独呈现铃声而没有食物时，狗也会分泌唾液。此时，铃声具有了诱发唾液分泌反应的力量，成为条件刺激，而单独呈现条件刺激即能引起的反应称为条件反应。这就是经典性条件反射的形成过程（见图 1-2）。概括来说，即在经典条件作用中，一个起初不能引起反应的中性刺激（如铃声）与一个无条件刺激（食物）配对出现，进而能够诱发反应（如分泌唾液）。

图 1-2　巴甫洛夫条件反射实验

2．经典性条件反射的基本规律

（1）习得律与消退律

在条件作用的获得过程中，条件刺激与无条件刺激之间的时间间隔十分重要。一方面，条件刺激和无条件刺激必须同时或近于同时呈现，间隔太久则难以建立联系；另一方面，条件刺激作为无条件刺激出现的信号，必须先于无条件刺激呈现，否则也将难以建立联系。

如果条件刺激重复出现多次而没有无条件刺激相伴随，则条件反应会变得越来越弱，并最终消失。然而，要完全消除一个已经形成的条件反应则比获得这个反应要困难得多。

（2）刺激泛化与分化

人和动物一旦学会对某一特定的条件刺激做出条件反应以后，其他与该条件刺激相类似的刺激也能诱发其条件反应。因此，借助刺激泛化，我们可以把已有的学习经验扩展到新的学习情境中，从而扩大学习范围。但是，泛化刺激所引起的泛化反应，有时是不准确或不精确的，这就需要刺激分化。

刺激分化，是指通过选择性强化和消退，使有机体学会对条件刺激和与条件刺激相类似的刺激做出不同的反应。例如，为了使狗能够区分开圆形和椭圆形光圈，如果只在圆形光圈出现时才给予食物强化，而在呈现椭圆形光圈时则不给予强化，那么狗便可以学会只对圆形光圈做出反应而不理会椭圆形光圈。在实际的教育和教学过程中，也经常需要对刺激进行分化，如引导学生分辨勇敢和鲁莽、谦让和退缩，要求学生区别重力和压力、质量和重量等。

刺激泛化和刺激分化是互补的过程，泛化是对事物相似性的反应，分化则是对事物差异的反应。泛化能使我们的学习从一种情境迁移到另一种情境，而分化则能使我们对不同的情境做出不同的恰当反应，从而避免盲目行动。

总之，经典条件作用能较有效地解释有机体是如何学会在两个刺激之间进行区别，从而使一个刺激取代另一个刺激并与条件反应建立起联结。但经典条件作用无法解释有机体为了得到某种结果而主动做出某种随意反应的学习现象，如中小学生为了报答父母的养育之恩，为了得到教师的表扬或同学的认同而努力学习等。

（四）斯金纳的操作性条件作用论

1. 斯金纳的经典实验

斯金纳（B. F. Skinner，1904—1990 年）是美国著名的行为主义心理学家，是操作性条件作用理论的创立者。

斯金纳的理论也是建立在动物学习实验的基础上的。实验中运用了一种特殊的实验装置——迷箱，箱内有一个杠杆，下面有一个食物盘，只要箱内的动物按压杠杆，就会有一粒食丸滚到食物盘内，动物即可得到食物。斯金纳将饥饿的白鼠关在箱内，白鼠在箱内乱跑，活动中偶然压到了杠杆，则一粒食丸滚到食物盘内，白鼠吃到了食丸。以后白鼠再次按压杠杆，又可得到食丸。由于食物奖励了白鼠按压杠杆的行为，白鼠后来按压杠杆的次数迅速上升。根据此研究结果，斯金纳认为有机体做出的反应与其随后出现的刺激之间的关系对行为起着控制作用，它能影响以后反应发生的概率。他把反应之后出现的、能增强反应概率的手段或措施称为强化。如果一个操作（自发反应）出现以后，有强化刺激尾随，则该操作的概率就增加；但已经形成了的操作，如果出现后不再有强化刺激尾随，则该操作以后出现的概率就会减少，甚至消失。这就是操作性条件反射的基本过程（见图 1-3）。

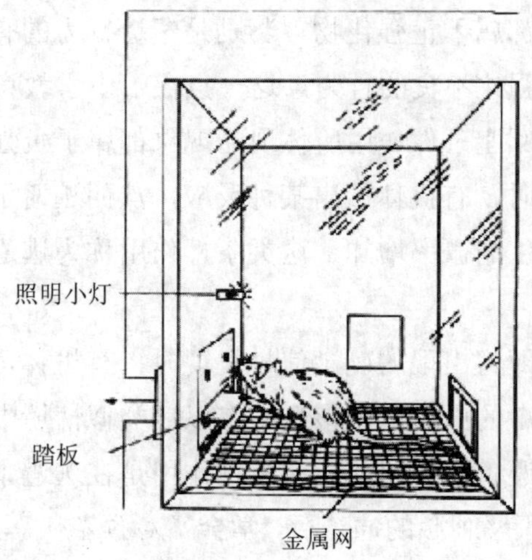

图 1-3 斯金纳箱

2. 操作性条件作用的基本规律

斯金纳认为，人和动物的行为有两类：应答性行为和操作性行为。应答性行为是由特定刺激所引起的，是不随意的反射性反应；而操作行为则不与任何特定刺激相联系，是有机体自发做出的随意反应。在日常生活中，人的大部分行为都是操作性行为，它主要受强化规律的制约。

（1）强化

强化原理是斯金纳理论的基础和最重要的部分。在斯金纳看来，操作性行为主要受强化规律的制约。他认为，行为之所以发生变化，其原因就是强化，通过对强化的控制就可以控制行为。强化的作用在于改变同类反应发生的概率，强化物也即刺激物，它们的呈现或撤除能够增加反应发生的概率。强化有正强化（实施奖励）与负强化（撤销惩罚）之分，又称为积极强化和消极强化。正强化通过呈现某种刺激增强反应发生的概率；负强化通过中止某种（讨厌的）刺激来增强反应发生的概率。

有机体自发做出某种反应，得到正强化物，那么此类反应发生的概率增加。正强化在塑造行为中具有重要的作用。在日常生活中，人们常会自觉或不自觉地运用奖励来对他人的行为进行积极强化。例如，在教学中，教师对遵守纪律的学生进行表扬，家长对考试成绩好的孩子给予物质奖励，这种现象都属于正强化，其中表扬和物质奖励都属于正强化物。奖励是塑造行为的有效手段，但是奖励的运用要得当，否则会强化不良的行为。这一点在中小学教育中尤为重要。

逃避条件作用与回避条件作用所体现的现象都属于负强化作用的现象。

当厌恶刺激出现时，有机体做出某种反应，从而逃避了厌恶刺激，则该反应在以后类似情境中发生的概率增加，这类条件作用称为逃避条件作用。它揭示了有机体如何摆脱痛苦。

当预示厌恶刺激即将出现的刺激信号呈现时，有机体可以自发地做出某种反应，从而避免厌恶刺激的出现，则该反应在以后类似情境中发生的概率便增加，这类条件作用称为回避条件作用。回避条件作用是在逃避条件作用的基础上建立的，是个体在经历过厌恶刺激的痛苦后，学会了对预示厌恶刺激的信号做出反应，从而避免痛苦。

逃避条件作用和回避条件作用，都是在反应后撤除厌恶刺激，加强了同类反应发生的概率，属于负强化的原理。

（2）消退

有机体在做出某一行为反应后，不再有强化物伴随，那么此类反应在将来发生的概率会降低，称为消退。在经典性条件作用中，如果条件刺激出现后，不再有无条件刺激伴随，那么久而久之条件作用就会消失。在操作性条件作用中，如果撤除强化，人或动物将不会持久地表现出某一特定的行为，最终这一行为会消失。例如，推销员挨家挨户地推销一种机器，但是如果几周都没有卖出一台，他很可能会放弃推销。可见，没有强化发生，将会导致行为消退。

强化的作用在于增加某种反应将来发生的概率，以达到塑造行为的目的；而消退是一种无强化的过程，其作用在于降低某种反应将来发生的概率，以达到消除某种行为的目的。因此，在教育实践中，消退是减少不良行为、消除坏习惯的有效方法。

（3）惩罚

惩罚是当有机体做出某种反应后，呈现一个厌恶刺激，以消除或抑制此类反应发生的过程。惩罚与负强化经常容易混淆。负强化是通过厌恶刺激的排除来增加反应将来发生的概率，而惩罚是通过厌恶刺激的呈现来降低反应将来发生的概率。也就是说，无论是正强化还是负强化，都是加强行为的过程，而惩罚则正好相反，是减少或抑制行为的过程。

但是惩罚并不能使行为发生永久性的改变，它只是暂时抑制行为，而不能根除行为。惩罚的运用须慎重，惩罚一种不良行为应与强化一种良好行为结合起来，方能取得预期的效果。

3. 程序教学与机器教学

在操作性条件作用理论的直接影响下，"程序教学与机器教学"风靡全球，成为20世纪第一次世界性的教学改革运动。程序教学是指一种能让学生以自己的速度和水平自学以特定顺序和小步子安排的材料的个别化教学方法。其始创者通常被认为是教学机器的发明人普莱西，但对程序教学贡献最大的却是斯金纳。

在程序教学中，教材被分成若干小步骤，学生可以自定学习步调，让学生对所学内容进行积极反应，并给予及时强化和反馈，使错误率降到最低。程序教学所遵循的主要原则有：教材分为小步子；学生对所学内容反应积极；反应后有即刻反馈；尽量低的错误率；教学允许学生自定步调。程序教学作为一种个别化教学模式，要求学生具有较强的独立学习能力，否则就难以达到好的教学效果。尽管程序教学后来遭到了批评，但其合理的、有价值的特点仍被保留于计算机辅助教学中。

（五）加涅的信息加工学习理论

加涅（R. Gagne）是20世纪最有影响的著名教育心理学家之一。他认为，学习是一个有始有终的过程，这一过程可分成若干个阶段，每一个阶段需进行不同的信息加工。与此相应，教学过程既要根据学生的内部加工过程，又要影响这一过程，因而教学过程阶段与学习阶段是完全对应的。教学就是由教师安排和控制这些外部条件所构成的；而教学的艺术，就在于学习阶段与教学阶段是否完全吻合。

1. 学习的信息加工模式

加涅认为，学习的模式是用来说明学习的结构与过程的，它对于理解教学和教学过程，以及如何安排教学事件具有极大的应用意义，并提出了影响深远的信息加工学习模式（见图1-4）。

（1）信息流

从图1-4中，我们可以看到信息从一个假设的结构流到另一个假设的结构中去的过程。首先，学生从环境中接受刺激，刺激推动感受器，并转变为神经信息。

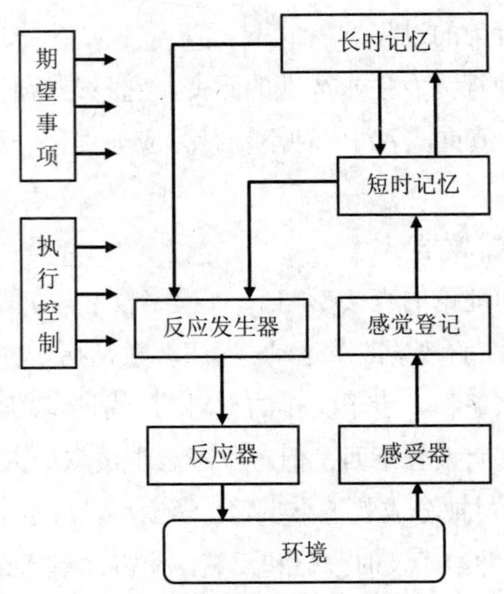

图 1-4 学习的信息加工模式

这个信息进入感觉登记，这是非常短暂的记忆储存，一般在百分之几秒内就可把来自各感受器的信息登记完毕。有些部分登记了，其余部分很快就消逝了，这涉及注意或选择性知觉的问题。

被视觉登记的信息很快进入短时记忆，信息在这里可以持续二三十秒。短时记忆的容量很有限，一般只能储存 7 个左右的信息项目。一旦超过了这个数目，新的信息进来，就会把部分原有信息赶走。如果想要保持信息，就得采取复述的策略。但复述只能有利于保持信息以便进行编码，并不能增加短时记忆的容量。

当信息从短时记忆进入长时记忆时，信息发生了关键性转变，即要经过编码过程。所谓编码，不是把有关信息收集在一起，而是用各种方式把信息组织起来。信息是经编码形式储存在长时记忆中的。一般认为，长时记忆是个永久性的信息储存库。

当需要使用信息时，需经过检索提取信息。被提取出来的信息可以直接通向反应发生器，从而产生反应，也可以再回到短时记忆，对该信息的合适性作进一步的考虑，结果可能是进一步寻找信息，也可能是通过反应发生器做出反应。

（2）控制结构

除信息流程之外，图 1-4 中所示的学习的信息加工模式中，还包含着期望事项与执行控制。期望事项是指学生期望达到的目标，即学习的动机。正是因为学生对学习有某种期望，教师给予的反馈才会具有强化作用。换言之，反馈之所以有效，是因为反馈能肯定学生的期望。执行控制即加涅学习分类中的认知策略，执行控制过程决定哪些信息从感觉登记进入短时记忆，如何进行编码、采用何种提取策略等。由此可见，期望事项与执行控制在信息加工过程中起着极为重要的作用。加涅之所以没有把这两者与学习模式中的其他结构联系起来，主要是由于这两者可能影响信息加工过程中的所有阶段，并且它们之间的关系目前还不太清楚。

2. 学习阶段及教学设计

从学习的信息加工模式中可以看到，学习是学生与环境之间相互作用的结果。学习过程是由一系列事件构成的。加涅认为，学生内部的学习过程一环接一环，形成了一个链条，与此相应的学习阶段则把这些内部过程与构成教学的外部事件联系了起来。

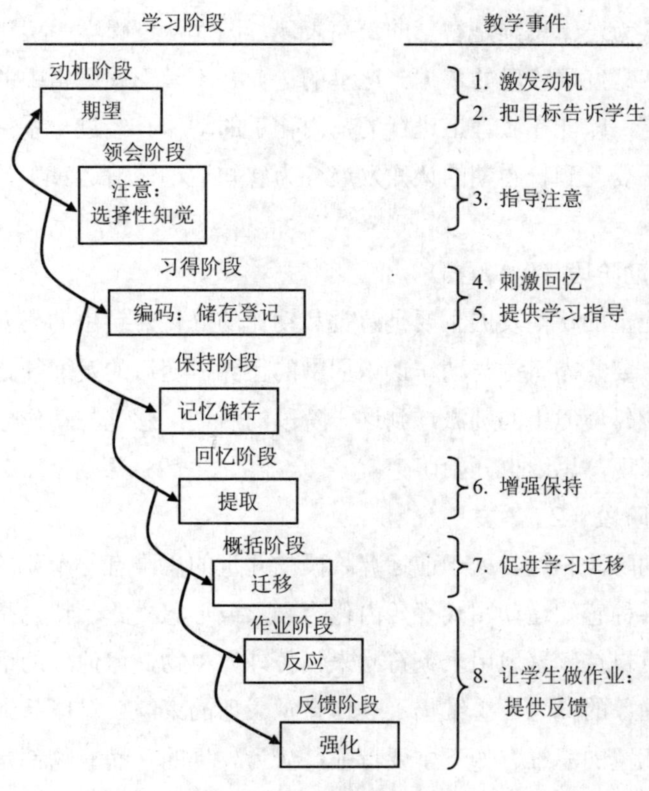

图 1-5 学习阶段与教学事件

二、认知学习理论

认知学习理论认为，学习不是在外部环境的支配下被动形成 S—R 联结，而是主动地在头脑内部构造认知结构；学习不是通过练习与强化形成反应习惯，而是通过顿悟与理解获得期待；有机体当前的学习依赖于他原有的认知结构和当前的刺激情境，学习受主体的预期引导，而不是受习惯所支配。

（一）皮亚杰的认知发展阶段论

20 世纪最有影响力的瑞士心理学家皮亚杰（J. Piaget，1896—1980 年）认为，儿童从出生到成人的认知发展不是一个数量不断增加的简单累积过程，而是伴随着同化性的认知结构的不断再构，使认知发展形成几个按不变顺序相继出现的时期或阶段。他认为逻辑思维是智慧的最高表现，因而从逻辑学中引进“运算”的概念作为划分智慧发展阶段的依据。这里的运算并不是形式逻辑中的逻辑演算，而是指心理运算，即能在心理上进行的、内化了的动作。经过一系列的研究与演变，皮亚杰将从婴儿到青春期的认知发展分为感知运动、前运算、具体运算和形式运算四个阶段。

1．感知运动阶段（0～2 岁）

这一阶段儿童的认知发展主要是感觉和动作的分化。初生的婴儿，只有一系列笼统的反射。婴儿靠感觉与动作认识周围的世界，随后的发展便是组织自己的感觉与动作以应付环境中的刺激，到这一阶段的后期，感觉与动作才渐渐分化为有调适作用的表现，思维也开始萌芽。

2．前运算阶段（2～7 岁）

与感知运动阶段相比，处于前运算阶段的儿童的思维有一个质的飞跃。这一阶段的儿童的各种感知运动图式开始内化为表象或形象模式，特别是语言的出现和发展，使儿童日益频繁地用表象符号来代替外界事物，但他们的语词或其他符号还不能代表抽象的概念，思维仍受具体直觉表象的束缚，难以从知觉中解放出来。这一阶段儿童的思维有如下主要特征：认为外界的一切事物都是有生命的；所有的人都有相同的感受，一切以自我为中心；认知活动具有相对具体性，但还不能进行抽象的运算思维；思维不具有可逆性等。

3．具体运算阶段（7～11 岁）

这一阶段儿童的认知结构中已经具有了抽象概念，思维可以逆转，因而能够进行逻辑推理。其标志是儿童已经获得了长度、体积、重量和面积的守恒。所谓守恒，是指儿童认识到客体在外形上发生了变化，但其特有的属性不变。这一认识的根本原因是儿童已经能够同时考虑问题的多个维度。这个阶段的儿童还能凭借具体事物或从具体事物中获得的表象进行逻辑思维和群集运算。但这一阶段的儿童的思维仍需要具体事物的支持。这一阶段儿童的思维有如下主要特征：多位思维（即儿童可以从多个维度对事物进行归类）；思维的可逆性；去自我中心；具体逻辑推理。

4．形式运算阶段（11～15 岁）

这一阶段儿童的思维已超越了对具体的可感知的事物的依赖，使形式从内容中解脱出来，进入形式运算阶段（又称命题运算阶段）。本阶段儿童的思维是以命题形式进行的，并能发现命题之间的关系；能够根据逻辑推理、归纳或演绎的方式来解决问题；能理解符号的意义、隐喻和直喻，能做一定的概括，其思维发展水平已接近成人的水平。本阶段儿童不再刻板地恪守规则，并且常常由于规则与事实的不符而违反规则或违抗师长要求。对这一年龄阶段的儿童，教师和家长不宜采用过多的命令和强制性的教育，而应鼓励和指导他们自己做决定，同时对他们考虑不全面的地方提出建议和改进。

20 世纪最有影响力和贡献最大的儿童心理学家皮亚杰的发展理论对教育教学实践有很大的影响。皮亚杰不主张教给儿童那些明显超出他们发展水平的材料，即不主张毫无根据地或人为地加速儿童的发展，但同时，过于简单的问题对儿童的认知发展作用也不大。在皮亚杰看来，儿童的认知发展是以学生已有的认知结构为基础的，并以已有图式与环境相互作用而产生的认知需要为动力，鉴于此，教师创设或提供的教学情境应该是恰好合适的，这种情境既能引起学生的认知不平衡，又不过分超越学生已有的认知水平和知识经验。当学生在学习中出现错误或体会到一种认知冲突时，他们会重新思考自己的理解，也就可能会获得新的理解或知识。因为学生是在与周围人的相互作用中获得知识，检验自己的思维并不断地得到反馈的，具体的经验也提供了思维的素材，教师应利用学生生活经验，引导学生的认知发展。

同时，每一个班学生的认知发展水平和已有知识经验都有很大的差异，教师要确定学生的不同认知发展水平，以保证所实施的教学与学生的认知水平相匹配，教师可以通过观察学生在解决问题时的表现来达到该目的。例如，观察学生采用的解题逻辑是什么？他们是不是只注意到问题的一个方面而忽略其他？他们是否为问题的表面现象所迷惑？他们是较有系统地说出自己的答案还是只是瞎猜？另外，通过分析学生经常出现的错误类型也有助于确定学生的思维特点和发展水平。尽管皮亚杰的发展理论及其阶段划分并非是确定学生思维发展水平的唯一标准，但他确实为教学实践提供了有价值的参考。

（二）苛勒的完形—顿悟说

苛勒（K. Kohler）曾在1913—1917年，对黑猩猩的问题解决行为进行了一系列的实验研究，从而提出完形—顿悟说。苛勒指出：“真正的解决行为，通常采取畅快、一下子解决的过程，具有与前面发生的行为截然分开来而突然出现的特征。”这就是所谓顿悟，而顿悟学习的实质是在主体内部构建一种心理完形。

1. 苛勒的经典实验

苛勒的实验中，在黑猩猩的笼子外放有香蕉，笼子里面放有两根短竹棒，用其中的任何一根都够不着笼子外面的香蕉。尽管黑猩猩常常将棒子扔向香蕉，连棒子都丢了，但拿起棒子玩时，顿悟的端倪就出现了。一旦棒子得以成功地使用，黑猩猩就寻找它并迅速加以利用。最有戏剧性的一幕是，一个名叫苏丹的黑猩猩，最后将两根棒子像钓鱼竿一样接起来，够到了香蕉。这个过程是缓慢的，起先把两根棒子接在一起多少有点偶然，然而苏丹一旦看到棒子接起来与远处香蕉的关系时，就能够想到这个主意，从而一次又一次把一根棒子插进另一根棒子的末端，以便够得着远处的香蕉。对于黑猩猩的这些行为，苛勒的解释是，在遇到问题时，动物可能审视相关的条件，也许考虑一定行动成功的可能性，当突然把一件工具的工具性价值（如棒子作为手臂的延伸）“看”作达到目标的手段，即看出两根棒子接起来与远处香蕉的关系时，它便产生了顿悟，从而解决了这个问题。而且，一旦发现了这一方法，在遇到类似情境时也就能够运用这一“领悟”了的经验。

2. 完形—顿悟说的基本观点

（1）学习是通过顿悟过程实现的

苛勒认为，学习是个体利用本身的智慧与理解力对情境及情境与自身关系的顿悟，而不是动作的累积或盲目的尝试。学习包括知觉经验中旧有结构的逐步改组和新的结构的豁然形成，顿悟是对目标和达到目标的手段与途径之间的关系的理解。格式塔心理学家认为，学习的过程就是顿悟的过程。

（2）学习的实质是在主体内部构造完形

完形是一种心理结构，它是在机能上相互联系和相互作用的整体结构，是对事物的关系的认知。苛勒认为，学习过程中问题的解决，都是由于对情境中事物关系的理解而构成一种“完形”来实现的。格式塔心理学家认为，学习的过程就是一个不断地构建完形的过程。

总的来说，完形—顿悟说作为最早的一个认知学习理论。虽不如尝试—错误说那样完整而系统，其实验范围也较有限，在当时的影响也远不及尝试—错误说，但它肯定了主体的能动作用，强调心理具有一种组织的功能，把学习视为个体主动构造完形的过程，强调观察、顿悟和理解等认知功能在学习中的重要作用，这对反对当时行为主义学习论的机械性和片面性具有重要意义。但是，苛勒的顿悟学习与桑代克的尝试—错误学习也并不是互相排斥和绝对对立的。尝试—错误往往是顿悟的前奏，顿悟则是练习到某种程度时出现的结果。

（三）布鲁纳的认知—结构学习论

布鲁纳是美国著名的认知教育心理学家，他主张学习的目的在于发现学习的方式。使学科的基本结构转变为学生头脑中的认知结构。因此，他的理论常被称为认知—结构论或认知—发现说。

1. 学习观

（1）学习的实质是主动地形成认知结构

布鲁纳认为，学习的本质不是被动地形成刺激—反应的联结，而是主动地形成认知结构。学习者不是被动地接受知识，而是主动地获取知识，并通过把新获得的知识和已有的认知结构联系起来，积极地建构其知识体系。由此，布鲁纳十分强调认知结构在学习过程中的作用，认为认知结构可以给经验中的规律性以意义和组织，使人能够超越给定的信息，举一反三，触类旁通。他主张，应当向学生提供具体的东西，以便他们“发现”自己的认知结构。

（2）学习包括获得、转化和评价三个过程

布鲁纳通过研究学生学习活动的具体过程后认为，“学习一门学科包含着三个几乎同时发生的过程”，即新知识的获得、知识的转化和评价。新知识可能是以前知识的精炼，也可能与原有知识相违背。知识的转化就是超越给定的信息，运用各种方法将它们变成另外的形式，以适合新任务，并获得更多的知识。评价是对知识转化的一种检查。评价通常包含对知识的合理性进行判断。

总之，布鲁纳认为学习任何一门学科的最终目的都是构建学生良好的认知结构。而良好的认知结构常常需要经过获得、转化和评价三个过程。因此，教师首先应明确所要构建的学生的认知结构包含哪些组成要素，并最好能画出各组成要素的关系图解。在此基础上，教师应采取有效措施来帮助学生获得、转化和评价知识。

2．教学观

（1）教学的目的在于理解学科的基本结构

布鲁纳把学科的基本结构放在设计课程和编写教材的中心地位，成为教学的中心。由于布鲁纳强调学习的主动性和认知结构的重要性，所以他主张教学的最终目标是促进学生对学科结构的一般理解。所谓学科的基本结构，是指学科的基本概念、基本原理及其基本态度和方法。所谓掌握学科的结构，就是允许许多别的东西与它有意义地联系起来的方式去理解它。布鲁纳认为，学生理解了学科的基本结构，就容易掌握整个学科的具体内容，就容易记忆学科知识，就能促进学习迁移，促进儿童智力和创造力的发展，并可提高学习兴趣。

（2）掌握学科基本结构的教学原则

布鲁纳总结归纳后认为，掌握学科基本结构的教学原则包括以下四个：

①动机原则。内部动机是维持学习的基本动力。学生具有三种最基本的内在动机，即好奇内驱力（即求知欲）、胜任内驱力（即成功的欲望）和互惠内驱力（即人与人之间和睦共处的需要）。这三种基本的内在动机都有自我奖励的作用。

②结构原则。任何知识结构都可以用动作、图像和符号三种表象形式来呈现。动作表象是借助动作进行学习，无须语言的帮助；图像表象是借助表象进行学习，以感知材料为基础；符号表象是借助语言进行学习，经验一旦转化为语言，逻辑

推导便能进行。

③程序原则。通常每门学科都存在各种不同的程序，不存在对所有学习者都适用的唯一程序；而且在特定条件下，任何具体的程序总是取决于许多不同的因素，包括过去所学习的知识、智力发展的阶段、材料的性质及个别的差异等。

④强化原则。教学规定适合的强化时间和步调是学习成功的重要一环。知道强化结果应恰好在学生评估自己作业的那个时刻。知道结果过早，易使学生慌乱，从而阻挠其探究活动的进行；知道结果太晚，易使学生失去受帮助的机会，甚至有可能接收不了正确的信息。

3. 认知结构主义教学观对教学的启示

为了促进学生良好认知结构的发展，教师首先必须全面深入地分析教材。在引导学生理解教材结构的过程中，首先，教学本身应有新颖性，跨度应适度，最大限度地激发学生的好奇心和胜任感；其次，选择灵活的教学程序和结构方式来组织实际的教学活动过程；同时，应注意提供有助于学生矫正和提高的反馈信息，并教育学生进行自我反馈，以提高学习的自觉性和能动性。

（四）奥苏伯尔的有意义接受学习论

1. 学习分类

美国著名认知教育心理学家奥苏伯尔（D. P. Ausubel）对学习进行了如下分类（见图 1-6）：首先，根据学习进行的方式，将学习分为接受学习与发现学习。其次，根据学习材料与学习者原有知识结构的关系把学习分为机械学习与有意义学习。他认为学生的学习是有意义的接受学习。

2. 有意义学习的实质和条件

所谓有意义学习，奥苏伯尔认为就是将符号所代表的新知识与学习者认知结构中已有的适当观念建立起非人为的和实质性的联系。相反，如果学习者并未理解符号所代表的知识，只是依据字面上的联系，记住某些符号的词句或组合，则是一种死记硬背式的机械学习。所谓实质性的联系，是指表达的语词虽然不同，却是等值的，也就是说这种联系是非字面的联系。所谓非人为的联系，是指有内在联系而不是任意的联想或联系，是指新知识与原有认知结构中有关的观念建立在某种合理的或逻辑基础上的联系。

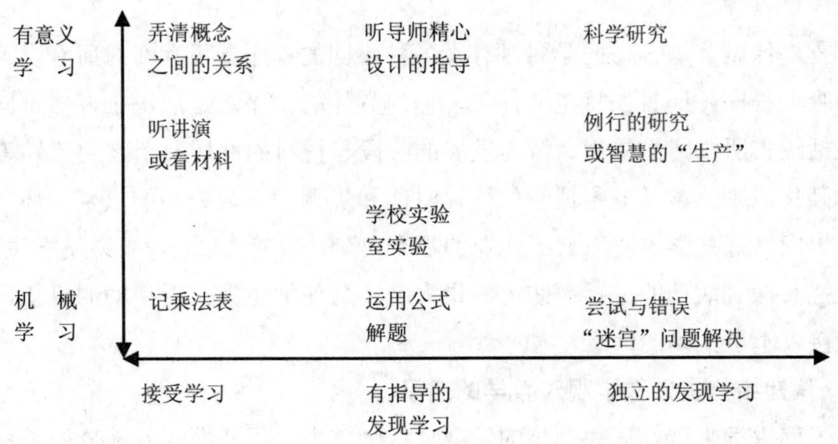

图 1-6 奥苏伯尔关于学习的分类

从客观条件来看，有意义学习的材料本身必须具有逻辑意义，在学习者的心理上是可以理解的，是在其学习能力范围之内的。从主观条件来看，首先，学习者认知结构中必须具有能够同化新知识的适当的认知结构；其次，学习者必须具有积极主动地将符号所代表的新知识与认知结构中的适当知识加以联系的倾向性；最后，学习者必须积极主动地使这种具有潜在意义的新知识与认知结构中的有关旧知识发生相互作用，使认知结构或旧知识得到改善，使新知识获得实际意义即心理意义。有意义学习的目的，就是使符号代表的新知识获得心理意义。

3. 接受学习的实质与技术

接受学习是概念同化过程，是课堂学习的主要形式。所谓接受学习，是在教师指导下，学习者接受事物意义的学习。奥苏伯尔认为，接受学习适合于年龄较大、有较丰富的知识和经验的人。所要学习的内容大多是现成的、已有定论的、科学的基础知识。学习者接受知识的心理过程表现为：首先，在认知结构中找到能同化新知识的有关观念；其次，找到新知识与起固定点作用的观念的相同点；最后，找到新旧知识的不同点，使新概念与原有概念之间有清晰的区别，并在积极的思维活动中融会贯通，使知识不断系统化。

奥苏伯尔提出了“先行组织者”的教学策略。所谓“先行组织者”，是先于学习任务本身呈现的一种引导性材料，它的抽象、概括和综合水平高于学习任务，并且与认知结构中原有的观念和新的学习任务相关联。设计“组织者”的目的，是为新的学习任务提供观念上的固定点，增加新旧知识之间的可辨别性，以促进类属性的学习。也就是说，通过呈现“组织者”，给学习者已知的东西与需要知道的东西之间架设一座知识之桥，使他更有效地学习新材料。例如，奥苏伯尔曾研究过先行组织者对学习有关钢的性质的材料的影响。实验组学生在学习该材料之前，先学习了一个“先行组织者”，它强调了金属和合金的异同、各自的利弊和冶炼合金的理由。控制组学生在学习该材料之前，先学习了一个有关炼铁和炼钢方法的历史说明材料以提高学习兴趣，但没有提供可作为理解钢的性质的观念框架的概念。结果两组学生在学习钢的性质的材料之后，实验组的平均成绩明显高于控制组。

事实上，接受学习是学习者掌握人类文化遗产及先进科学技术知识的主要途径。在教师的讲授和指导下，学习者可以尽快在较短时间内掌握大量的间接知识，所获得的知识是系统的、完整的、精确的、便于储存和巩固的。在实际教学过程中，有意义接受学习理论的“组织者”技术很有价值，教师应灵活地运用这一技术，以促进知识的学习和保持。

三、建构主义学习理论

（一）建构主义是当代学习理论的一场革命

建构主义是学习理论中行为主义发展到认知主义以后的进一步发展。到目前为止，建构主义的理论体系还处在发展过程中。

行为主义的基本主张是：客观主义——分析人类行为的关键是对外部事件的考察；环境主义——环境是决定人类行为的最重要因素；强化——人们行动的结果影响着后继的行为。行为主义的客观主义观反映在教学上，认为学习就是通过强化建立刺激与反应之间的联结；教育者的目标在于传递客观世界的知识，学习者的目标是在这种传递过程中达到教育者所确定的目标，得到与教育者完全相同的理解。行为主义者根本无视在这种传递过程中学生的理解及心理过程。信息加工的认知主义者，基本上还是采取客观主义的传统。他们认为世界是由客观实体及其特征以及客观事物之间的关系所构成。他们与行为主义者的不同之处在于强调学习者内部的认知过程。教学的目标在于帮助学习者习得这些事物及其特性，使外界客观事物（知识及其结构）内化为其内部的认知结构。

建构主义是认知主义的进一步发展。在皮亚杰和早期布鲁纳的思想中已经有了建构的思想；但相对而言，他们的认知学习观主要在于解释如何使客观的知识结构通过个体与之交互作用而内化为认知结构。20 世纪 70 年代末，以布鲁纳为首的美国教育心理学家将苏联教育心理学家维果斯基的思想介绍到美国，对建构主义思想的发展起到了极大的推动作用。维果斯基在心理发展上强调社会文化历史的作用，特别是强调活动和社会交往在人的高级心理机能发展中的突出作用。他认为，高级的心理机能来源于外部动作的内化，这种内化不仅通过教学，也通过日常生活、游戏和劳动等来实现。另外，内在智力动作也外化为实际动作，使主观见之于客观。内化和外化的桥梁便是人的活动。所有这些都对当今的建构主义者有很大的影响。

（二）当今建构主义学习理论的基本观点

1．知识观

建构主义者一般强调，知识并不是对现实的准确表征，它只是一种解释、一种假设，并不是问题的最终答案。它会随着人类的进步而不断地被改革与变更，并随之出现新的假设与解释。而且，知识并不能精确地概括世界的法则，在具体问题中，我们并不是拿来便用，一用就灵，而是需要针对具体情境进行再创造。另外，建构主义认为，知识不可能以实体的形式存在于具体个体之外，尽管我们通过语言符号赋予了知识一定的外在形式，甚至这些命题还得到了较普遍的认可，但这并不意味着学习者会对这些命题有同样的理解，因为这些理解只能由个体基于自己的经验背景而被建构起来，它取决于特定情境下的学习历程。

按照建构主义的观点，课本知识只是一种关于各种现象的较为可靠的假设，而不是解释现实的“模板”。科学知识包含真理性，但不是绝对正确的最终答案，它只是对现实的一种更可能正确的解释。而且更重要的是，这些知识在被个体接受之前，对个体来说是毫无权威可言的，不能把知识作为预先决定了的东西教给学生，不要用我们对知识正确性的强调作为让个体接受它的理由，不能用科学家、教师、课本的权威来压服学生。学生对知识的“接受”只能靠他们自己的建构来完成，以他们自己的经验、信念为背景来分析知识的合理性。学生的学习不仅是对新知识的理解，而且是对新知识的分析、检验和批判。另外，知识在各种情况下的应用并不是简单套用，具体情境总有自己的特异性，因此，学习知识不能满足于教条式的掌握，而是需要不断深化，把握它在具体情境中的复杂变化，使学习走向“思维中的具体”。

2. 学习观

美国加州大学的维特罗克认为:“学习过程不是先从感觉经验本身开始的，它是从对该感觉经验的选择性注意开始的。任何学科的学习和理解总是涉及学习者原有的认知结构，学习者总是以其自身的经验，包括正规学习前的非正规学习和科学概念学习前的日常概念，来理解和建构新的知识或信息。建构是对新信息的意义的建构，同时又包含对原有经验的改造和重组。”建构主义强调学习者是以自己的经验为基础来建构现实，或者至少说是在解释现实。他们更强调学习的主动性、社会性和情境性。

建构主义认为，学习不是知识由教师向学生的传递，而是学生建构自己的知识的过程，学生不是被动的信息吸收者，而是信息意义的主动建构者，这种建构不可能由其他人代替。学习是个体建构自己的知识的过程，这意味着学习是主动的，学生不是被动的刺激接收者，他要对外部信息做主动的选择和加工，而且，知识或意义也不是简单由外部信息决定的，外部信息本身没有意义，意义是学习者通过新旧知识经验间反复的、双向的相互作用过程而建构成的。当学习问题一旦呈现在他们面前时，学习者会基于以往的经验，依靠他们的认知能力，形成对问题的解释，由于学习者的经验以及对经验的信念不同，因此学习者对外部世界的理解也是不同的。每个学习者都在以自己原有的经验系统为基础对新的信息进行编码，建构自己的理解，而且原有知识又因为新经验的进入而发生调整和改变，所以学习并不是简单的信息积累，它同时包含由于新、旧经验的冲突而引发的观念转变和结构重组。学习过程并不是简单的信息输入、存储和提取，而是新旧经验之间双向的相互作用过程。因此，建构主义学习理论又与认知主义的信息加工论有所不同。

3. 学生观

建构主义者强调，学生并不是空着脑袋走进教室的。在日常生活中，在以往各种形式的学习中，他们已经形成了丰富的经验。有些问题即使他们还没有接触过，没有现成的经验，但当问题一旦呈现在面前时，他们往往也可以基于相关的经验，依靠他们的认知能力（理智），形成对问题的某种解释。并且这种解释并不都是胡乱猜测，而是从他们的经验背景出发推出的合乎逻辑的假设。因此，教学不能无视学生的这些经验，简单生硬地从外部装进新知识，而应该重视学生原有的知识经验、学生自己对各种现象的理解，倾听学生的看法，思考学生这些想法的由来，并以此为据，引导学生丰富或调整自己的解释，引导学生从原有的知识经验中“生长”出新的知识经验。教学并不是知识的简单传递，而是知识的处理和转换。教师不单纯是知识的呈现者，而应该是学生建构知识的忠实支持者、学生学习的高级伙伴或合作者。教学需要教师与学生共同针对某些问题进行探索，并在此过程中相互交流和质疑，了解彼此的想法，彼此做出某些调整。另外，由于经验背景的差异，学生对问题的理解常常有差异，在学生的共同体之中，这些差异本身便构成了一种宝贵的学习资源。教学就是要增进学生之间的合作，使其看到那些不同的观点，从而促进学习的进行。

四、人本主义学习理论

人本主义心理学是 20 世纪五六十年代在美国兴起的一种心理学思潮，其主要代表人物是罗杰斯（C. R. Rogers）和马斯洛（A. Maslow）。人本主义的学习与教学观深刻地影响了世界范围内的教育改革，是与程序教学运动、学科结构运动齐名的 20 世纪三大教学运动之一。

（一）罗杰斯的教育观

罗杰斯（C. R. Rogers，1902—1987 年），美国心理学家，人本主义心理学的主要代表人物之一。从 20 世纪 60 年代开始，罗杰斯把其“以人为中心的治疗”理论扩展到了心理治疗领域之外，形成了“以学生为中心”的教育观。

罗杰斯认为，在教育背景下，学生的学习无外乎两种类型。一种是认知学习，它可以用行为主义的 S—R 学习理论（即刺激—反应学习理论）来解释。认知学习受到“外部强制力”的制约，重记忆，因而没有什么意义。另一种是经验学习，它以学习的经验生长为中心，以学生的自发性和主动性为学习动力，把学习与学生的愿望、兴趣、需要有机地结合起来，因而是一种趣味盎然的、有意义的学习。罗杰斯认为，在课堂教学中，教什么、怎么教、教多久、如何评价教学效果等，都不是由教师决定的，而是由学生或者说学生的经验、意向、需要、兴趣等决定的。因此，教育的目标是促进学生变化和使学生学会学习，培养学生成为能够适应变化和知道如何学习的、有独特人格特征而又充分发挥作用的“自由人”。罗杰斯强调，在达到这一目标的过程中，教师要贯彻“非指导性”教学的理论与策略，即教师要尊重学生、珍视学生，在感情上和思想上与学生产生共鸣；应像治疗者对来访者一样对学生产生同情式理解，从学生的内心深处了解学生的反应，敏感地意识到学生对教育与学习的看法；要信任学生，并同时感受到被学生信任。这样才会取得理想的教育效果。

罗杰斯“以学生为中心”的教育思想，是第二次世界大战以来最有影响力的三大教育学说之一。在关于“教学模式”的归类研究中，罗杰斯的“非指导性教学”被列在“个人权式”之首，足见他对教育广泛而深远的影响。他反对传统教育压抑人性、重知轻情，主张建立良好的师生关系和课堂气氛，启发学生的主观能动性、自主性和创造性。这些观念和精神已融入了当代西方教育的体系。

（二）马斯洛的需要层次理论

美国心理学家马斯洛（A. Maslow，1908—1970 年）提出了需要层次理论（见图 1-7）。马斯洛认为人的基本需要有五种，它们由低到高依次排列成一定的层次，即生理的需要、安全的需要、归属和爱的需要、尊重的需要、自我实现的需要。在人的需要层次中，最基本的是生理需要。学校会给学生提供一个良好的学习环境和硬件设施，在学习时间之外安排一定的休息时间，让学生能以最佳状态面对学习。在生理需要得到基本满足之后，便是安全需要，即表现为个体要求稳定、安全、受到保护、免除恐惧和焦虑等。学校给予学生一个安全有秩序的稳定的环境，老师给予关爱，让学生感受到老师如亲人般关心自己，让学生在稳定、和谐、融洽的班级里学习，将有助于学生身心愉悦。这之后是归属和爱的需要，即个体要求与他人建立感情联系。学生在学习生活中要与同学、老师保持良好的关系，受到老师和同学的关注、关心和友爱，学生不会感到孤单，老师如朋友般与学生交谈，会让校园里洋溢着欢声笑语，这会对学生产生一定的激励作用，有利于他们投入学习之中。随后出现的是尊重需要，它包括自尊和受到他人的尊重。在校学生尊重老师，老师尊重学生。老师平等地对待学生，保护学生的自尊心。信任会在师生之间建立起来。学生间同样需要尊重，这样同学之间才能有良好的友爱关系。在上述这些低一级的需要得到基本满足之后，便进入自我实现的需要层次。

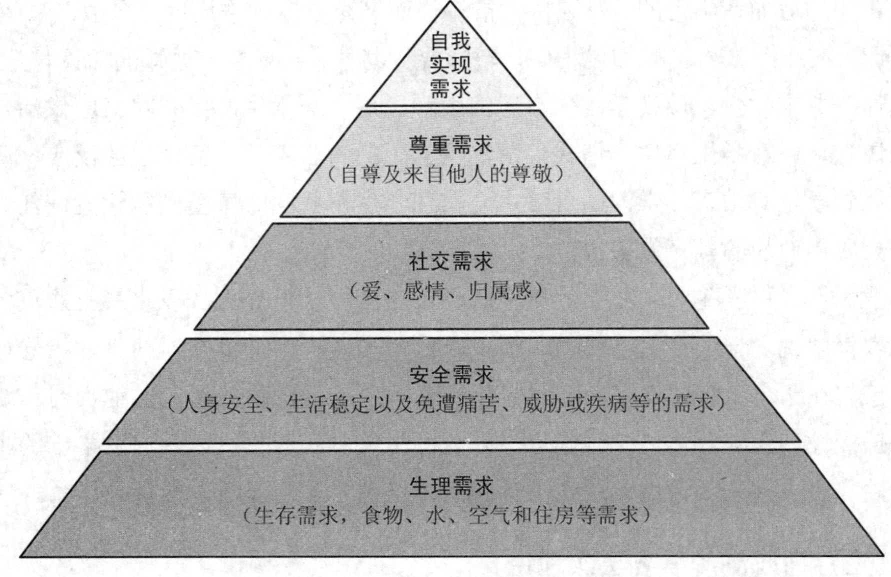

图 1-7　马斯洛的需要层次理论

自我实现作为一种最高级的需要，包括认知、审美和创造的需要。它具有两方面的含义，即完整而丰满的人性的实现以及个人潜能或特性的实现。马斯洛认为，自我实现的人心胸开阔、独立性强，具有创造性；他们知道自己的需要，能意识到自己实际上是怎样一个人，自己的使命是什么。从学习心理的角度看，人们进行学习就是为了追求自我实现，即通过学习使自己的价值、潜能、个性得到充分而完备的发挥、发展和实现。因此，可以说自我实现是一种重要的学习动机。学生有自我实现的需要，他们需要实现自己的理想、抱负，充分发挥自己的潜能，只有实现自己的理想，他们才会感到最大的快乐。需要层次理论说明，在某种程度上，学生缺乏学习动机可能是由于某种低级需要没有得到充分满足（如父母离异使归属与爱的需要得不到满足），而正是这些因素会成为学生学习和自我实现的主要障碍。因此，老师不仅要关心学生的学习，也应该关心学生的生活，以排除影响学习的一切干扰因素。老师要根据学生的自身特点，鼓励他们选择适合自己的发展道路。老师也要善于发现学生的闪光点，调动他们的学习积极性，让他们树立起自尊和自信，由此产生一种奋发的力量，让他们朝着自己的理想、抱负努力前进。

第四节　传播理论与课件制作

传播理论的模型有许多种，各自的理论框架也不尽相同，代表人物有拉斯韦尔、韦斯特莱、香农、贝罗等。

一、拉斯韦尔（H. D. Lasswall）传播理论模式

拉斯韦尔于1948年在其《社会传播的构造与功能》一书中提出了著名的典型线性传播理论，即“五W”理论（见表1-2）。

表1-2　“五W”理论

1	谁	who
2	说什么	says what
3	通过什么途径	in which channel
4	对谁说	to whom
5	产生什么效果	with what effect

人们对以上五项进行了专门研究，即控制研究、内容研究、媒介研究、受众研究、效果研究。把这种方法引入教育，就是对教师、教学信息、教学媒体、学生和教学效果的研究（见图1-8）。1958年布雷多克（Bradock）又在此基础上发展成“7W”模式（见表1-3），其中每个“W”都类同于教学过程中的一个相应要

素，这些要素自然也成为研究教学过程、教学资源所关心、考虑的重要因素。

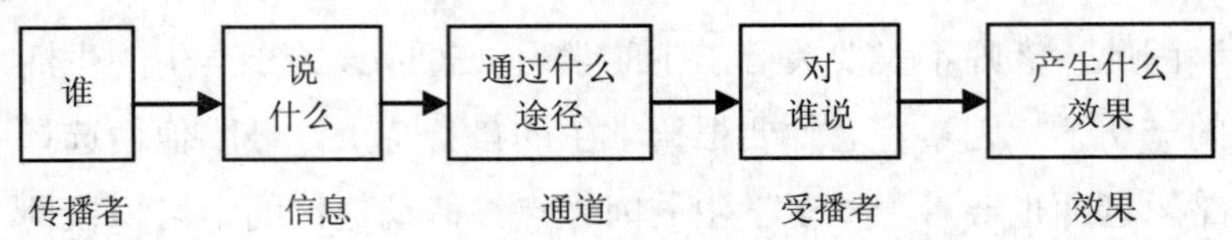

图 1-8　拉斯韦尔传播理论模式

表 1-3　“7W”模式

who	谁	教师或其他信息源
says what	说什么	教学内容
in which channel	通过什么途径	教学媒体
to whom	对谁	教学对象即学习者
with what effect	产生什么效果	教学效果
why	为什么	教学目标
where	在什么情况下	教学环境

二、香农—魏佛（Shannon—Weaver）传播理论模式

这是一个分为七部分的模式，带有反馈系统，并且用图解型去表达的模式。信源（传播者）和编码器往往是同一人，信宿（受播者）和译码器也是同一个人。当传播者将信息以语言、文字、图画、动作和表情等各种方式，通过空气、纸张、身体、面部表情等传播媒体（信道）传递给受播者，受播者收到这些信号后，必然在生理、心理上产生反应，并运用各种方式，通过媒体，再“反馈”传回传播者一个信息，这样产生周而复始的传播过程（见图 1-9）。

一个优秀的传播者，将经常注意受播者的反应，修正传播内容，使之更适合受播者的需要，提高传播的效果。这个理论指出了教学过程的双向性，揭示出教学过程中各要素之间的动态的相互联系。

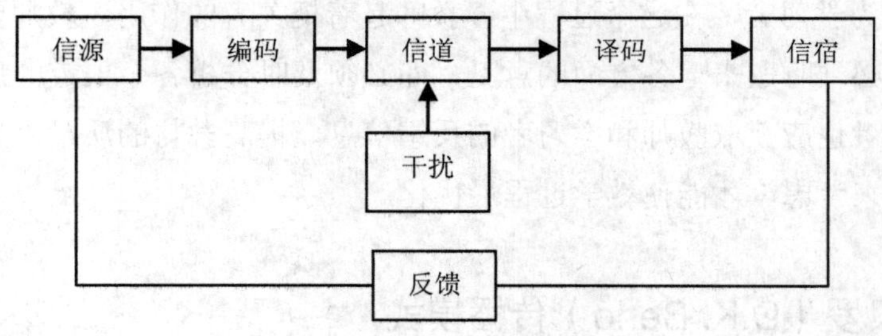

图 1-9　香农—魏佛传播模式

三、韦斯特莱（Westley）传播理论模式

韦斯特莱的传播理论是一种控制论的模式，强调传播行为应有目的、有计划地进行。图 1-10 中 fba 表示受播者向编制者反馈，fca 表示把关者向编制者反馈，fbc 表示受播者向把关者反馈（见图 1-10）。

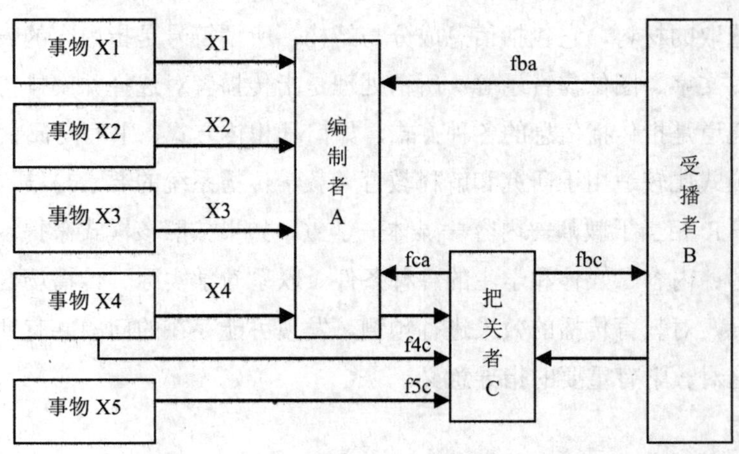

图 1-10　韦斯特莱传播模式

韦斯特莱的传播理论的特点是传播的信息必须经过“把关者”的过滤，而且注意反馈，现代教育是利用现代教育媒体传播教育信息的，这种教育信息也应由把关者来选择、过滤。在教育信息的传播过程中，A 为软件的编制者，C 为授课

的教师，B 为学习者，在这个过程中，教师起着把关者的作用，教师要获得最佳的教学效果必须听取来自各方面的意见，即必须及时分析各个渠道的反馈信息，软件的编制者也应获取教师和学习者的反馈信息，提高教材的质量，只有从教学的整体观点来考虑，才能使教学过程最优化。

四、贝罗（D.K. Berlo）传播模式

贝罗模式是用以阐明思想传播系统结构的一个静态模式。它由四个要素构成，即信源、信息、通道和受播者。贝罗在论述中非常强调反馈的重要性，因此，有学者又在他的模式中增加了从 R 到 S 的反馈。他还注明了影响各个要素传播功能的条件，在影响传播者、受播者双方本身传播功能的条件中，包括传播技术（语言的清晰度与说话技巧、文字描写技巧、思维缜密性、手势与表情自然逼真等）、态度（自信心、爱好、双方的了解程度等）、知识（传播者与受播者对内容的了解程度等）、社会系统（传播者与受播者的社会地位等）以及文化（传播者与受播者的文化背景）等。在影响信息传播功能的条件因素中，所谓内容是指传播者为达到目的而选取的材料，它包括信息成分与结构；所谓符号是指内容的表现形式，包括语言、文字、图像与音乐等；所谓处理是指传播者对选择并安排符号所做出的决定。通道是指传播信息的各种方式，如口耳相传方式、书写与阅读方式等。

这一模式比较适用于研究和解释教育、教学传播系统的要素与结构，其中的 S—M—C—R 相当于教师—内容—媒体—学生。如果按照该模式来揭示影响教学传播的教师、内容、媒体和学生的各种条件，联系教学实际、传播场合及各要素的具体情况，对教育传播的效果进行预测，发现可能存在的问题并有针对性地加以改进，这对教学有重要的指导意义。

第二章　课件中的多媒体素材

第一节　媒体素材概述

一、多媒体的概念

“多媒体”这个词是从英文的复合词“multimedia”翻译过来的。与多媒体对应的词是单媒体（monomedia）。从字面上来理解，多媒体就是由单媒体复合而成的。我们还需要从本质上来理解“多媒体”一词。首先要搞明白“媒体”的含义，再进一步搞明白“多媒体”的含义。

媒体（medium）有两层含义，一是指存储信息的实体，如磁带、磁盘、光盘等，中文经常翻译为媒质；二是指传递信息的载体，如文字、声音、图像、动画等，中文经常翻译为媒介。

多媒体从不同的角度有不同的定义，如有人定义“多媒体是各种视觉媒体和听觉媒体的结合，能够产生令人印象深刻的视听效果。视觉媒体包括文字、图形、图像、动画等媒体，听觉媒体包括语音、立体声响和音乐等媒体”。还有人定义“多媒体是传统的计算媒体——文字、图形、图像以及逻辑分析方法等，与视频、音频以及为了知识创建和表达的交互式应用的结合体”。

在教学课件中，多媒体是指文本、图形图像、音频、视频和动画等多种媒体形式的结合体，是表达教学内容的基本材料单元。

二、多媒体素材的分类及其特点

课件中的多媒体素材可以分为五大类，即文本素材、图形图像素材、动画素材、音频素材、视频素材。

（一）文本素材

文本是以文字和各种专用符号表达的信息形式，它是人们最熟悉的信息表示方式，是现实生活中使用得最多的一种信息存储和传递方式，如一段计算机程序代码、一篇小学课文、一封邮件都可用文本描述。

用文本表达信息给人充分的想象空间，它主要用于对知识的描述性表示，如记录自然现象、阐述概念、定义、原理和问题，表述思想感情以及显示标题、菜单等内容。

文本具有信息表达清楚、计算机处理方便、存储容易、传输快捷等优势。

文本除了自身所能完成的表述功能外，还可以配合其他媒体，共同完成对事件的描述，提高多媒体作品的表现能力。它可以为图片添加说明、为视频添加字幕、为声音解说配上文字注释。

（二）图形图像素材

图形图像是多媒体课件中最重要的信息表现形式之一，它是决定一个多媒体课件视觉效果的关键因素。

图形图像的特点是直观形象，被看作是传达情感信息最有效的手段。图形图像信息与单纯的文字相比，更能引起受众的情感参与，并渗透更强烈的个人关注。

（三）动画素材

动画是利用人的视觉暂留特性，快速播放一系列连续运动变化的图形图像，也包括画面的缩放、旋转、变换、淡入淡出等特殊效果。通过动画可以把抽象的内容形象化，使许多难以理解的教学内容变得生动有趣。合理使用动画可以达到事半功倍的效果。

在教学中，往往需要利用动画来模拟事物的变化过程，说明科学原理，尤其是二维动画，在教学中应用较多。在许多领域中，利用计算机动画来表现事物甚至比电影的效果更好。因此，较完善的多媒体教学软件都应配有动画以加强教学效果。

（四）音频素材

声音是人们用来传递信息、交流感情最方便、最熟悉的方式之一。在多媒体课件中，按其表达形式，可将音频素材分为语音、音乐、音效三类。语音指人们讲话的声音；音效指声音特殊效果，如雨声、铃声、机器声、动物叫声等，它可以是从自然界中录音的，也可以采用特殊方法人工模拟制作；音乐则是一种最常见的声音形式。

在多媒体教学软件中，语言解说与背景音乐是多媒体教学软件中重要的组成部分。最常见的通常有三类声音，即波形声音、MIDI 和 CD 音乐，而在多媒体教学软件中使用最多的是波形声音。

（五）视频素材

视频影像具有时序性与丰富的信息内涵，常用于交代事物的发展过程。视频非常类似于我们熟知的电影和电视，有声有色，在多媒体中充当着重要的角色。

三、多媒体素材的选择

我们在课件设计阶段，就要选择课件中要使用的多媒体素材的种类，然后再去收集和准备对应的多媒体素材。多媒体素材选择恰当，能够激发学生的学习动机，调动学生的学习积极性，否则就会弄巧成拙。选择多媒体素材，需要遵循以下原则：

（一）要与教学目标相一致

根据不同的教学目标选择适当的多媒体素材。要注重真实性、实时性、新颖性和启发性。

（二）要符合学生的认知水平

根据学生的认知水平，选择贴近学生生活的多媒体素材。只有符合学生认知水平的多媒体素材，才能更好地激发学生的学习兴趣，唤起学生内心情感的共鸣。

（三）素材选取要适度

课件中多媒体素材并不是越多越好，尤其是音频和视频素材，如果量太大会导致多媒体课件占用存储空间大，播放缓慢，效果反而不好。动画特效如果太多，则容易分散学生的注意力。

（四）素材要能表现教学内容

要根据教学内容和教学要求，选择多媒体素材以突出教学内容为目标，要将多媒体素材融入教学内容中，成为一个有机整体。例如，古诗的背景音乐，采用古筝伴奏而不是爵士乐。

（五）制作多媒体素材的时间和难度

根据实际情况，时间紧、任务重时，就选择比较容易制作的多媒体素材，或手头有的多媒体素材，自己能熟练制作的多媒体素材。虽然动画好、视频好，但是难度大、时间长，改用图形图像也行。

第二节　课件素材的准备

要做出优秀的多媒体课件，只懂得使用多媒体软件是不够的，还要学会从海量的丰富多彩的多媒体素材中快速、准确地找到适合教学内容的多媒体素材，还要学会加工多媒体素材并整合到多媒体课件中，使其发挥恰如其分的效果。

在制作多媒体课件之前，首先要准备多媒体素材，主要有三种方式：

一是自己制作多媒体素材，优点是可以根据需要自由发挥，缺点是成本高、时间长，且受多媒体专业水平、设备条件限制，可能效果不太好。

二是收集现成的多媒体素材，优点是成本相对较低，时间较短，海量网络资源任你选。缺点是好多素材不能直接使用，筛选过程比较长。

三是收集与加工相结合，先收集现成的多媒体素材，再根据需要进行一些必要的加工。如截取视频素材的一个片段、对音频素材进行格式转换、对图片素材进行抠图。这是目前最常用的一种方法，也是本节的主要内容。

一、文本素材的准备

在多媒体课件中，虽然有图片、声音、视频等多种媒体形式，但是对于一些复杂而抽象的事物，文本是其他媒体不可替代的重要表述方式，而且文本是最基本也是最常用的素材。文本素材的准备包括文本的获取、编辑等操作。下面我们就来学习文本素材处理的相关知识。

（一）文本素材的格式

常用的文本文件格式有TXT、DOCX、PDF、WPS等。

1. TXT格式

TXT格式是纯ASCII码文本文件，纯文本文件除了换行和回车外，不包括任何格式化的信息，即文件里没有任何有关文字字体、大小、颜色、位置等格式化信息。Windows系统的“记事本”就是支持TXT文本编辑和存储的文字工具程序。所有的文字编辑软件和多媒体集成工具软件均可直接使用TXT文本格式文件。

利用纯文本不含任何格式化信息的特点，我们可以比较方便地实现一些图形表格文字的转换，例如，从网页上下载的文字资料一般都包含有格式控制，如果直接粘贴到Microsoft Word等字处理环境中，会带有一些不需要的格式符号，常含有表格形式，通过“记事本”等工具，将下载的文本资料转换为纯文本后再导入Word中，会使排版变得轻松快捷。

2. DOCX格式

DOCX格式是Microsoft Word字处理软件所使用的默认文件格式，其中可以包含不同的字符格式和段落格式。

3. PDF 格式

PDF（portable document format，便携式文件格式）是由 Adobe Systems 在 1993 年用于文件交换所发展出的文件格式。它的优点在于跨平台、能保留文件原有格式（layout）、开放标准，能免版税（royalty-free）自由开发 PDF 相容软体，是一个开放标准，2007 年 12 月成为 ISO 32000 国际标准。

4. WPS 格式

WPS 格式是金山中文字处理软件的格式，其中包含特有的换行和排版信息，称为格式化文本，通常只在 WPS 编辑软件中使用。

各种文本格式可以通过一定的方法相互转换，例如：

① WPS 文档转换为 Word 文档：常见的 WPS 文档可以直接在 WPS 应用程序中转换为 Word 应用程序使用的 DOC 格式文档。操作方法是：启动 WPS 应用程序窗口，打开要转换的 WPS 文档，然后选择“文件”菜单中的“另存为”命令，打开“另存为”对话框，然后在其文件类型列表选项中选择“Word 的 DOC 文档”，按下“保存”按钮即可转换。

② Word 文档转换为 WPS 文档：WPS 应用程序可以直接打开 Word 文档，一般不需要转换。

（二）文本素材的获取

1. 从网上下载

这是最常用的一种方法，方便快捷，尤其是对于文本量较大的素材，具体操作方法有以下三种。

（1）直接下载文本文件

①使用搜索工具搜索关键词“小学语文课文 TXT”（见图 2-1）。

②鼠标指向需要下载的文件名，就会显示一个下载图标（见图 2-2）。

③鼠标左键单击下载图标，弹出下载对话框（见图 2-3）。

④设置下载到的位置，点击下载即可（见图 2-4）。

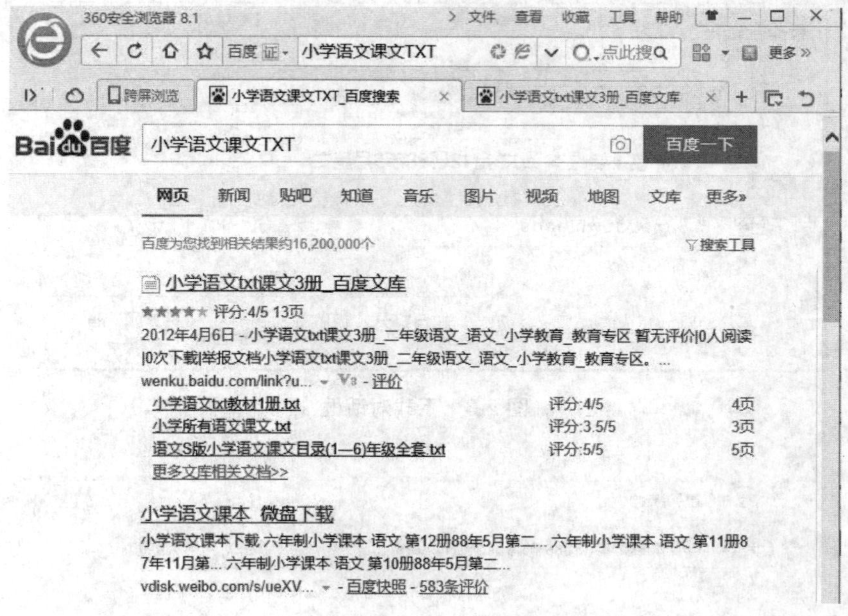

图 2-1　搜索“小学语文课文 TXT”

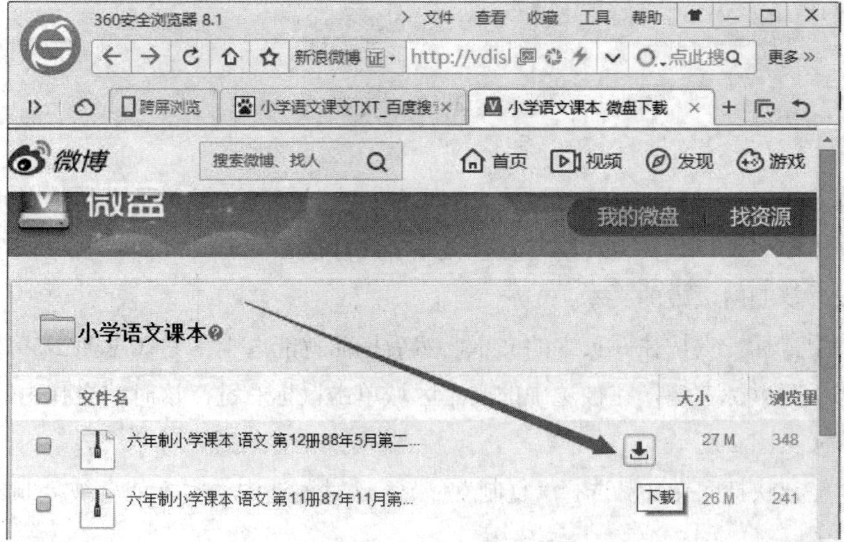

图 2-2　显示下载图标

新建下载任务

网址：http://110.96.39.71/file3.data.weipan.cn/54046621/33cc1ba

名称：六年制小学课本 语文 第12册88年5月第二 压缩文件 27.01 MB

下载到：E:\360downloads 剩35.7 GB 浏览

安全打开 下载 取消

图 2-3 下载对话框

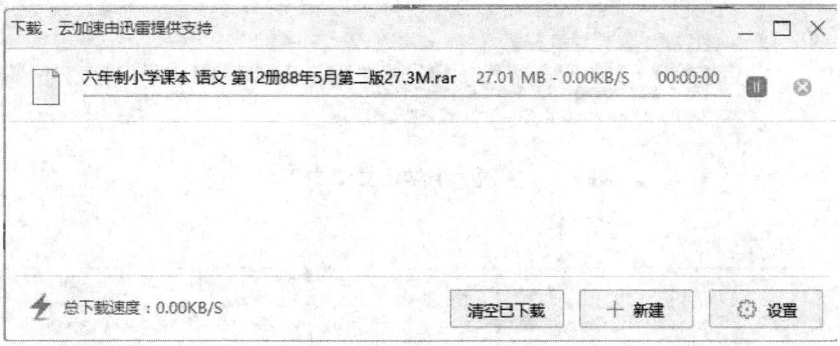

下载 - 云加速由迅雷提供支持

六年制小学课本 语文 第12册88年5月第二版27.3M.rar 27.01 MB - 0.00KB/S 00:00:00

总下载速度：0.00KB/S 清空已下载 ＋ 新建 设置

图 2-4 下载页面

技巧：有的网页链接目标就是文本文件，直接鼠标右键单击，在弹出的右键菜单中选择“目标另存为”即可打开文件下载对话框。

（2）复制网页中的文本

①用鼠标左键按住网页中的文本，然后拖动就能选中文本（见图 2-5）。

②松开鼠标左键，在被选中的文本区域单击鼠标右键，这时就会弹出一个快捷菜单（见图 2-6）。

③在该快捷菜单中，选择“复制”命令，这时被选中的文本就会被复制到“剪切板”中。

④在记事本或 Word 中，单击“粘贴”把剪切板中的内容粘贴到文档中（见图 2-7、图 2-8）。

图 2-5　选中文本

图 2-6　右键快捷菜单

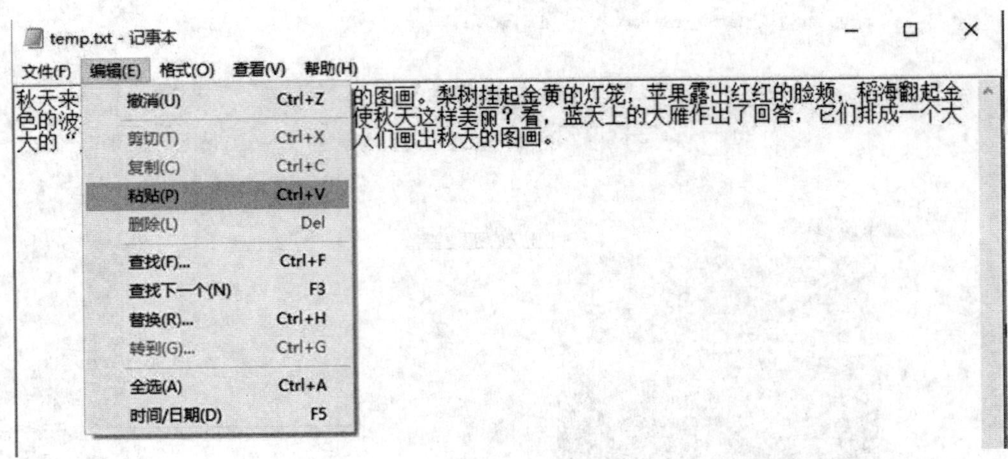

图 2-7 选择编辑并粘贴

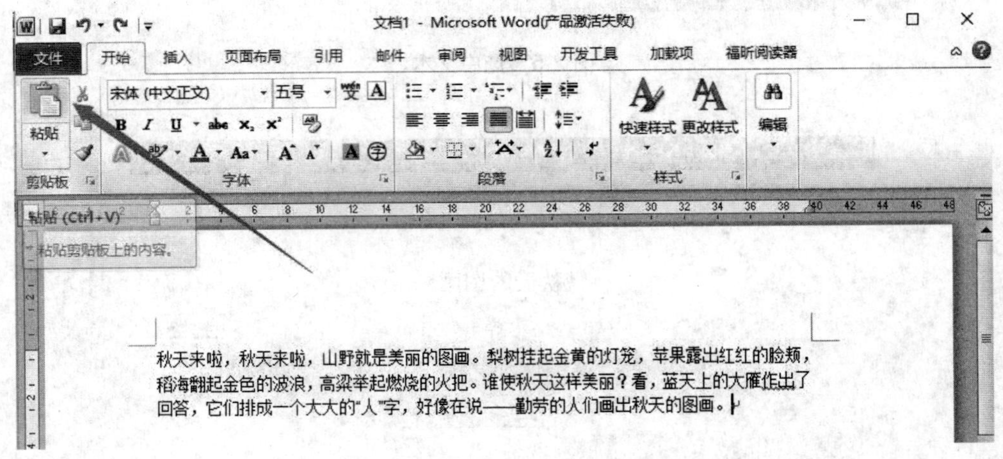

图 2-8 选择并粘贴

完成上述操作后，就可以在制作多媒体课件的过程中使用这些文本素材。

（3）复制网页源代码中的文本

有的网页禁止了复制功能，可以通过查看网页源代码，复制源代码中的文本，具体操作步骤如下：

①通过浏览器菜单“查看”选择“查看网页源代码”（见图 2-9）。

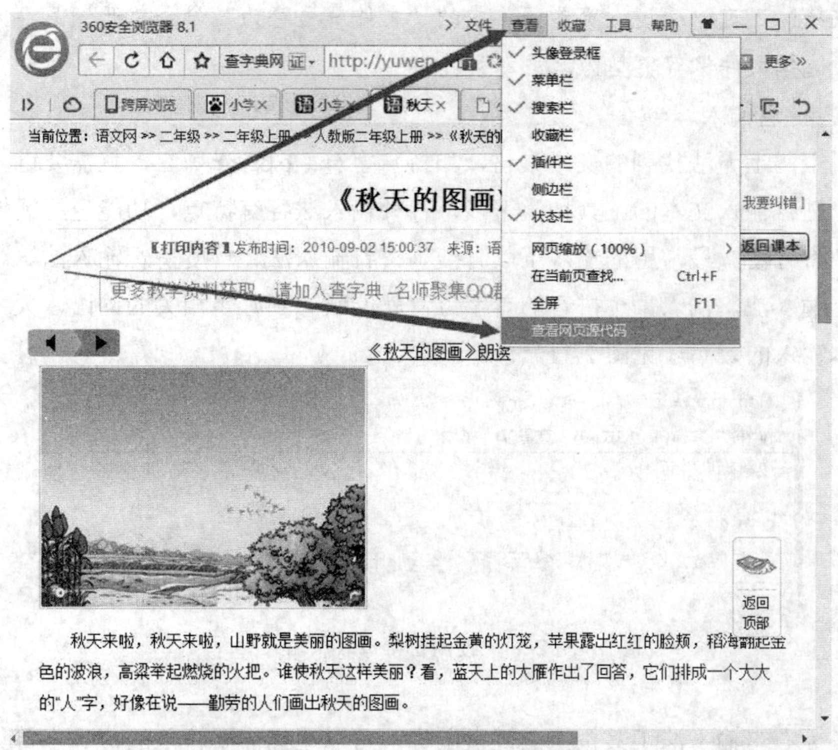

图 2-9　选择“查看”单击“查看网页源代码”

②打开网页源代码后，复制里面的文本即可（见图 2-10）。

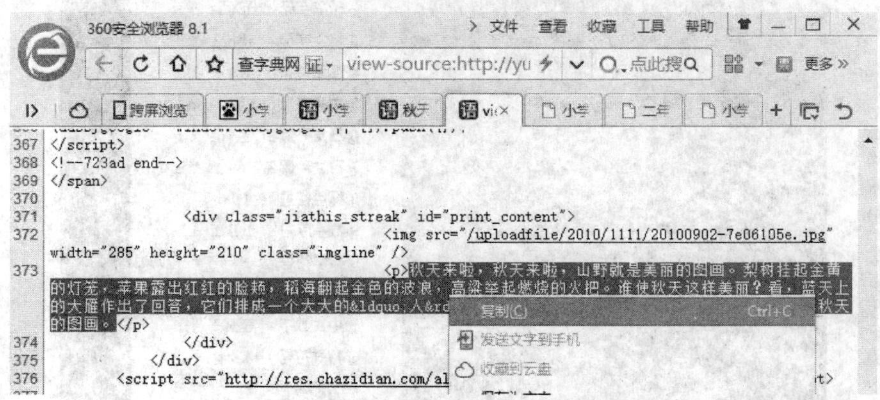

图 2-10　选择源代码并复制

技巧：还可以通过浏览器菜单中的“文件→另存为”命令打开“另存为”对话框，选择文件保存类型为“文本文件”。

2．键盘输入

对于网上无法找到的文本素材，如特殊字符：αβΩ★◇△，就需要键盘手动输入。键盘输入文本的工具种类繁多，各种输入法各有特点，功能也不断增强，使用非常方便，最常用的输入工具有搜狗拼音输入法、百度拼音输入法等。如搜狗拼音输入法，输入每个拼音的首字母，就能联想到好多相关的词语，大大提高了文本输入的效率（见图 2-11）。

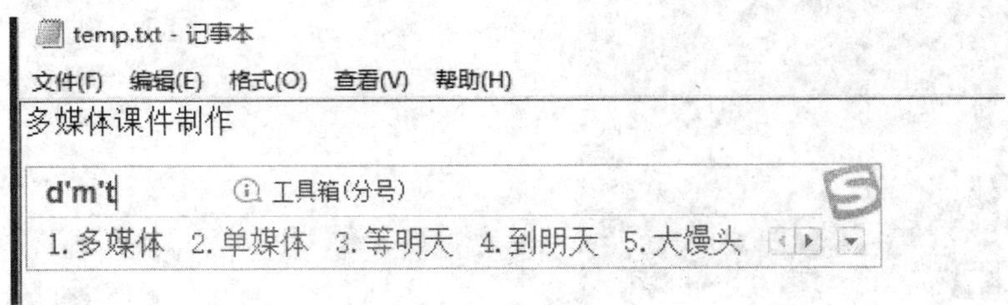

图 2-11 使用首字母联想输入

鼠标右击输入法工具栏上的键盘图标，可以选择需要输入的特殊字符集（见图 2-12）。

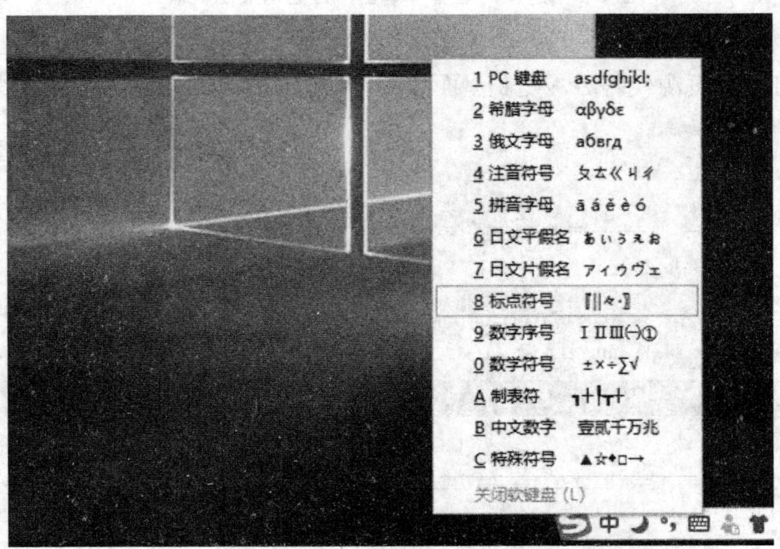

图 2-12 单击输入法键盘图标

比如，选择“8 标点符号”之后，就会打开软键盘（见图 2-13）。此时，就能通过键盘输入这些标点符号了。

图 2-13　输入法软键盘

下面介绍几个常用的输入法设置操作：

①切换中英文：鼠标左键单击输入法工具栏最左侧的“中/英文”图标（通过“Shift”按键也行）（见图 2-14）。

图 2-14　中英文切换快捷键

②切换全角和半角：鼠标左键单击输入法工具栏的“全/半角”图标（见图 2-15）。

图 2-15　全/半角切换快捷键

半角状态下，输入 1 个字符只占用 1 个字符的位置。全角状态下，输入 1 个字符会占用 2 个字符的位置。但是汉字在两种模式下，都占用 2 个字符的位置。有时候我们会用到全角模式，如试卷中的填空题的空格，用半角输入比较麻烦，且不容易排版，用全角就很方便。但有时候必须用半角，如 Microsoft Excel 中的计算公式必须用半角字符才能生效。

③切换繁体和简体：用鼠标右键单击输入法工具（小键盘图标以外的部分），在弹出的快捷菜单中选择“简繁切换”（见图 2-16）。

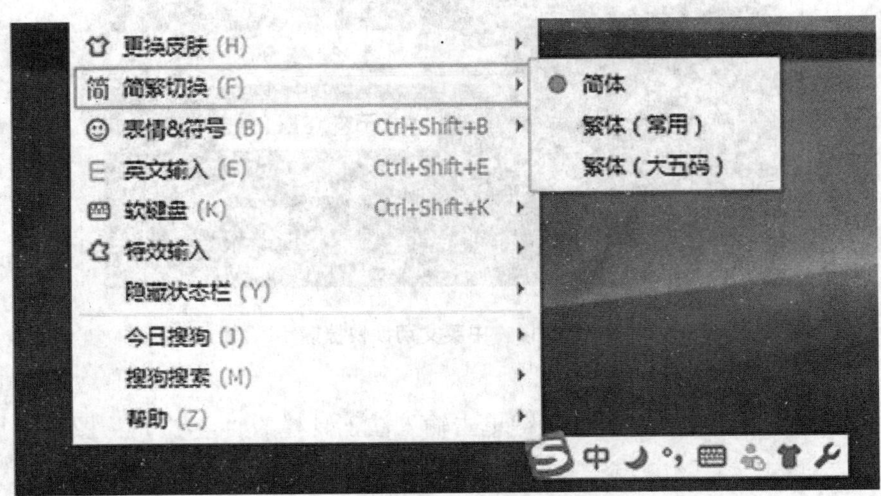

图 2-16　快捷菜单选择简繁体切换

（三）文本素材的加工

常用的文字处理软件有记事本、写字板、Microsoft Word、WPS 等。

1．删除特殊符号

一般情况下，搜集到的文本素材可以直接使用，不用再加工。但是有时需要对搜集到的文本素材进行编辑，才能使用。如从网页源代码中复制的文本素材里面有一些特殊字符，需要删除（见图 2-17）。

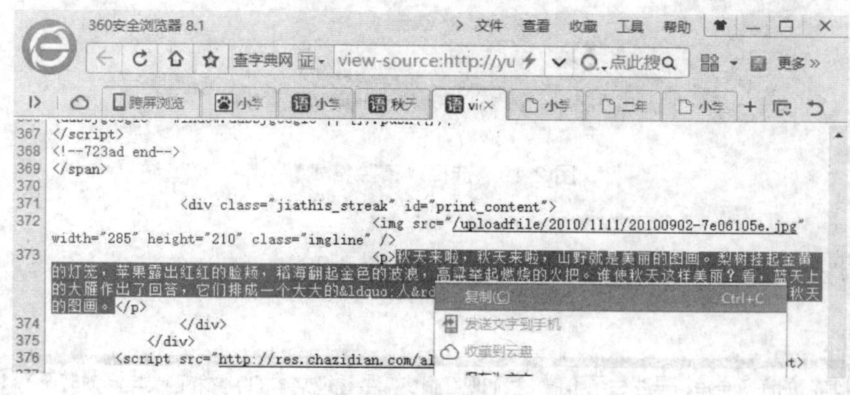

图 2-17　包含特殊字符的文本

2．清除格式

一般从网页中复制的文本都带有特殊格式，不能直接使用，可以通过 Microsoft Word 的“清除格式”命令清除这些特殊格式，首先选中需要清除格式的文本，然后用鼠标左键单击工具栏的样式下拉按钮（见图 2-18）。

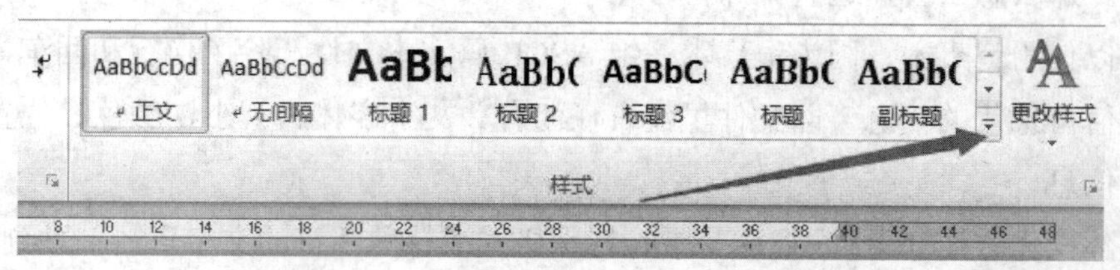

图 2-18　选择文本格式

在展开的样式工具栏中，选择“清除格式”命令（见图 2-19）。

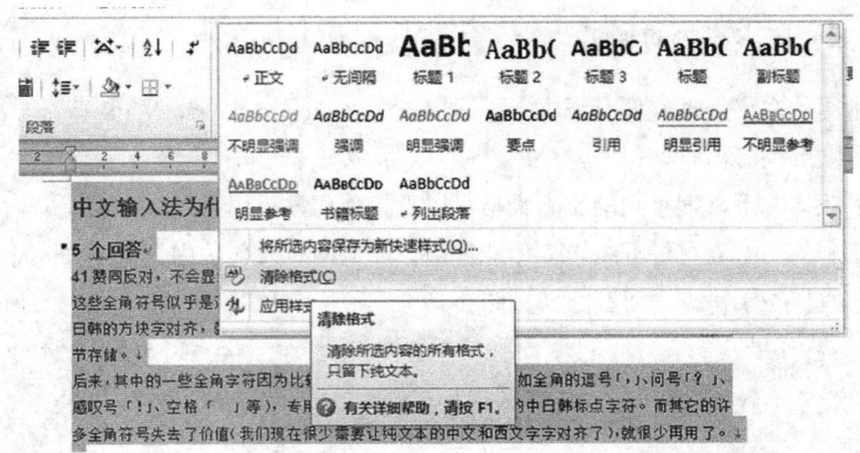

图 2-19　选择“清除格式”

用这种方式还会残留一些特殊符号（见图 2-20）。

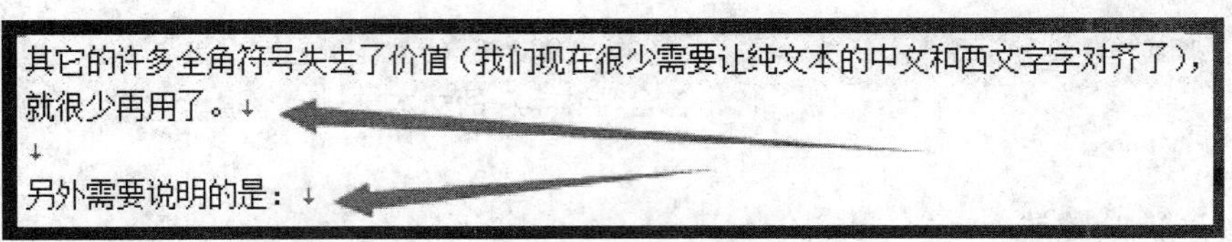

图 2-20　残留的特殊符号

有经验的老师在批改作业时，看到这种特殊符号，就知道这是直接从网页中复制的。那么怎么去掉这些特殊符号呢？

可以使用记事本，因为记事本是纯 ASCII 码文本文件，除了换行和回车，不包括任何格式化的信息，即文件里没有任何有关文字字体、大小、颜色、位置等格式化信息。

具体操作方法如下：先把这些带有特殊格式或特殊字符的文字资料粘贴到“记事本”中（见图 2-21），再使用“记事本”中的文本即可。

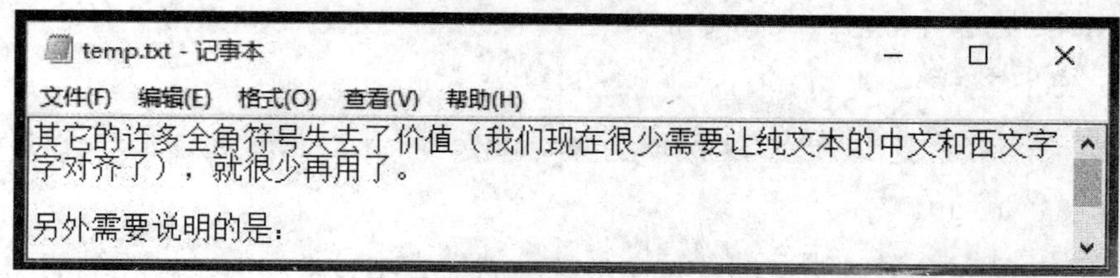
temp.txt - 记事本

文件(F) 编辑(E) 格式(O) 查看(V) 帮助(H)

其它的许多全角符号失去了价值（我们现在很少需要让纯文本的中文和西文字字对齐了），就很少再用了。

另外需要说明的是：

图 2-21 粘贴到记事本

二、图片素材的准备

在多媒体课件中，我们常用到的图片可以分为两大类：位图和矢量图。位图是以点阵形式描述图像的，矢量图是以数学方法描述的一种由几何元素组成的图形。一般来说，位图对图像的表达细致、真实，缩放后的图片分辨率不变，在专业级的图片处理中运用较多。

（一）图片素材的格式

图片素材的常用文件格式有 JPEG、PNG、GIF、BMP、SVG 等。

1. JPEG 格式

JPEG 格式的英文全称为 Joint Photographic Expert Group，意思为“联合照片专家组”，文件扩展名是 jpg 或 jpeg。它是由联合照片专家组开发并命名为“ISO 10918-1”，JPEG 仅仅是一种俗称而已。

JPEG 格式是一种有损压缩方式，它去除了冗余的图像和彩色数据，在取得极高的压缩率的同时，能展现十分丰富生动的图像，很适合应用在网页的图像中。对于同一幅画面，JPEG 格式存储的文件空间是其他类型图形文件的 1/20～1/10。但 JPEG 文件不适合放大观看。

2. PNG 格式

PNG 格式的英文全称为 Portable Network Graphics，意思为“便携式网络图形”，文件扩展名是 png。

PNG 格式是一种无损压缩格式，它支持索引、灰度、RGB[A]三种颜色方案以及 Alpha 通道等特性，最高支持 48 位真彩色图像以及 16 位灰度图像。

3. GIF 格式

GIF 格式的英文全称为 Graphics Interchange Format，意思为“图形交换格式”，文件扩展名是 gif。

GIF 格式是在各种平台的各种图形处理软件上均可处理的经过压缩的图形格式。支持多图像文件和动画文件。缺点是存储色彩最高只能达到 256 种，所以通常用来显示简单图形及字体，在多媒体课件中，常用来制作小动画或图形元素。

4. BMP 格式

BMP 格式的英文全称为 Bitmap，意思为“位图”，文件扩展名是 bmp。

BMP 格式是 Windows 中的标准图像文件格式，已成为 Windows 系统中事实上的工业标准，有压缩和不压缩两种形式。它以独立于设备的方法描述位图，可用非压缩格式存储图像数据，解码速度快，支持多种图像的存储，各种个人计算机图形图像软件都能对其进行处理。

5. SVG 格式

SVG 格式的英文全称为 Scalable Vector Graphics，意思为“可缩放的矢量图形”，文件扩展名是 svg。

SVG 格式严格来说应该是一种开放标准的矢量图形语言，可设计高分辨率的 Web 图形页面。用户可以直接用代码来描绘图像，可以用任何文字处理工具打开 SVG 图像，通过改变部分代码来使图像具有交互功能，并可以随时插入 HTML 中通过浏览器来观看。

SVG 格式提供了目前网络流行格式 GIF 和 JPEG 无法具备的优势：可以任意放大图形显示，但绝不会以牺牲图像质量为代价；字在 SVG 图像中保留可编辑和可搜寻的状态；平均来讲，SVG 文件所需存储空间比 JPEG 和 GIF 格式的文件要小很多，因而下载也很快。

（二）图片素材的获取

1. 从网页上下载图片

具体步骤如下：鼠标左键指向网页中的图片，就会在图片右上角出现一个工具栏，选择“快速存图”按钮（见图 2-22）。

图 2-22　选择图片上“快速存图”

在打开的“图片快速保存”对话框中，可以指定图片的保存目录（见图 2-23）。

图 2-23　选择图片的保存目录

设置完成后，单击“立即保存”即可。

也可以用鼠标右键单击网页中的图片，在快捷菜单中选择“图片另存为”（见图 2-24）。

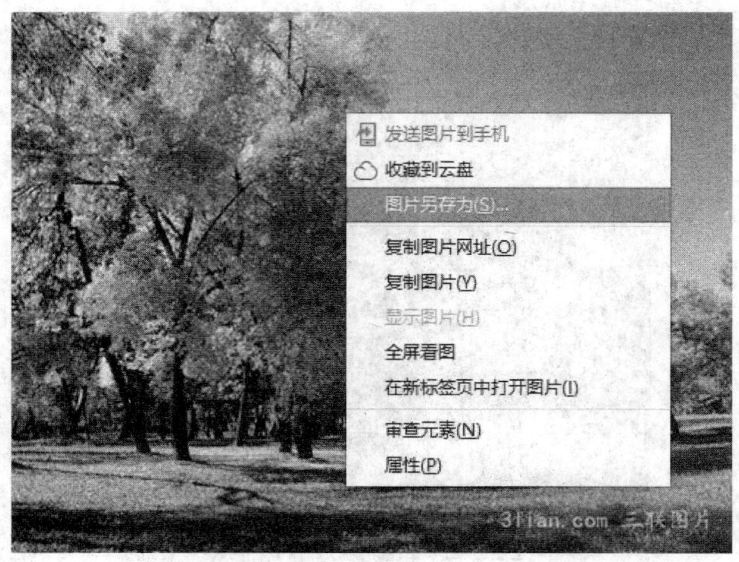

图 2-24　右键选择“图片另存为”

在打开的“另存为”对话框中，可以指定保存目录、文件名、保存类型等，设置完成后，单击“保存”即可（见图 2-25）。

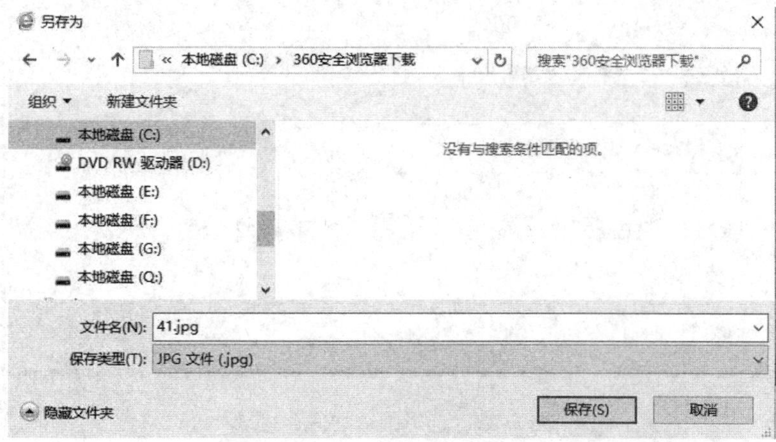

图 2-25　指定目录、文件名、保存类型并单击“保存”

技巧：为了得到清晰的高质量图片，搜索关键词中可以加入“大图”或“特大图”，搜索到图片后，点击进入大图浏览界面或打开原网页再下载。

2. 使用截屏工具

目前有很多截屏工具，如截图精灵、红蜻蜓抓图精灵、QQ 的截屏工具等，功能都很丰富，如添加箭头、线框、文字说明等，使用起来非常方便。下面以 QQ 的截屏工具为例，介绍常用的截图操作。

可以在 QQ 聊天窗口单击“屏幕截图”按钮触发截图工具，也可以通过快捷键“Ctrl + Alt + A”触发（见图 2-26）。

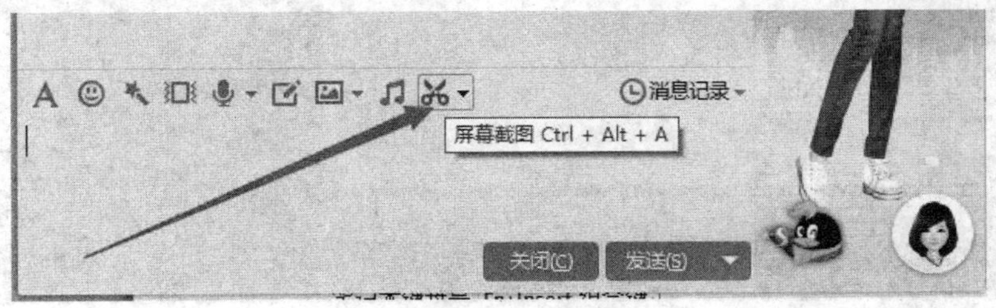

图 2-26 使用通信工具快捷截图

鼠标的箭头会变成彩色的，按住鼠标左键拖动，即可出现截图矩形（见图 2-27）。

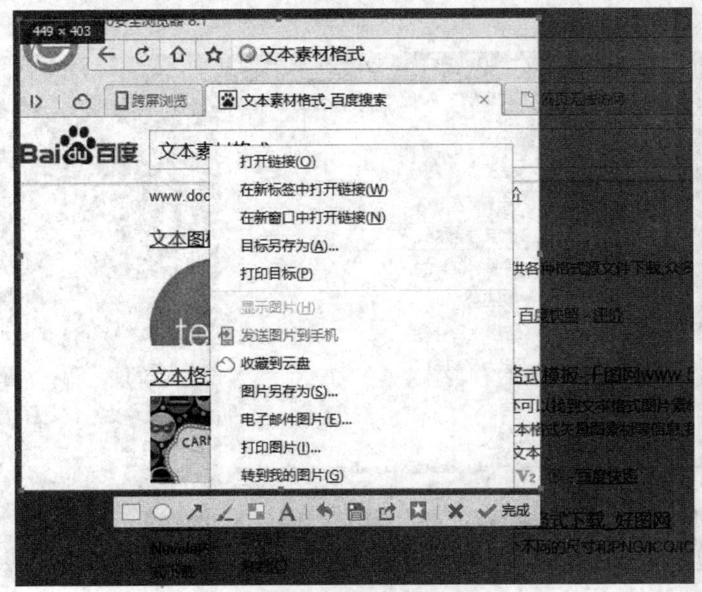

图 2-27 选择截图范围

鼠标指向截图区域，显示移动光标，可以拖动截图区域到不同位置，还可以通过截图区域四周的句柄调整大小（见图 2-28）。

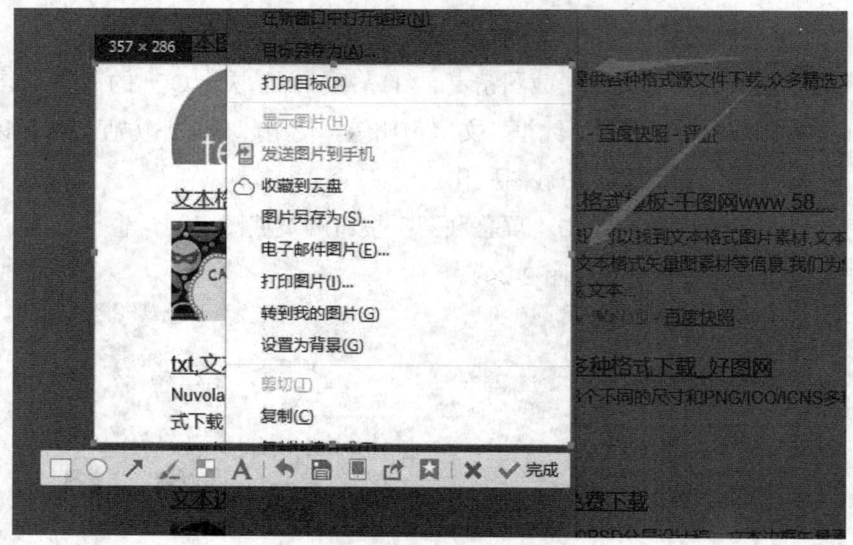

图 2-28 通过截图区域四周句柄调整大小

还可以使用截图区域下方的工具栏，给截图区域添加矩形或椭圆框、箭头、文字说明等（见图 2-29）。

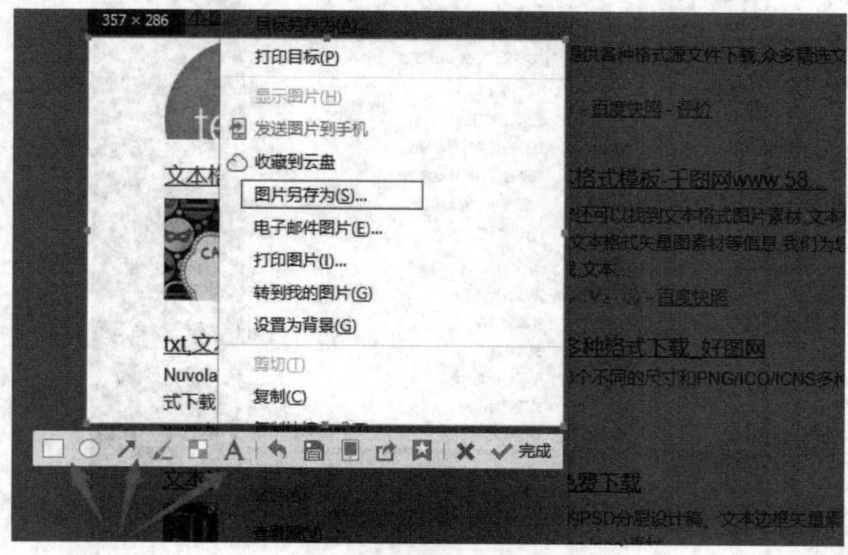

图 2-29 使用截图工具栏添加标注或说明

单击“完成”按钮，或双击屏幕，截图区域就会被复制到剪切板中，然后粘贴到图像编辑软件或支持图文编辑的软件中使用即可。

如果没有截屏工具，或对于一些无法使用截屏工具截取的内容，如鼠标悬浮，就要借助键盘来截屏。

3．使用键盘按键截屏

普通键盘的截屏键是“Print Screen”键，在键盘的右上侧。

笔记本电脑键盘的截屏键是“Fn + PrtSc”组合键，“Fn”键在键盘左下角，“PrtSc”键在键盘的右上侧与“Insert”键是同一个键。

使用截屏键，可以把整个屏幕复制到“剪切板”中，然后粘贴到图像处理软件或 Microsoft Word、WPS 等支持图文编辑的软件中进行编辑。

技巧：按下“Alt”键的同时，使用截屏键，只会得到当前活动窗口的屏幕截图，而不是全屏截图。通常我们只需要截取屏幕中的一个窗口。

（三）图片素材的加工

常用的图片处理软件有 PhotoShop、CorelDraw、Freehand 等。下面以 PhotoShop 为例，说明常用的图片加工操作。

1．截取图片的一部分

选择“裁剪工具”（见图 2-30）。

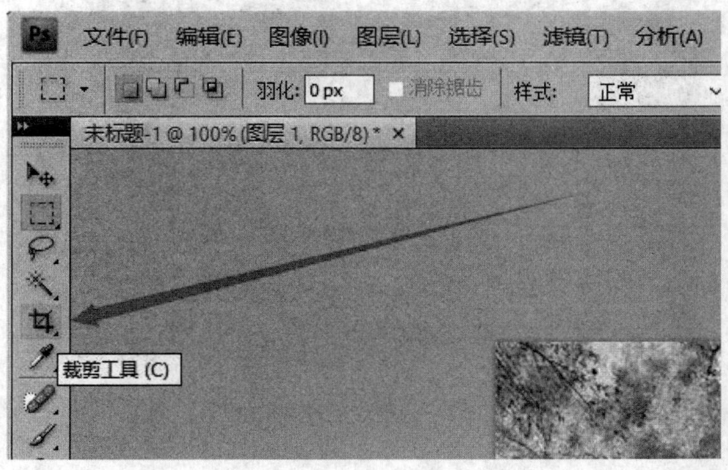

图 2-30　选择“裁剪工具”

按住鼠标左键拖拽，就会出现裁剪区域（见图 2-31）。

图 2-31　裁剪区域

可以拖动裁剪区域的位置，通过裁剪区域四周句柄调整大小，旋转裁剪区域（见图 2-32）。

图 2-32　调整或旋转裁剪区域

调整完成后，用鼠标左键双击裁剪区域即可得到裁剪后的图片。也可按回车键。

2．调整图片亮度/对比度

选择菜单“图像→调整→亮度/对比度”（见图 2-33）。

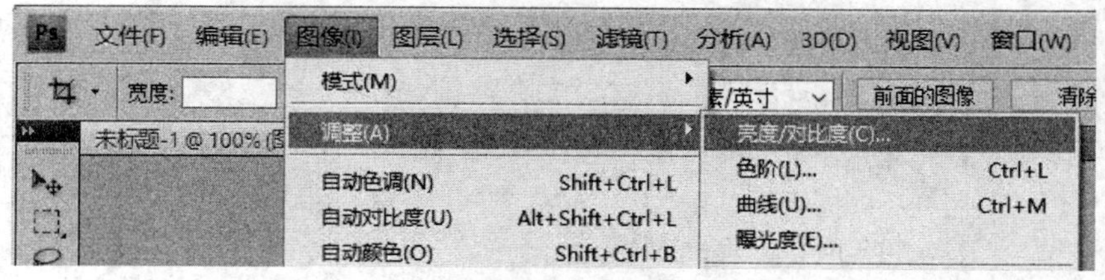

图 2-33　菜单栏“图像”选择“调整”

打开“亮度/对比度”对话框（见图 2-34）。

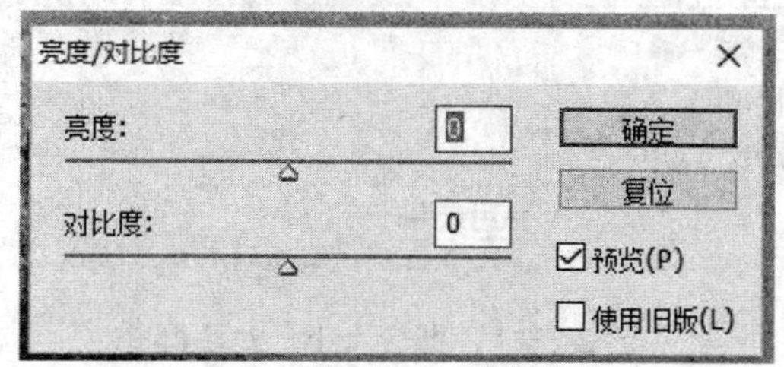

图 2-34　“亮度/对比度”对话框

可以拖动滑块，或直接输入数字来调整，设置完成后，单击“确定”即可。

3．调整图片大小

选择菜单“图像→图像大小”（见图 2-35）。

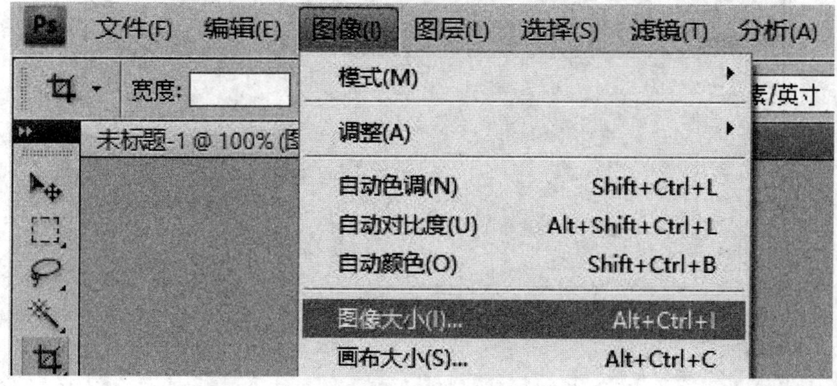

图 2-35　菜单栏“图像”选择“图像大小”

打开“图像大小”对话框（见图 2-36）。

图像大小
像素大小:549.3K
宽度(W): 500 像素
高度(H): 375 像素
文档大小:
宽度(D): 17.64 厘米
高度(G): 13.23 厘米
分辨率(R): 72 像素/英寸
缩放样式(Y)
约束比例(C)
重定图像像素(I):
两次立方（适用于平滑渐变）
确定
复位
自动(A)...

图 2-36 “图像大小”对话框

设置完成后，单击“确定”即可。

4. 给图片添加文字说明

用鼠标右键单击工具栏中的“文字工具”，选择需要的工具（见图 2-37）。

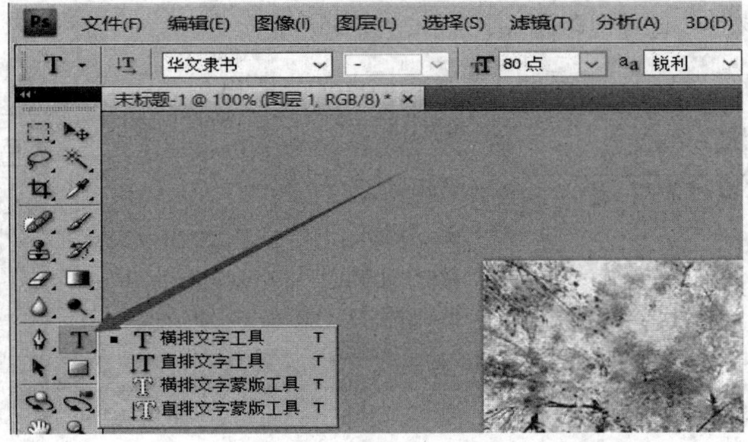

图 2-37 右键单击“文字工具”选择需要的工具

然后单击图片，即可添加文字（见图 2-38）。

图 2-38　添加文字

还可以给图片添加滤镜艺术效果，如模糊、投影、外发光等。

三、音频素材的准备

（一）音频素材的格式

音频素材的常见文件格式有 WAV、MP3、RA、MID、M4A 等。

1. WAV 格式

WAV 格式文件即波形文件，扩展名是 wav。

WAV 格式是微软公司的音频文件格式，它来源于对声音模拟波形的采样。WAV 格式记录的是声音的波形，所以只要采样率高、采样字节长、机器速度快，利用该格式记录的声音文件就能够和原声基本一致，质量非常高，但这样做的代价就是文件占用存储空间太大。

2. MP3 格式

MP3 格式的英文全称是 MPEG-1layer 3，扩展名是 mp3。

MP3 格式是现在最流行的声音文件格式，因其压缩率大，在网络可视电话通信方面应用广泛，但和 CD 唱片相比，音质不能令人非常满意。

3．RA 格式

RA 格式的英文全称是 Real Audio，扩展名是 ra。这种格式真可谓是网络的灵魂，强大的压缩量和极小的失真使其从众多格式中脱颖而出。与 MP3 格式相同，它也是为了解决网络传输带宽资源问题而设计的，因此主要目标是压缩比和容错性，其次才是音质。

4．MIDI 格式

MIDI 格式的英文全称是 Musical Instrument Digital Interface，意思是“乐器数字接口”，扩展名是 mid。MIDI 格式是由世界上主要电子乐器制造厂商建立起来的一个通信标准，以规定计算机音乐程序、电子合成器和其他电子设备之间交换信息与控制信号的方法。MIDI 格式是最成熟的音乐格式，实际上已成为一种产业标准。作为音乐工业的数据通信标准，MIDI 能指挥各音乐设备的运转，而且具有统一的标准格式，能够模仿原始乐器的各种演奏技巧甚至是无法演奏的效果，而且文件的长度非常小。

5．M4A 文件

M4A 是 MPEG-4 音频标准的文件的扩展名。在 MPEG-4 标准中提到，普通的 MPEG-4 文件扩展名是“.mp4”。自从苹果公司开始在它的数字媒体播放器 iTunes（苹果公司推出的一款数字媒体播放器）以及 iPod（苹果公司推出的播放器系列产品）中使用“.m4a”以区别 MPEG4 的视频和音频文件以来，“.m4a”这个扩展名变得流行了。目前，几乎所有支持 MPEG-4 音频的软件都支持“.m4a”。

（二）音频素材的获取

准备音频素材，最常用的方法就是上网搜索下载。对于网上找不到的音频素材，可以自己使用录音软件录制，但是由于录音设备的限制，得到的音频质量不是太好。

1．网络下载

下面我们用“百度音乐客户端”，以寻找“中国古典音乐”为例，来说明音频素材的搜索下载操作。首先打开百度音乐客户端，搜索关键词“中国古典音乐”，搜索结果如图 2-39 所示。

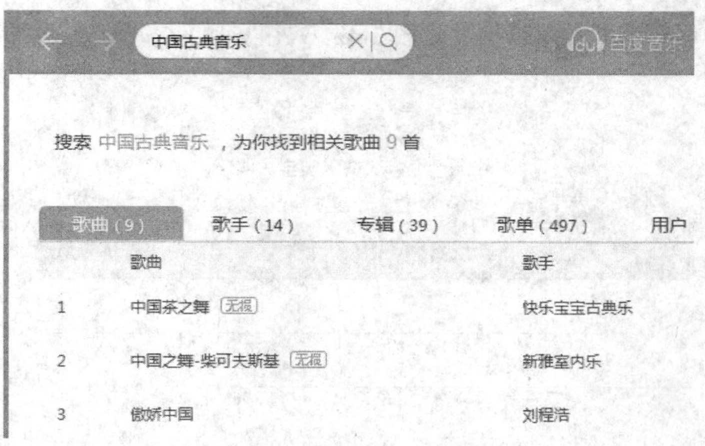

图 2-39　百度音乐客户端搜索结果

最好先试听一下，选择满意的音乐再进行下载，鼠标单击“更多”按钮（见图 2-40）。

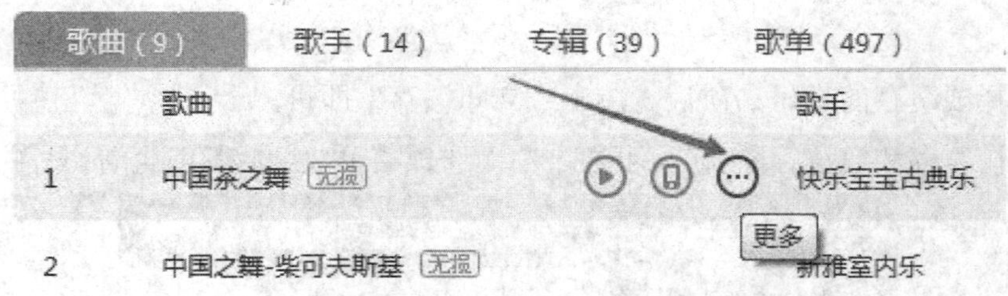

图 2-40　单击“更多”按钮

弹出快捷菜单，选择“缓存”命令（见图 2-41）。

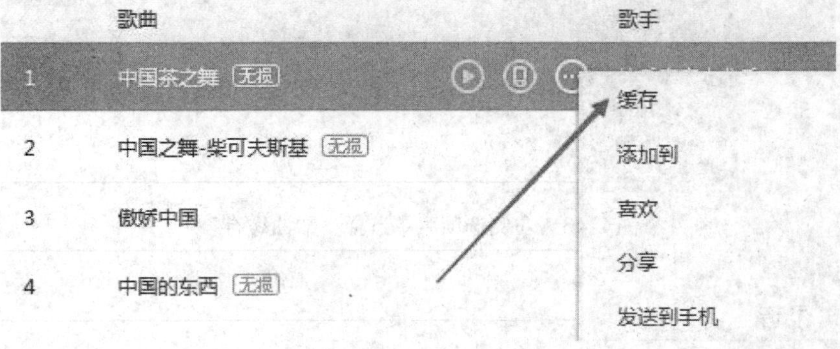

图 2-41　快捷菜单

打开“缓存歌曲”对话框（见图 2-42）。

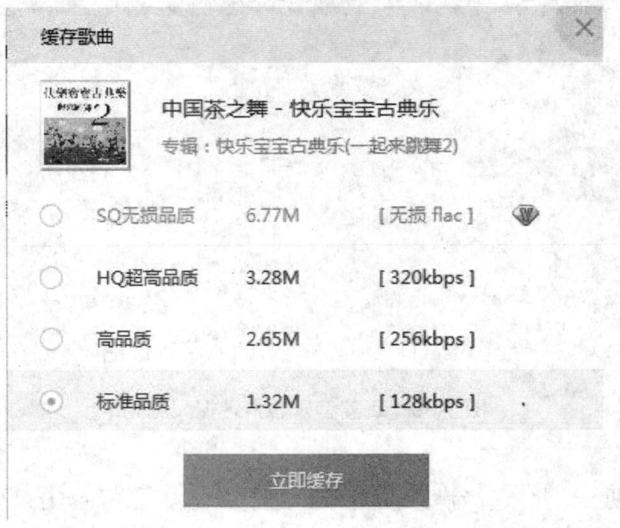

图 2-42　“缓存”对话框

选择要缓存的音乐品质后，单击“立即缓存”即可。

正在缓存和已缓存的音乐，可通过左侧选项菜单“歌曲缓存”查看（见图 2-43）。

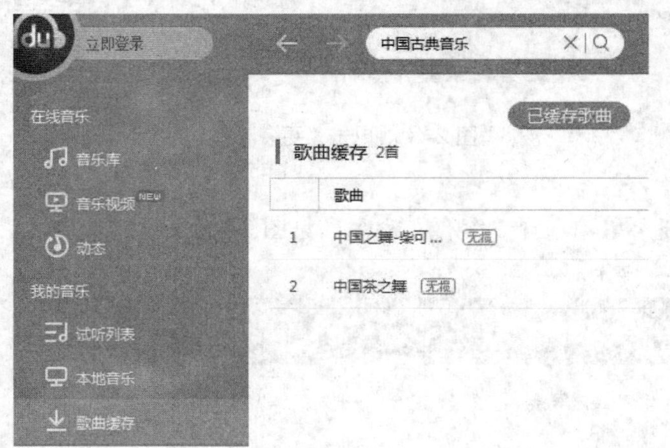

图 2-43　左侧选项菜单选择“歌曲缓存”

2．录音

在某些情况下，我们需要自己录音，如网络课程中的教师讲解。下面以

Windows 10 自带的“语音录音机”为例，说明录音操作步骤。

（1）可通过屏幕左下角的“开始”菜单，选择所有应用（见图 2-44）。

图 2-44　Windows 10“开始”菜单选择所有应用

（2）找到“语音录音机”（见图 2-45）。

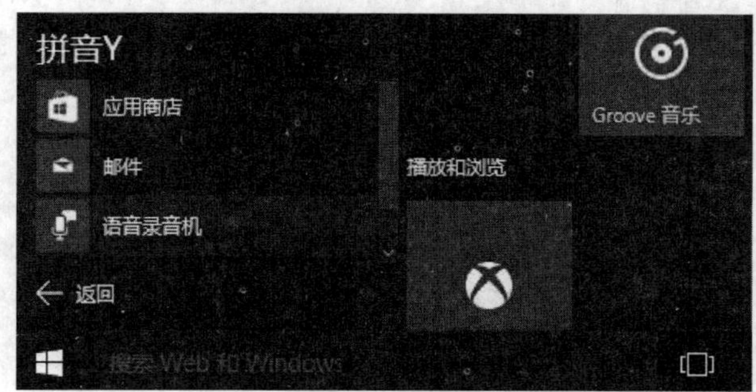

图 2-45　所有应用中“语音录音机”

（3）单击打开语音录音机（见图 2-46）。

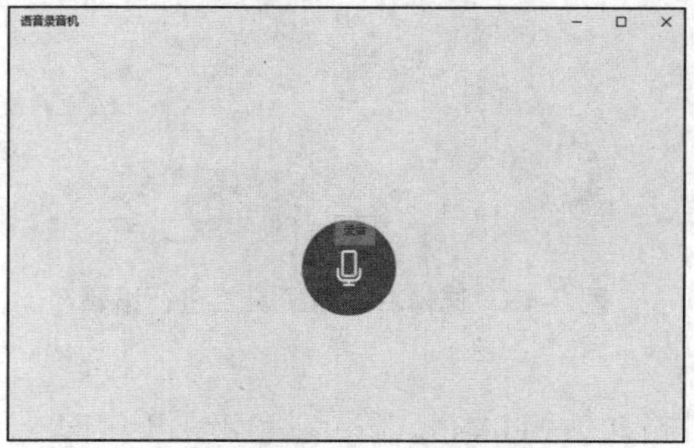

图 2-46　语音录音机界面

（4）单击窗口中央的“麦克风”图标，即可开始录音（见图 2-47）。

录音完成，单击屏幕中央的按钮即可停止录音，查看录制好的音频（见图 2-48）。

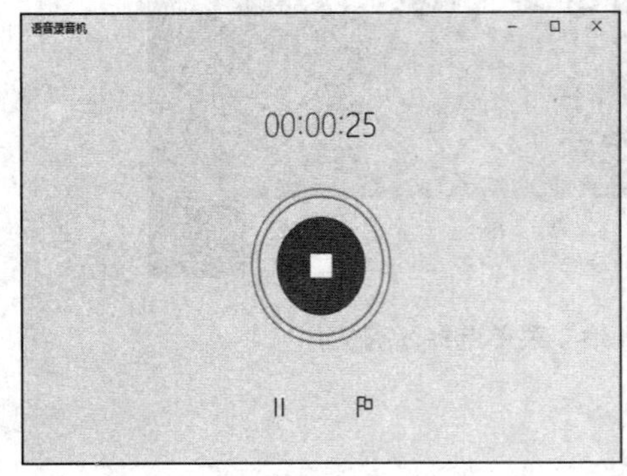

图 2-47　开始录音界面

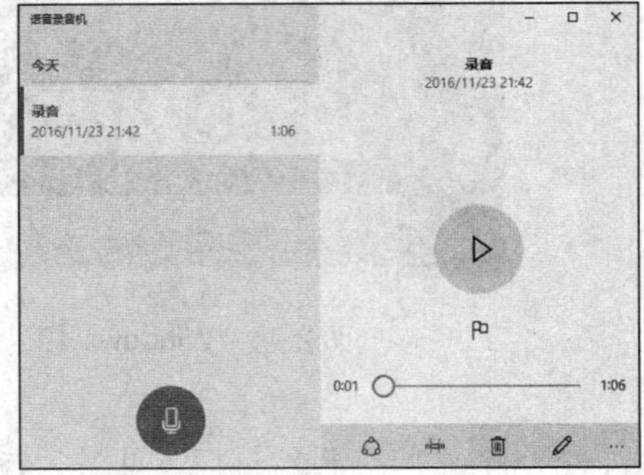

图 2-48　录音结束后查看已录制音频

通过窗口右下角的工具栏，可以编辑音频（见图 2-49）。

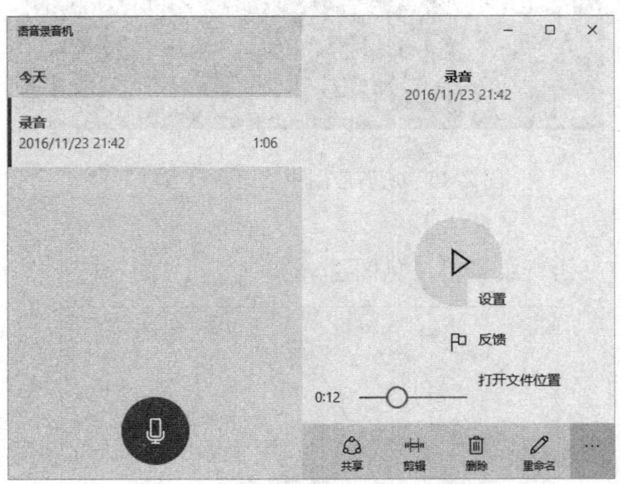

图 2-49　选择右下角工具栏进行编辑

录音生成的文件格式是 M4A 格式，可以单击菜单中的“打开文件位置”查看。

（三）音频素材的加工

常用的音频处理软件有 Ulead Media Studio、Sound Forge、Audition（Cool Edit）、Wave Edit 等。下面我们以 Audition（Cool Edit）为例，说明音频格式的转换和一段音频的截取。

1. 音频格式的转换

我们最常用的多媒体格式转换软件是“格式工厂”，它是一款完全免费的软件，支持各种类型音频格式，可以轻松转换到你想要的格式。下面我们以“格式工厂 3.9.5”为例，说明音频格式转换的具体操作。

首先打开“格式工厂”（见图 2-50）。

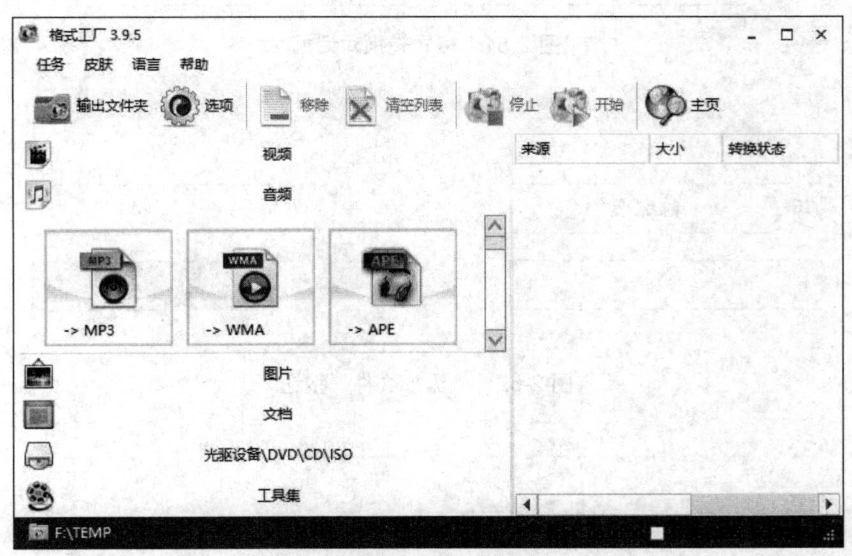

图 2-50　“格式工厂”界面

选择想要的音频格式，如 MP3 格式，打开格式转换对话框（见图 2-51）。

单击右上角的“添加文件”按钮（见图 2-52）。

打开对话框，选择想要转换的音频文件（见图 2-53）。

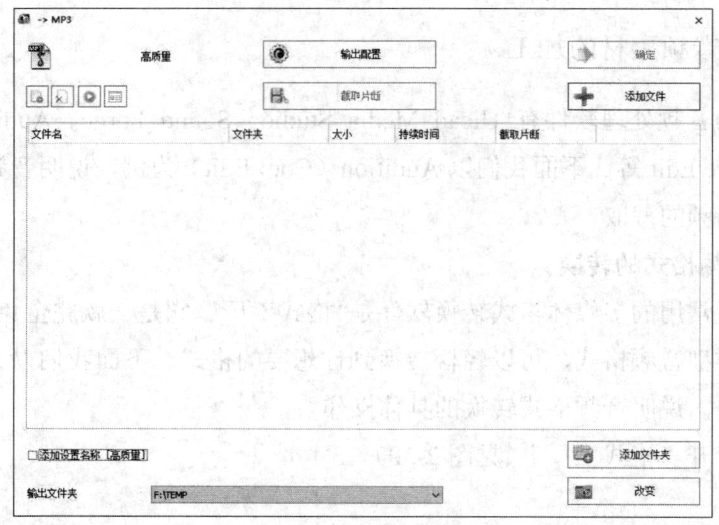

图 2-51　格式转换对话框

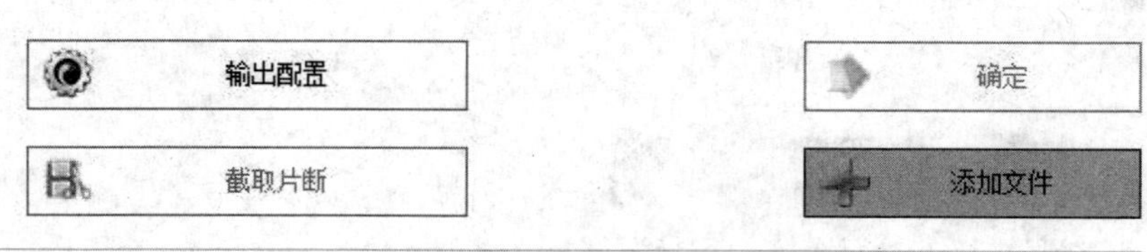

图 2-52　“添加文件”按钮

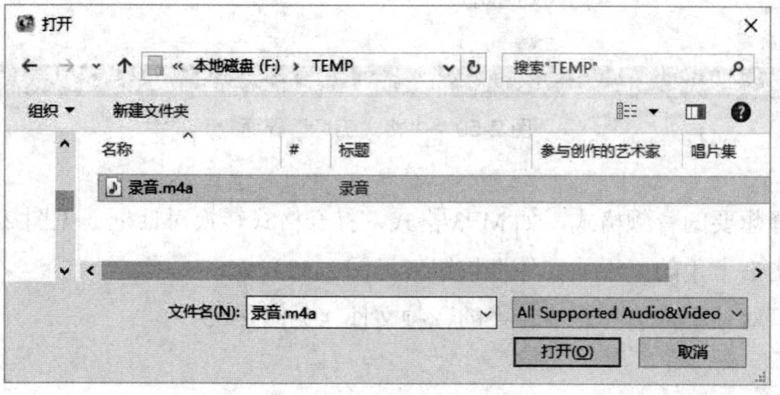

图 2-53　选择音频文件

单击“打开”按钮，音频文件就会出现在“格式工厂”的音频格式转换对话框中（见图 2-54）。

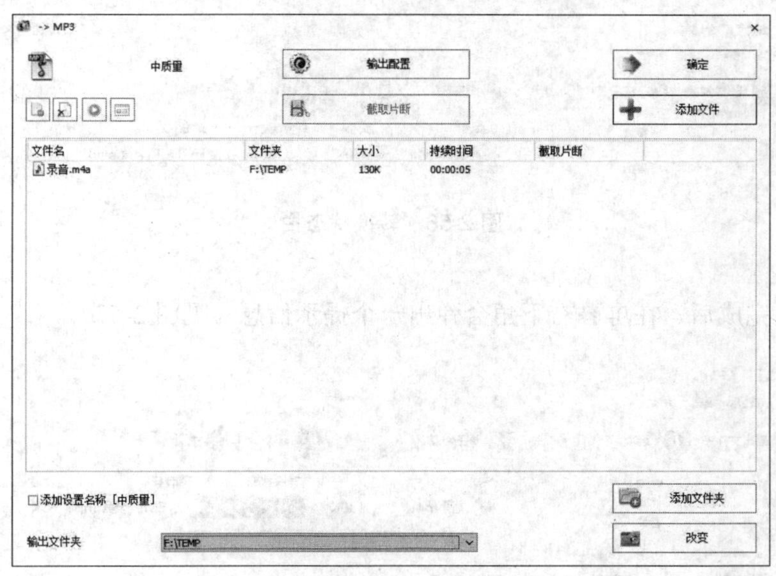

图 2-54 音频转换对话框

设置好“输出文件夹”，单击右上角的“确定”按钮，回到“格式工厂”主界面（见图 2-55）。

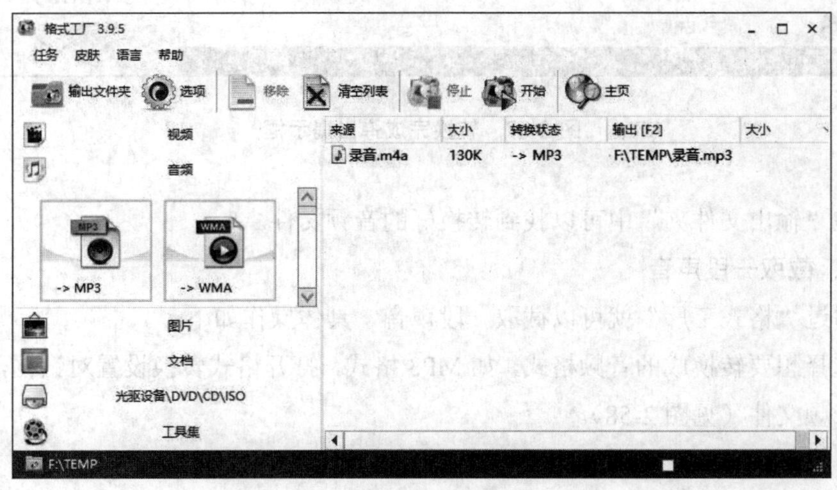

图 2-55 “格式工厂”主界面

此时，我们只是添加了一个转换任务，还没有进行格式转换。单击“开始”按钮，进入转换过程（见图 2-56）。

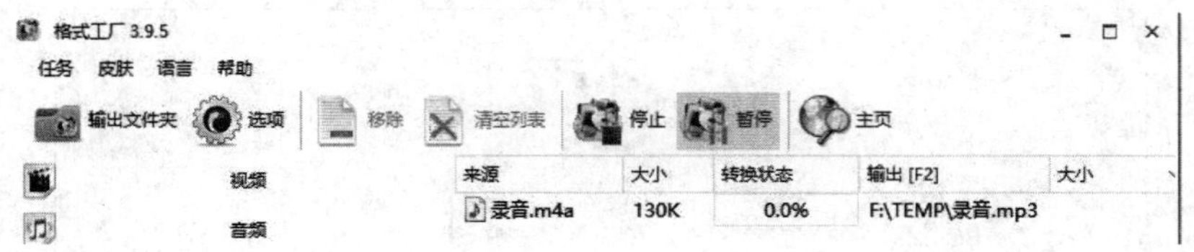

图 2-56 转换状态栏

转换完成后，在屏幕右下角会弹出一个提示信息（见图 2-57）。

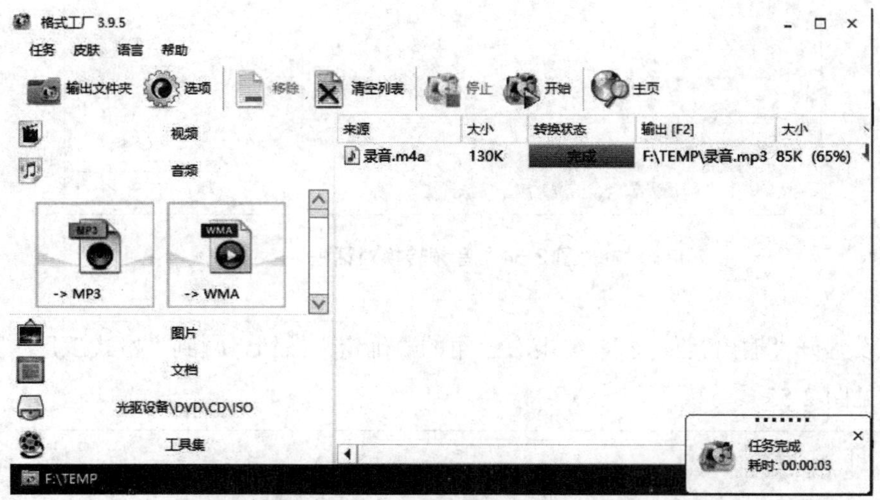

图 2-57 转换完成弹出提示框

在“输出文件夹”中可以找到转换好的音频文件。

2．截取一段声音

通过“格式工厂”就可以截取一段声音，具体操作如下：

选择想要转换成的音频格式，如 MP3 格式，打开格式转换设置对话框，添加一个音频文件（见图 2-58）。

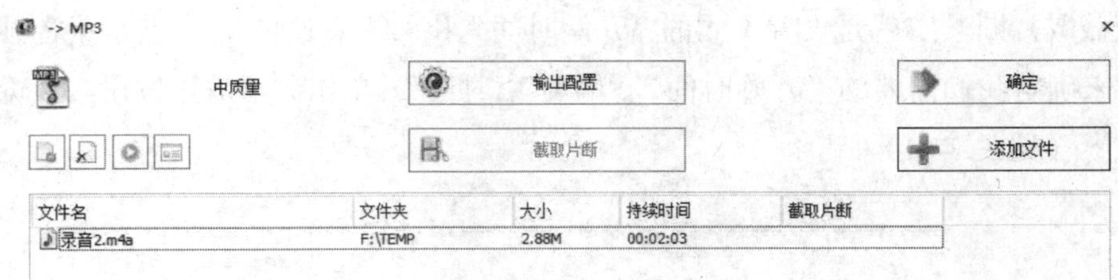

图 2-58　添加音频文件

选中音频文件后，“截取片断”按钮就会高亮（见图 2-59）。

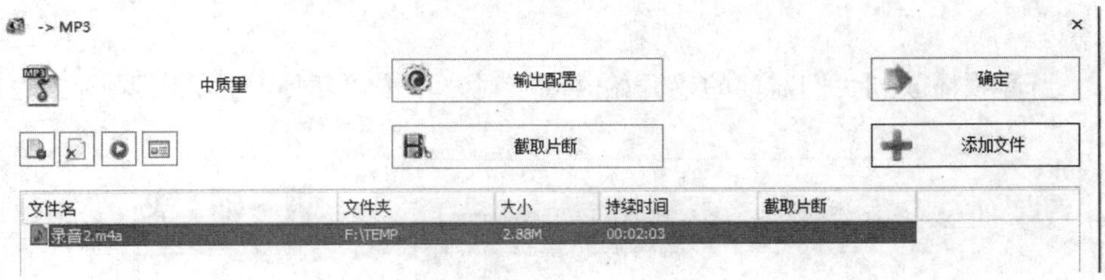

图 2-59　“截取片断”按钮高亮并可用

单击“截取片断”按钮，打开对话框（见图 2-60）。

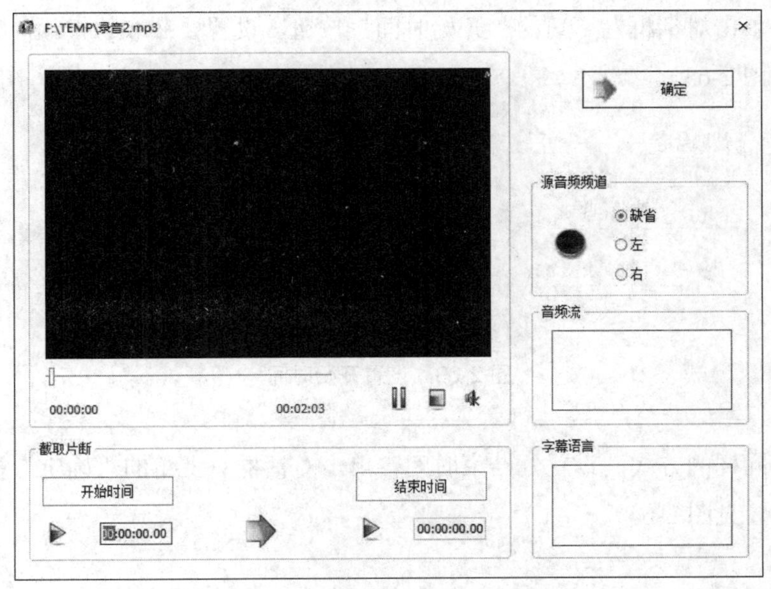

图 2-60　截取片断对话框

截取片断其实就是设置不同的“开始时间”和“结束时间”，通过预览音频内容，来确定我们需要的“开始时间”和“结束时间”。单击“播放”按钮，预览音频内容（见图 2-61）。

图 2-61 播放截取音频

当音频播放到我们需要的“开始时间”时，单击“暂停”按钮（见图 2-62）。

图 2-62 选择需要位置并单击“暂停”

然后单击对话框左下角的“开始时间”按钮，设置要截取的音频片断的开始时间（见图 2-63）。

图 2-63 设置开始时间

采用同样的方式，设置好结束时间。单击对话框右上角的“确定”按钮，关闭对话框（见图 2-64）。

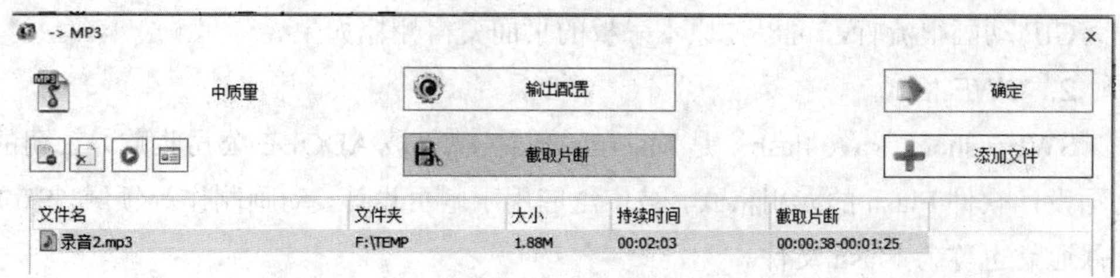

图 2-64 已经截取音频后的对话框

此时，我们在音频格式转换任务对话框中，可以看到截取片断的起止信息。单击“确定”完成设置。回到“格式工厂”主界面，可以看到刚才添加的任务（见图 2-65）。

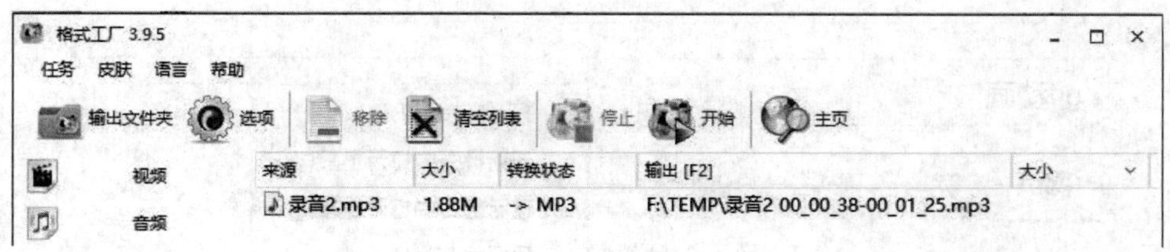

图 2-65 主界面显示添加的任务

输出文件名中包含了音频片断的起止信息。单击“开始”按钮即可得到截取后的音频片断。

四、动画素材的准备

（一）动画素材的格式

动画素材的常用文件格式有 GIF、SWF 等。

1. GIF 格式

GIF 格式是最常见的二维动画格式，广泛支持 Internet 标准，支持无损耗压缩和透明度。在大多数情况下，无损耗压缩效果不如 JPEG 格式或 PNG 格式。GIF 支持有限的透明度，没有半透明效果或褪色效果。

GIF 动画很流行，可以让原本呆板的页面变得栩栩如生。

2．SWF 格式

SWF（shock wave flash）是 Macromedia（现已被 ADOBE 公司收购）公司的动画设计软件 Flash 的专用格式，被广泛应用于网页设计、动画制作等领域，SWF 文件通常也称为 Flash 文件。

（二）动画素材的获取

1．GIF 动画的下载

GIF 动画的下载方式和图片一样，可以直接在网页上右键单击，选择“图片另存为”命令（见图 2-66）。

图 2-66　右键选择“图片另存为”

打开“保存图片”对话框，选择保存位置，单击“保存”按钮即可（见图 2-67）。

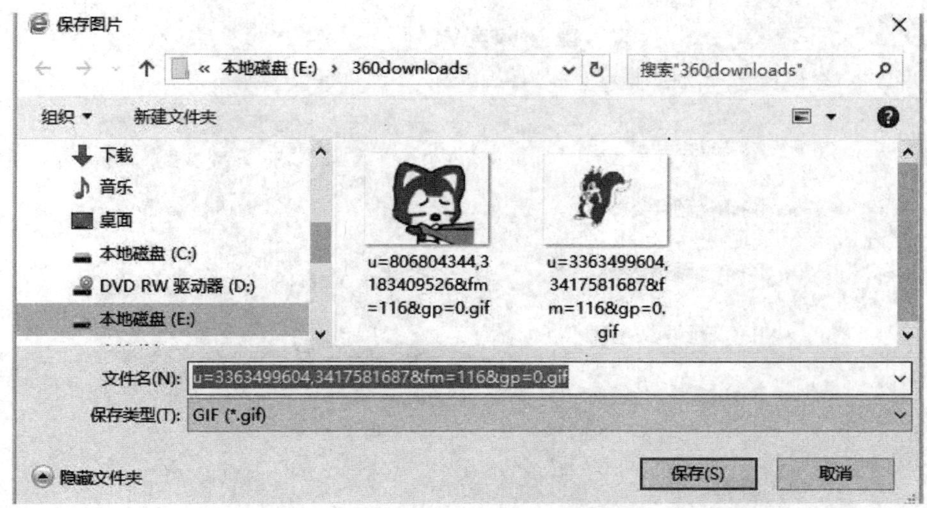

图 2-67 “保存图片”对话框

2．SWF 动画的下载

搜索“flash 动画”（见图 2-68）。

图 2-68 搜索引擎搜索结果

打开“flash 动画素材下载”这个网站（见图 2-69）。

图 2-69 打开网站

选择一个 flash 动画，单击打开下载页面（见图 2-70）。

图 2-70 打开素材页面

单击右上角的“下载地址”，看到下载地址列表（见图 2-71）。

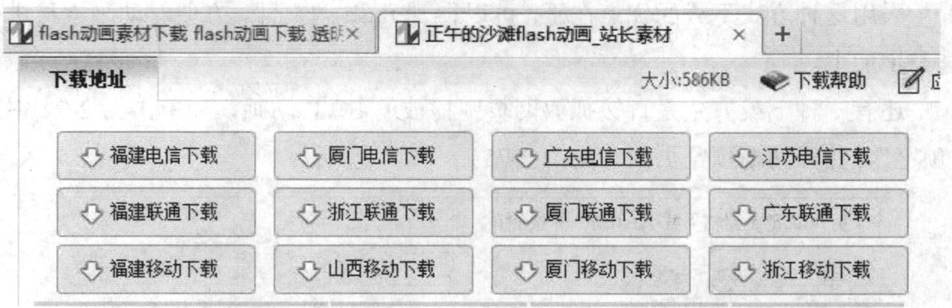

图 2-71　下载地址列表

选择一个下载地址，打开下载对话框（见图 2-72）。

新建下载任务

网址：http://xmdx.sc.chinaz.com/Files/DownLoad/flash2/201611/

名称：flash4952.rar　压缩文件 586 KB

下载到：E:\360downloads　剩35.7 GB　浏览

安全打开　下载　取消

图 2-72　下载对话框

选择文件保存位置，单击“下载”即可。下载完成后，解压缩会得到 swf 动画文件和 flash 源文件（见图 2-73）。

› 本地磁盘 (E:) › 360downloads › flash4952

名称	修改日期	类型	大小
flash4952.fla	2012/9/17 17:50	Flash 文档	2,694 KB
flash4952.swf	2016/11/18 11:28	Shockwave Flash Object	36 KB
说明.htm	2016/11/10 17:18	360 se HTML Document	4 KB
重要建议.txt	2016/4/25 16:50	文本文档	1 KB

图 2-73　解压缩文件夹

采用这种方式下载的优点在于，可以得到 flash 源文件，方便对动画素材进行进一步加工。

还有一种下载方式是直接抓取网页中播放的 SWF 动画，如单击图 2-74 中的“预览”，打开动画预览页面（见图 2-75）。

图 2-74　图片预览

图 2-75　预览页面

鼠标右键单击网页中的动画，弹出 flashplayer 右键菜单，表明这是个 flash 动画文件（见图 2-76）。

图 2-76　flashplayer 右键菜单

技巧：可通过这个方法来检查网页中的动画是 SWF 动画还是 GIF 动画。

此时，这个动画文件已经在网页浏览器的缓存中了，我们复制出来即可。

具体操作步骤如下：

通过浏览器菜单“工具→Internet 选项”菜单命令打开“Internet 选项”对话框（见图 2-77）。

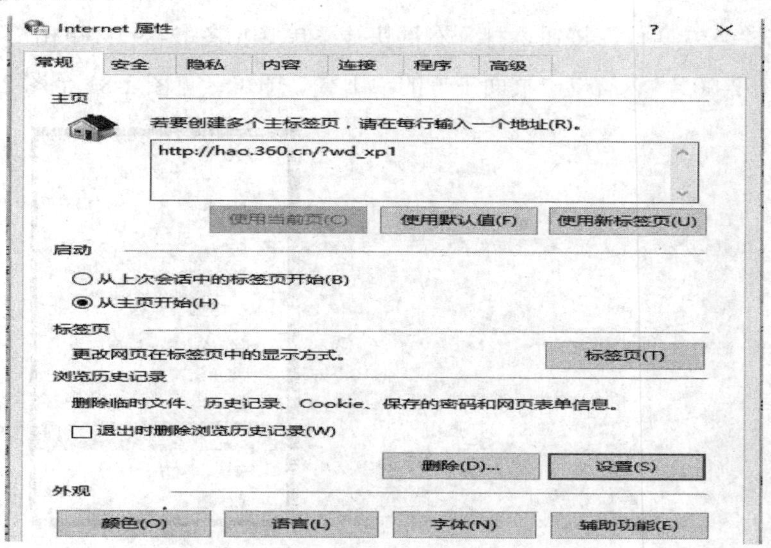

图 2-77　Internet 选项对话框

单击“设置”按钮，打开“网站数据设置”对话框（见图 2-78）。

网站数据设置 ? ×

Internet 临时文件 历史记录 缓存和数据库

Internet Explorer 存储网页、图像和媒体的副本以便以后快速查看。

检查存储的页面的较新版本:

○每次访问网页时(E)

○每次启动 Internet Explorer 时(S)

◉自动(A)

○从不(N)

使用的磁盘空间(8-1024MB)(D) 1024

(推荐: 50-250MB)

当前位置:

C:\Users\kay\AppData\Local\Microsoft\Windows\INetCache\

移动文件夹(M)... 查看对象(O) 查看文件(V)

图 2-78 网站数据设置对话框

单击“查看文件”按钮，打开右键快捷菜单（见图 2-79），单击“查看源代码”（见图 2-80），然后单击页面下方的“下载”即可（见图 2-81 至图 2-83）。

图 2-79 右键快捷菜单

```
        var flashparams = {
                base: '.',
                wmode: (navigator.userAgent.indexOf("Firefox") > 0) ? 'opaque':
'window',
                allowScriptAccess: "always",
                quality: "high",
                wmode: "transparent",
                wmode: "Opaque",
                allowNetWorking: "all"
        };
        swfobject.embedSWF("http://demo.sc.chinaz.com//Files/DownLoad/flash2/201611/fla
sh4952.swf", "flashid", "700", "500", "9.0.0", "/n/flash/expressInstall.swf",
flashvars, flashparams, '')
</script>
{$End If$}
<div id="container" style="overflow:hidden;background:#000">
<div id="flashid"></div>
</div>
<div id="footer" class="kj_bottom">
        <div style=" width:980px; margin:0 auto">
                <p class="left cut">
```

图 2-80　查看代码

```
        };
        swfobject.embedSWF("http://demo.sc.chinaz.com//Files/DownLoad/flash2/201611/fla
sh4952.swf", "flashid", "700", "500", "9.0.0", "/n/flash/expressInstall.swf",
flashvars, flashparams, '')
</script>
{$End If$}
<div id="container" style="overflow:hidden;background:#000">
<div id="flashid"></div>
</div>
<div id="footer" class="kj_bottom">
        <div style=" width:980px; margin:0 auto">
                <p class="left cut">
```

图 2-81　单击“下载”

图 2-82　下载对话框

图 2-83　下载任务对话框

这种下载方式，只能得到 SWF 文件，无法直接编辑。

（三）动画素材的加工

由于动画的设计艺术和编辑技术需要较高的专业水平，所以我们一般使用现成动画素材，尽量不要自己编辑，以免弄巧成拙。

常用的动画制作软件有 AutoDesk Animator Pro、3DS MAX、Maya、Flash 等。有兴趣的，可以自己学习，本书不再详述。

五、视频素材的准备

（一）视频素材的格式

视频素材的常见文件格式有 WMV、RM、AVI、MPG、FLV 等。

1．WMV 文件

WMV 英文全称是 Windows Media Video，也是微软公司推出的一种采用独立编码方式并且可以直接在网上实时观看视频节目的文件压缩格式。WMV 格式的主要优点：高度压缩，文件小传输快，质量也不错。在很多用于网络传输的多媒体网络课件中，这种文件格式应用比较广泛。

2．RM 文件

RM 文件是 RealWorks 公司开发的一种新型流式视频文件格式，用于传输连续视频数据。它可以根据网络传输数据传输速率的不同制订不同的压缩比率，从而实现在低速广域网上进行影像数据的实时传送和实时播放。目前，有很多网站会利用 RealVideo 技术进行重大事件的实况转播，其播放软件主要由该公司的 RealPlayer 或 RealOne PlayerRealServer 服务器将其他格式的视频转换成 RM 视频并由 Real Server 服务器负责对外发布和播放。

3．AVI 文件

AVI 文件英文全称为 Audio Video Interleaved，意思为“音频视频交错”，是微软公司开发的一种数字音频与视频文件格式，现在已被大多数操作系统直接支持。这种视频格式的优点是图像质量好，可以跨多个平台使用，其缺点是体积过于庞大。

4．MPG 文件

MPG 文件全称为 Motion Picture Experts Group，即运动图像专家组格式，VCD、SVCD、DVD 就是这种格式。MPEG 文件格式是运动图像压缩算法的国际标准，它采用了有损压缩方法减少运动图像中的冗余信息（其最大压缩比可达到 200：1）。

目前 MPEG 格式主要有五个压缩标准，分别是 MPEG-1、MPEG-2、MPEG-4、MPEG-7 和 MPEG-21。其中 MPEG-2 是针对标准数字电视和高清晰电视在各种应用下的压缩方案，文件扩展名有 .mpg、.mpeg 及 VCD 光盘中的 .dat 和 DVD 光盘中的 .vob 等。MPEG-4 则是为了播放流式媒体的高质量视频而专门设计的，文件扩展名是 MP4。

5．FLV 文件

FLV 英文全称为 Flash Video，FLV 流媒体格式是随着 Flash MX 的推出发展而来的视频格式。由于它形成的文件极小、加载速度极快，使得网络观看视频文件成为可能，它的出现有效地解决了视频文件导入 Flash 后，使导出的 SWF 文件体积庞大，不能在网络上很好地使用等问题。

（二）视频素材的获取

视频素材的获取途径有多种，可以通过网络下载，可以通过屏幕录制软件录制屏幕，还可以自己使用数码相机或手机录像。一般网络下载现成的视频即可。

1. 网络搜索下载

网络下载视频的工具有很多，我们学习一个最常用的即可。稞麦综合视频站下载器（xmlbar）是一款完全免费而且不含有任何第三方插件的视频下载工具，可用于下载 YouTube、CNTV 流媒体、奇艺（Qiyi）、百度贴吧（tieba.baidu）、优酷（Youku）、土豆（Tudou）、酷 6（Ku6）、56 等重要视频网站的视频文件。

下面我们以稞麦综合视频站下载器（V9.3）为例，说明视频素材的下载方法。首先，启动软件（见图 2-84）。

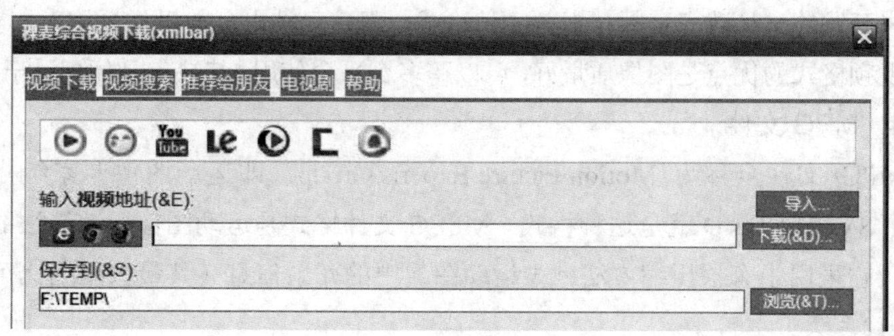

图 2-84　下载器主界面

输入视频素材所在的网页地址，设置好保存到的目录（见图 2-85）。

图 2-85　设置保存目录

单击“下载”按钮，它就会自动识别可下载的视频文件（见图 2-86）。

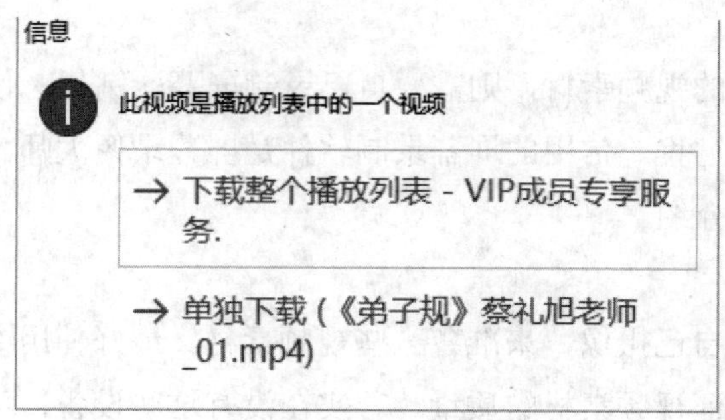

图 2-86　选择需要下载的文件

这里，我们选择下面这个“单独下载”选项，弹出对话框（见图 2-87）。

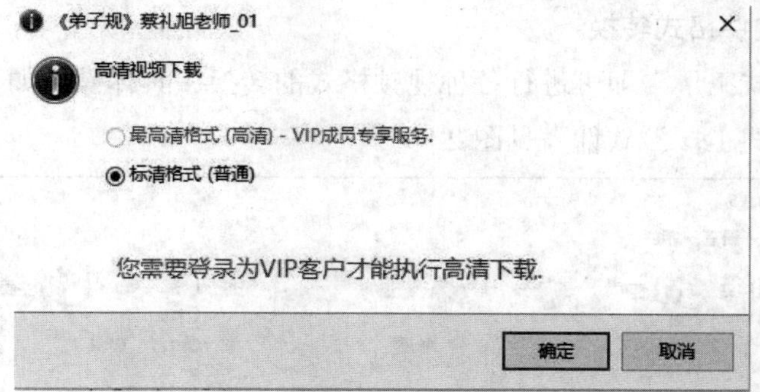

图 2-87　单独下载对话框

默认是标清格式，单击“确定”即可开始下载（见图 2-88）。

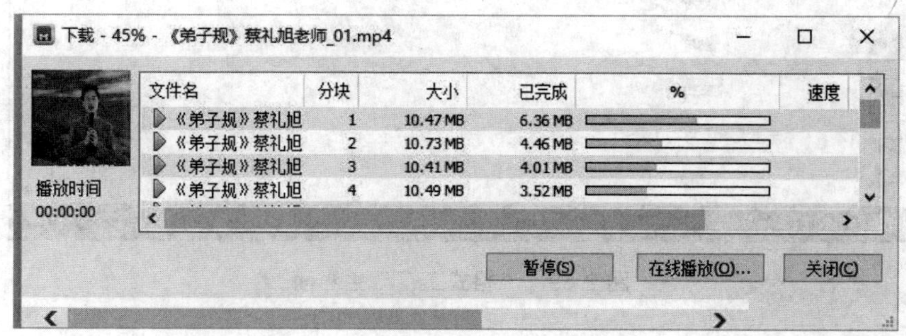

图 2-88　下载进度对话框

2. 录制屏幕

对于一些特定的视频素材，则需要自己录制屏幕。例如，使用 Photoshop 软件进行图片处理的过程。常用的屏幕录制软件是屏幕录像大师，使用方法非常简单，这里不再详细介绍。

3. 自己摄像

有时我们需要自己摄像，来准备一些视频素材。最好使用专业摄像机或高品质数码相机，以保证视频素材的质量。若实在没有这些设备，可以用手机的摄像功能应急。

（三）视频素材的加工

1. 视频文件格式转换

使用“格式工厂”即可进行各种视频格式的转换。具体操作如下：

打开“格式工厂”软件（见图 2-89）。

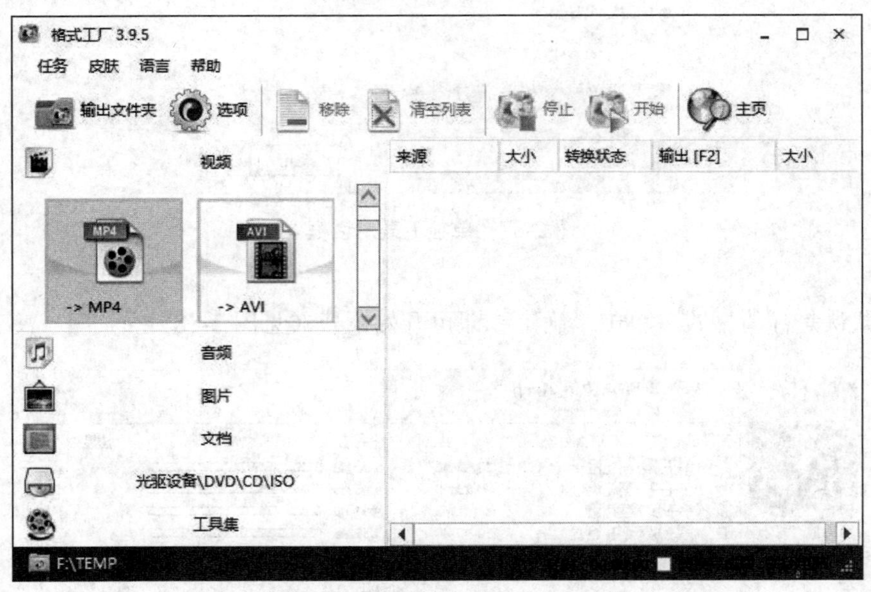

图 2-89 “格式工厂”主界面

选择想要转换的视频文件格式，如 MP4 格式，打开对话框（见图 2-90）。

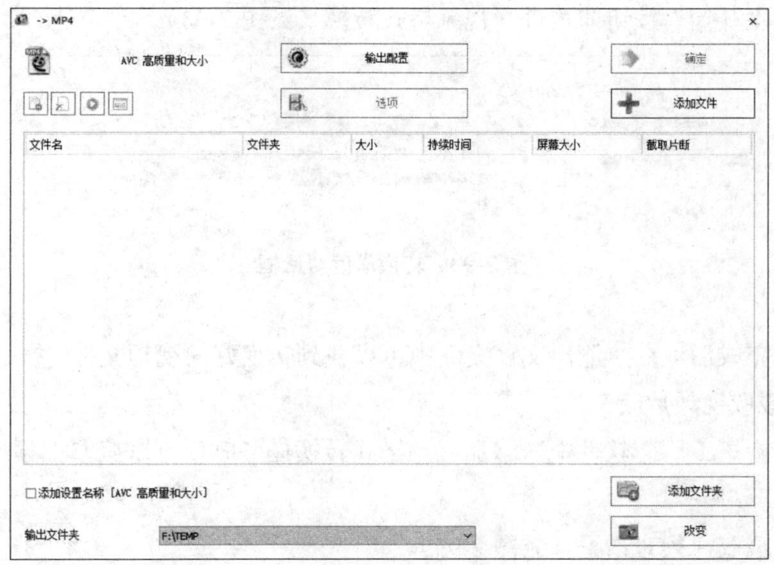

图 2-90 文件转换对话框

通过右上角的“添加文件”按钮，添加一个视频文件（见图 2-91）。

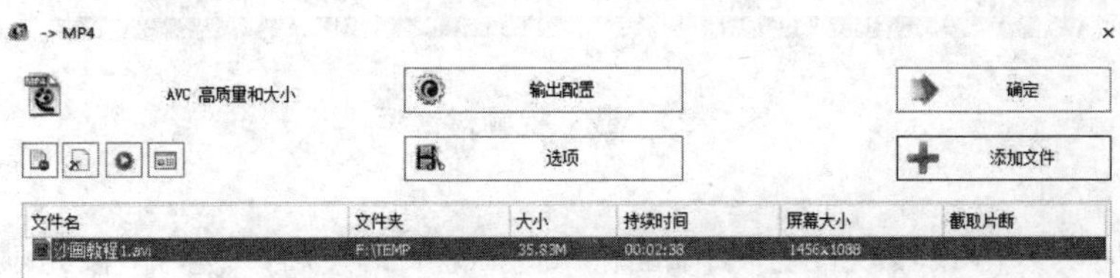

图 2-91 添加文件对话框

单击“确定”按钮，回到主界面，就会看到添加的任务（见图 2-92）。

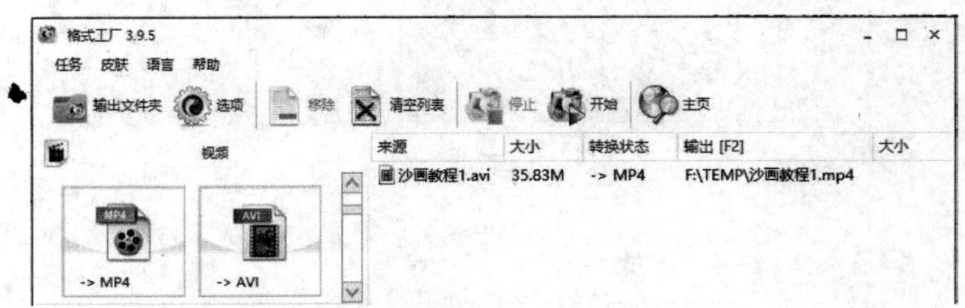

图 2-92 主界面查看添加的任务

单击“开始”按钮即可进行视频格式转换（见图 2-93）。

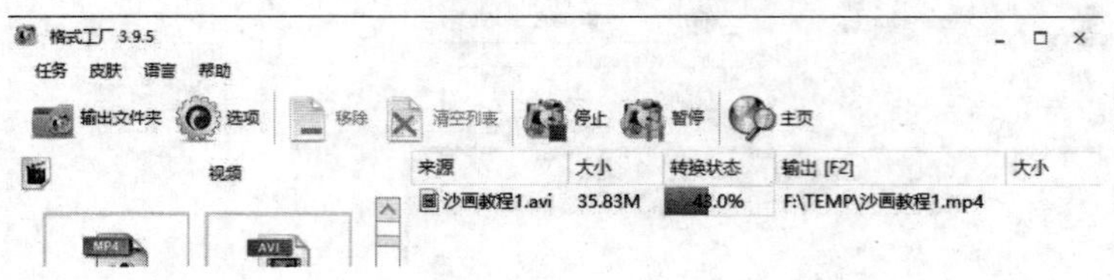

图 2-93 转换进度对话框

转换完成后，在“输出文件夹”中可以找到转换好的视频文件。

2．截取视频片断

在“格式工厂”软件中，添加视频格式转换任务时，可以截取视频片断，具体操作如下：

打开截取视频对话框（见图 2-94）。

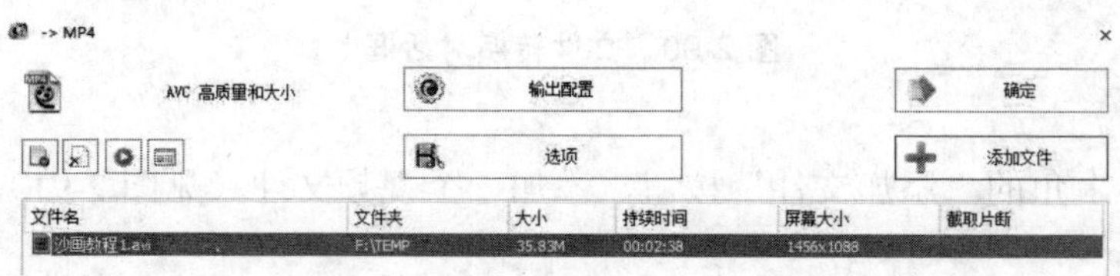

图 2-94 截取视频对话框

在添加视频格式转换任务对话框中，选中视频文件后，“选项”按钮就会高亮，单击打开对话框（见图 2-95）。

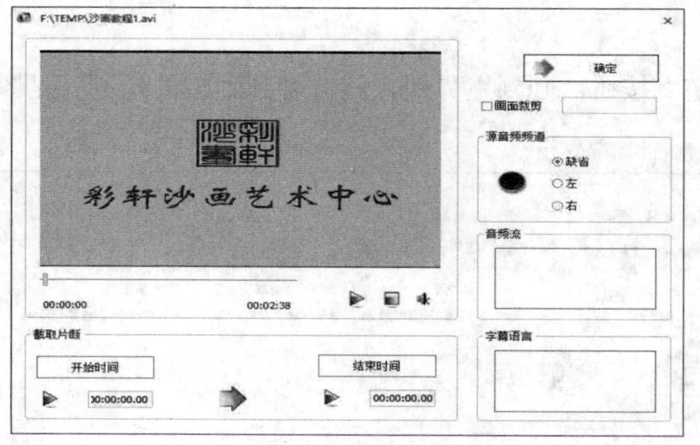

图 2-95 转换任务对话框

和前面学过的音频片断截取操作一样，先预览视频，到了片断开始时间再暂停视频，通过单击“开始时间”按钮设置片断的起始时间。用类似的方法，设置片断的结束时间即可（见图 2-96）。

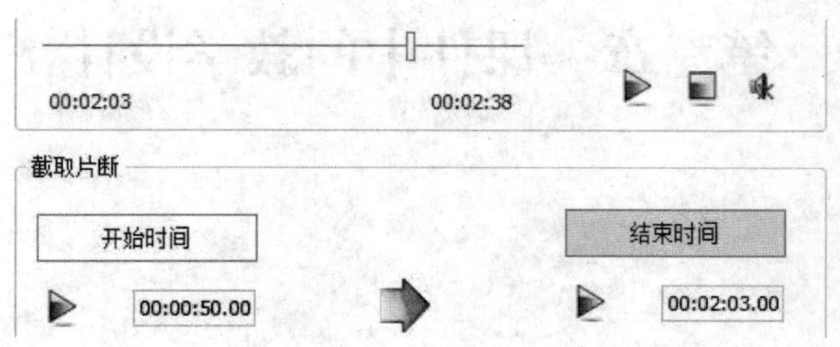

图 2-96　设置片断起始时间和结束时间

设置完成后，单击对话框右上角的“确定”按钮保存设置（见图 2-97）。

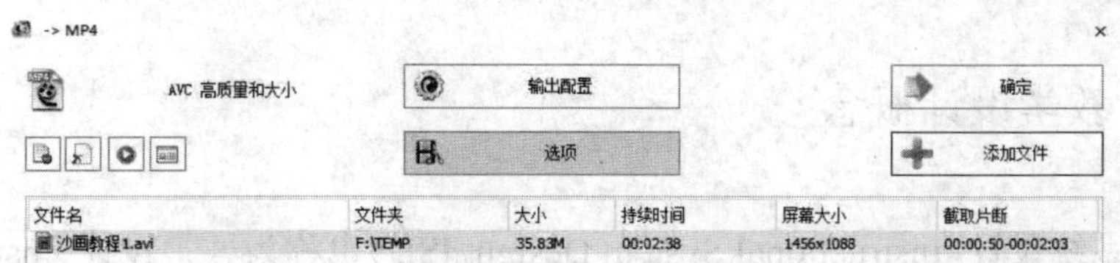

图 2-97　设置完成单击“确认”

此时，我们才能在添加视频转换任务对话框中看到截取片断的信息，单击“确定”按钮完成设置，回到主界面（见图 2-98）。

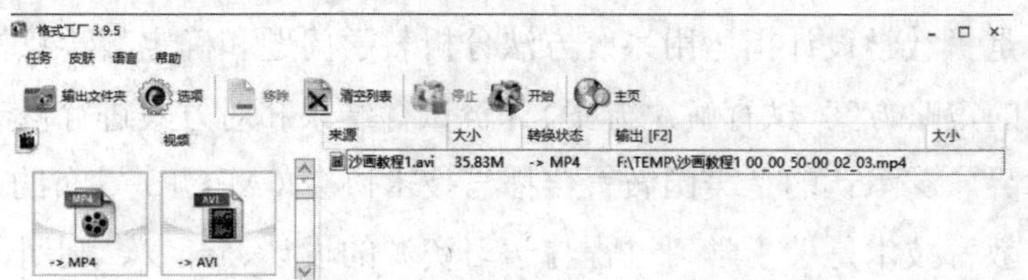

图 2-98　“格式工厂”主界面

我们可以看到，输出文件名中包含了视频片断的起止信息。转换完成后，这个文件就是我们需要的视频片断。

第三章　课件中的教学设计

第一节　课件教学设计理论与实践

一、教学设计概念

教学系统设计（Instructional System Design，ISD）也称为教学设计（Instructional Design，ID），它在教育技术学领域中起着比较重要的理论指导作用，其理论和实践也一直是当前教育技术学研究的热点问题之一。20 世纪 60 年代末兴起于美国的教学系统设计于 80 年代传入中国，其根本目的是通过对学习过程和学习资源的系统设计来创设各种有效的教学系统，以促进学习者学习。目前比较权威性的教学设计定义是“教学设计指运用系统方法分析教学问题和确定教学目标，建立解决教学问题的策略方案、试行解决方案、评价试行结果和对方案进行修改的过程”。

被学术界广泛承认的是美国教育传播与技术协会（AECT）发布的 AECT1994 定义，即“教育技术是关于学习过程与学习资源的设计、开发、利用、管理和评价的理论与实践”。媒体、技术和手段只是教育技术中的一个组成部分，教育技术既包括硬技术、软技术，同时还包含人工智能技术，技术所涵盖的范围既包括有形的物化技术如硬件技术和软件技术，也包括无形的智能技术，有形技术是教育技术的依托，无形技术是教育技术的灵魂。

教育技术有自己的研究实践领域及理论体系和方法，它的本质就是运用技术手段去优化教育教学过程，以达到提高教育教学的效果、效率与效益的目的。教育技术是技术和教育间缺失的一环，这就是教育技术研究者需要研究的领域。教育技术以信息技术为基础，但并不等同于信息技术，信息技术指一切能够扩展人类有关器官功能的技术，主要指与信息的产生、获取、表征、传输、变换、识别和应用有关的科学技术，应用于教育领域的信息技术通常有视听技术、数字音像技术、卫星电视广播技术、多媒体计算机技术、人工智能技术、网络技术和虚拟技术等。

教学系统设计是运用系统教学方法研究探索教学系统中各个要素（如教师、学生、教学内容、教学条件以及教学目标、教学方法、教学媒体、教学组织形式、教学活动等）之间的本质联系，并通过一套具体的操作程序来协调、配置，使各要素有机结合，有效完成教学和学习的过程，教学系统设计具有可操作性，对实践有很强的指导意义。教学设计不同于教学论，教学论研究的是教学的本质与教学的一般规律，并通过教学本质与规律的认识来确定和优化学习的教学条件与方法，而教学系统设计本身并不去研究教学的本质和教学的一般规律，它只是在教学理论和学习理论等理论指导下，运用系统方法对各个教学环节进行具体的设计，它是介于教学理论、学习理论与教学实践之间的桥梁或中间环节。

教学系统设计是在综合多种理论的基础上随着技术的发展而发展起来的一门学科，关于教学设计的观点大体有以下几种：教学设计是系统计划或规划教学的过程，是创设和开发学习经验和学习环境的技术。它是一门设计科学，强调教学设计的系统特征，突出循序渐进、合理有序的操作步骤，更多地体现了以学为主的教学设计思想，强调教学设计应侧重于对学习经验和学习环境的设计和开发以及教学设计的设计本质。

二、教学设计与理论基础

教育技术学的理论基础也是教学设计的理论基础，因为教学设计是教育技术学的重要研究领域之一，教学设计的理论基础和实践经验在课件制作中发挥着尤为重要的作用。

（一）传播理论与教学设计

传播理论主要研究和探讨自然界一切信息传播活动的基本规律。它丰富的研究成果，特别是对传播过程模型研究的理论贡献，对教学设计的理论与实践产生了积极的影响。传播理论作为教学设计的理论基础，主要是在以下几个方面发挥作用。

①传播过程的理论模型说明了教学传播过程所涉及的要素。

②传播理论揭示出教学过程各要素之间的动态的相互联系，教学过程是一个复杂动态的传播过程。

③传播理论提出了教学过程的双向性。

（二）学习理论与教学设计

学习理论是研究人类学习的本质及其形成机制的心理学理论。它的重点是研究学习的性质、过程、动机以及方法和策略等，试图解释学习是如何发生的，它有哪些规律，它是一个什么样的过程，如何才能进行有效的学习。教学设计主要是为学习创造环境，根据学习者的需要设计不同的教学方案，按照教学和学习的固有规律制定策略，安排教学途径和方法，从而使学生得到发展。因此，教学设计必须研究人类学习的有关规律或理论，吸收各学习理论的精髓作为科学依据对教学设计的实践进行指导。

（三）教学理论与教学设计

教学设计将教学理论作为其理论基础，是因为教学理论是研究教学客观规律的科学。教学理论的研究范围主要包括教学过程、教师与学生、课程与教材、教学方法与策略、教学环境以及教学评价和管理等。教学理论是从教学实践中总结并上升为理论的科学体系，它来自教学实践，又指导教学实践。对于教学设计而言，为了解决教学问题，提出教学方案，就必须遵循教学的客观规律，也就是必须与教学理论建立一定的关系，教学理论的研究和发展为教学设计提供了丰富的科学依据的同时，也促进了教学理论自身的发展。

教学系统设计理论主要有加涅（Gagne R. M.）的“九五矩阵”教学系统设计

理论、瑞格卢斯等的精细加工理论（Elaboration Theory，ET）、梅瑞尔的成分显示理论（Component Display Theory，CDT）及教学处理理论（Instructional Transaction Theory，ITT）、史密斯（Smith P. L.）和雷根的教学系统设计理论以及我国学者提出的教学处方理论。

国内外的教学系统设计模式从理论基础和实施方法上基本分为三类，即以教为主的教学系统设计模式、以学为主的教学系统设计模式和“教师为主导、学生为主体”的教学协调设计模式（简称“主导—主体”模式）。教学系统设计过程模式在教学系统设计实践中发挥的主要作用：它是作为相互交流的有效手段，是管理教学系统设计活动的指南，是设计过程决策的依据。教学系统设计一般分为三个层次，即以产品为中心的层次、以课堂为中心的层次和以系统为中心的层次。

以课堂为中心的教学系统设计的范围是课堂教学，根据教学大纲的要求，针对班级学生，在固定的教学设施和教学资源的条件下进行教学系统设计，设计工作的重点是充分利用已有的设施和选择或编辑现有的教学材料来完成目标，而不是开发新的教学材料，教师可以依据教学系统设计的有关知识和技能进行整个课堂的教学系统设计。教学系统设计基本都包括学习者特征分析，学习需要分析，教学目标的分析与确定，教学内容的选择与组织，教学模式、教学方法和教学媒体的选择、运用与确立，教学设计成果评价等诸多要素。

三、教学系统设计模式

（一）教学系统设计的一般模式

乌美娜总结的教学系统设计的一般模式主要包括学习需要分析、学习内容分析、学习者分析、学习目标的阐明、教学策略的制定、教学媒体的选择和利用以及教学设计成果的评价七部分，其中四个基本主要要素包括分析教学对象、制定教学目标、选择教学策略和开展教学评价，教学过程四个阶段包括前端分析阶段、设计阶段、评价阶段和修改阶段，该模式具有通用性和普遍性，各种完整的教学系统设计过程都是在这四个基本要素的相互联系和相互制约所形成构架上建立起来的（见图 3-1）。

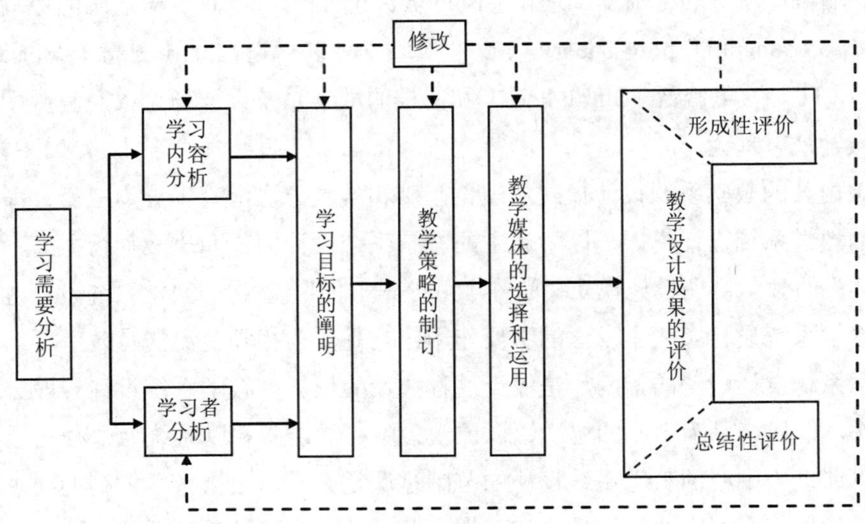

图 3-1 教学设计过程一般模式

（二）以教为主的教学系统设计模式

以教为主的教学系统设计模式中，第一代“肯普模型”是以行为主义的联结学习（即刺激—反应）为理论基础，而第二代“史密斯-雷根模型”则是以加涅的“联结—认知”学习为理论基础。“肯普模型”在教学过程中强调教学目标、学习者特征、教学资源和教学评价四个基本要素；教学系统设计要解决三个主要问题，即学生必须学到什么、为达到预期目标应如何进行教学以及检查和评定预期教学效果；模式中涵盖了十个教学环节：①确定学习需要和学习目的，为此应先了解教学条件（包括优先条件和限制条件）；②选择课题与任务；③分析学习者特征；④分析学科内容；⑤阐明教学目标；⑥实施教学活动；⑦利用教学资源；⑧提供辅助性服务；⑨进行教学评价；⑩预测学生的准备情况，各环节之间是相互联系和相互交叉的，以环形方式来表述，学习需要和学习目的处于中心位置，它是教学系统设计的出发点和归宿，其他环节都是围绕中心进行设计，可以看出这是灵活的教学系统过程，评价和修改贯穿于整个教学过程始终。以四个要素、三个问题和十大环节为标志的肯普模型，有着基于行为主义而带来的局限性，但是同时它也具有较强的实用性和可操作性，其灵活性允许教师按自己意愿来安排教学的各个环节，在世界范围内产生了较大影响。

“史密斯-雷根模型”吸取了加涅在“学习者特征分析”环节中注意对学习者内部心理过程进行认知分析的优点，并进一步考虑了认知学习理论对教学内容组织的重要影响，实现了行为主义与认知主义的结合，比较充分地体现了“联结—认知”学习理论的基本思想。该模式把“学习者特征分析”和“学习任务分析”合并为“教学分析”模块，强调考虑学习者的学习动机、认知策略和认知能力，通过设计三类教学策略即教学组织策略、教学内容传递策略和教学资源管理策略来组织教学。

（三）以学为主基于建构主义的“主导—主体模式”

建构主义教学理论与学习理论是以学生为中心和以学为主的教学模式的主要理论基础，而奥苏贝尔的有意义接受学习理论、动机理论和先行组织者的教学策略是以教为主的教学模式的主要理论基础，将二者有机结合起来，可以互相取长补短、优势互补。建构主义理论的突出优点是有利于创新思维和创新能力的创造型人才的培养，缺点是忽视教师主导作用的发挥，如不利于系统知识的传授和忽视情感因素在学习过程中的作用。奥苏贝尔提出的理论的优点是有利于教师主导作用充分发挥，如有意义接受理论和先行组织者策略都是建立在充分发挥教师主导作用基础上的，并重视情感因素在学习过程中的作用，学教并重的教学模式和主导—主体教学模式尤其是基于网络的教学模式是当代比较有影响力的学与教理论的结合，顺应了时代发展需求。

四、课件教学设计在教学中的实施

知识经济时代背景下，随着网络和新技术的不断发展，网络环境下教学和学习也遇到了一系列挑战和发展，教学系统设计一般模式具有的通用性和普遍性，对教育教学的开展更具有普遍指导意义。下面从一般教学模式中的各个基本要素入手，分析基于此模式指导下的教学目标阐明、教学策略制定、教学媒体选择、教学过程设计及教学设计方案形成和教学评价等方面在网络环境下的教学和学习实践活动。

课件制作中的教学设计，需要考虑教学设计能够解决什么教学问题，哪些问题需要使用课件来解决、利用课件如何解决问题等。制作课件的目的不在于纯粹展现教学内容，而在于利用课件解决教学中的问题，包括教学难点和教学重点，如何利用课件解决问题也是需要关注的重点问题，如课件使用过程中教学内容出现的时间、顺序、信息呈现等。教师的教学不是简单地播放课件，不需要把备课中所说的每一句话都放到课件当中去，另外，课件应该能够让教师灵活选择每一部分内容，这就要求课件界面导航要科学专业，必须提供灵活的内容选择和控制方式，导航设计既涉及课件的界面设计，也是教学设计范畴内需要考虑的问题。

课件制作中进行教学设计需要遵循的基本原则主要包括及时反馈原则、结构化原则、多样化呈现原则、简化—情境化原则。及时反馈原则是行为主义的程序教学思想，揭示了及时反馈（强化）规律在学习过程中的重要作用，课件制作中用户做出选择后必须及时提供相应的反馈信息。结构化原则主要是内容结构化呈现，呈现方式包含顺序、包含、并列等，可以用概念图、纲要、表格等形式进行呈现，分类组块化的信息呈现应当遵循 5 加减 2（即 3～7 个模块）的规律。多样化呈现原则主要遵循媒体组合应用的规律，充分运用各类媒体进行多通道传输信息以及传播学中的重复作用原理。简化—情境化原则主要是剔除课件中的冗余信息，界面做到简洁大方，能够为学习者创设恰当的学习情境。

课堂教学设计一般过程最高效的方法是结合教案或已有的教学设计方案修改，课件作为一种教学方法，它主要是描述课件解决的问题和解决方式，课件在内容加工方面，应当说明内容的呈现顺序和方式等。课件中的内容设计和加工主要针对语言文字符号，学习者可以直接参与去做，也可以用模型、动画和视频等作为观看替代物，需要对五大类媒体素材即文本、图形图像、音频、视频和动画进行设计和加工处理，从而做到发挥媒体的优势来帮助教师实施最优化教学；课件中知识可视化方法主要是提供实物或图像等方法，也可以制作示意图或模型图。

课件制作中常见的导航方式主要有基于内容结构和基于教学活动—任务情境两种类型，基于内容结构的导航主要根据章节结构或者知识点结构进行设置，基于教学活动—任务情境的导航主要根据内容设置相应的教学活动或任务序列，提供活动或解决问题的条件工具等。

第二节　课件设计流程和开发过程

一、课件设计流程

（一）课件设计

课件既是一种教学系统，也是一种计算机软件，教学系统是以一定学科知识的学习作为主要目的，基本功能是教学功能，教学系统的输入关注学习者的学习特征，教学系统的输出主要是指教学目标，如何将输入变为输出，由处理过程决定，任何教学系统总是在一定的物理环境、社会环境中建立，教学系统的基本要素由人、物和信息组成。

课件的基本功能是实现有效的教学，它是由一定的教学目标、教学内容、教学思想和方法，通过程序设计和运行来实现的。课件将决定或者影响教学过程，课件的基本内容是课件中教学内容和教学过程的设计，课件设计是一种教学系统的设计，教学设计是课件设计的基础，教学设计是对教学系统的计划和规划，通过教学设计来解决教学内容及其如何呈现和教学过程及其如何控制。

（二）课件设计原则

课件设计原则主要遵循教育性原则、启发性原则、艺术性原则、科学性原则和技术性原则。教育性原则是以教学大纲、教学目标要求为依据，明确教学目标，突出重点和难点，教学形式要灵活，对教学对象要有针对性。启发性原则目的是帮助学习者自主学习，可以采取兴趣启发、比喻启发、设题启发等方式。艺术性原则要求在声音画面信息传递上呈现的信息刺激要能吸引学习者，美工设计精美并能体现教学内容亮点，人机交互界面富有表现力和感染力，解说和背景音乐悦耳协调、声音处理和画面造型相辅相成并做到视听同步，同时必须注意教学对象自身的特点。科学性原则要求做到正确表达学科知识内容，各种媒体信息表达要一致，知识点之间具有学科特点的知识结构体系，引用或设计的资源符合科学逻辑，运用正确、可靠，视听效果符合科学规律并做到准确合理。技术性原则主要指通过程序中各种数据结构、程序结构、控制技巧以及运行的可靠性来衡定，图片清晰逼真，文件占用存储空间不能太大，程序结构简洁、控制可靠、视听同步，课件存储、传输和运行正常，课件具有可移植性和可兼容性，开发环境与运行环境无关，可以配上安装、卸载程序等。

（三）课件设计步骤

多媒体课件的分类主要有课堂演示型、学生自主交互学习型、教学游戏型、模拟实验型和资料检索阅读型等。课堂演示型主要是针对某一特定的教学内容而设计，目的在于解决教学重点与难点，将抽象的内容具体化；学生自主交互学习型具有完整的知识结构，反映一定的教学过程和教学规律，提供相应的形成性练习，适应个别化学习环境下的自主学习。

在进行课件设计与制作时，首先要明确教学目标，以教学理论为指导展开教学设计，运用多媒体计算机及相关技术将经过教学设计后的教学内容制作成课件，课件制作过程中尽可能地对教学资源进行设计、开发、利用、管理和评价。

课件设计的一般步骤为：

➢ 分析教学需求

➢ 确定教学目标

➢ 建立教学内容和知识结构

➢ 制定教学策略（选择信息媒体、设计交互方式和评价方法）

➢ 编写教学文档（课件脚本）

分析教学需求主要是进行以下两方面的分析，首先分析学科特点和教学现状，其次通过学生特征分析了解学生当前的认知状况，具体包括掌握知识的情况、认知策略的掌握、技能的掌握和情感、态度方面。

确定教学目标主要是预期学生的学习结果，关于现代认知心理学有关学习结果分类的知识可以参考布鲁姆的学习结果分析和加涅的学习类型的分析，布鲁姆的学习结果分析包括知识、理解、应用、分析、综合和评价，加涅的学习类型的分析包括言语信息、辨别、概念、规则和认知策略。

教学内容分析主要进行知识点划分，并构建知识点之间的网络联系，按照概念同化理论，将知识点进行合理的结构安排，需要遵循以下原则：一是渐进分化原则，即由整体到细节的顺序；二是综合贯通原则，即注重横向上的融会贯通，可以采取超链接的方式，也可以采取建立检索页面的方式。

制定教学策略即选用教学方法，常用的教学方法主要有启发式、参与式、协作式等，启发式教学策略是指教师有意识地创设问题情境，组织学生的探索活动，提出问题，解决问题；参与式教学策略是在教学过程中加入学生的作用因素完成教学的方式；协作式教学策略是指建立完全民主平等的学习关系，在没有强制的条件下充分发挥学生的积极性，完成学习过程。

确定好教学策略后，就可以根据需要和各类媒体特点，以最优化原则选择多种媒体形式，并根据需求选择交互方式，交互设计使学习者能够融入学习环境而成为环境中的一分子，交互种类主要有反应式交互、主动式交互和双向式交互等，其中反应式交互是指学习者对系统呈现的刺激做出反应，主动式交互是指由学习者自己建构知识，产生特有的结构；双向式交互是指系统根据学习者的反应，给予不同的建议。

教学策略是指根据课件开发目的和教学目标、思想和观点，制定的用于指导课件开发、设计的原则和方法。课件设计的基本策略是关注课件设计应解决的基本问题，重点包括教学内容和教学过程的设计、课件中教学内容如何呈现、以怎样的过程呈现、呈现的顺序如何确定、课件的教学过程如何决定和怎样控制等。在教学策略设计中，动画设计使用最为普遍，这是因为动画本身具有独特的特点和优势，如用动画可以表示某个现象的变化过程，用动画可以表示整体与部分的组合、拆装关系和相互位置等，具有比视频更加灵活的动态展示过程。

（四）课件设计基本流程

课件设计基本流程一般包括总结设计和框架设计两大阶段，其中总体设计阶段首先确定选题并做好准备工作，包括硬件环境和软件环境、学习者的认知阶段、认知模式、认知水平、认知特征和学习基础等准备，确定教学目标并进行分析，这是课件设计的关键步骤，然后制定教学策略，在教学目标分析的基础上确定课件结构并完成课件略图；在框面设计阶段主要是进行主框面设计，同时也需要进行直线流程框面设计、支援矫正序列设计、分支设计、辅助学习系列设计等一系列工作，在这个阶段应该完成脚本设计和综合屏幕设计工作（见图 3-2）。

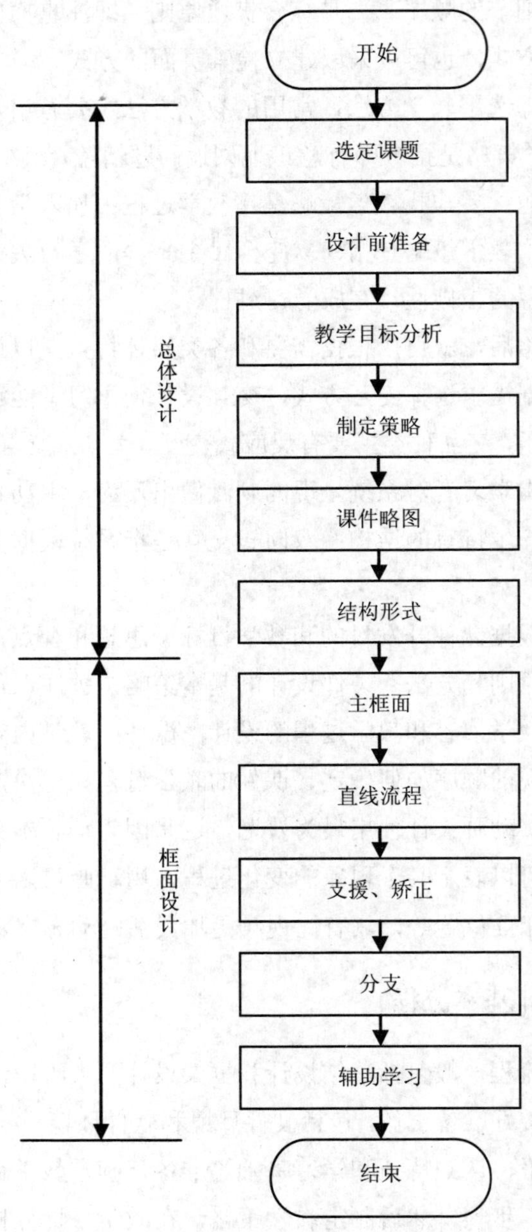

图 3-2　课件制作流程

二、课件开发过程

（一）课件开发过程

由于课件是一种具有一定教学功能的计算机软件，课件设计思想与软件工程的思想和方法相类似。软件工程是一种用于软件开发和软件维护的工程科学，软件生成周期主要包括软件定义、软件开发和软件维护三个阶段。软件定义阶段的工作包括问题定义、可行性研究、需求分析；软件开发过程包括总体设计、详细设计、编码、测试（单元测试和综合测试）4 个阶段，是软件的具体设计和实现的时期；软件维护是让软件持久地满足用户的需要。

课件的开发过程主要包括计划、设计与制作和评价三个阶段，在计划阶段尽量写得更加详细和准确，在设计和制作阶段主要进行总体设计和框面设计以及基于文字脚本的课件制作，评价阶段中评价思想和方法主要来源于系统科学，可以先通过画图描述课件的开发过程。

课件开发过程具体环节主要包括计划、总体设计、框面设计、编写脚本、制作课件、试运行、修正、课件学习和评价等。

首先，在计划阶段，要明确目的，做好需求分析工作，要明确为什么要使用课件、教什么、教谁、设备条件、效益预测等。第一，计划阶段要明确开发课件的目的，包括课件开发方法和开发技术的研究、学习者特征和教材特性的研究等；第二，计划阶段要明确学习或教学目的，具体包括向学习者和教师提供一定学科内容学习的教材、教材内容要有利于课件特点的发挥、课件在学习中的性质和地位，如基本教材、辅助和补充材料、课件的地位等，同时明确学习者的学习形态或学习模式，如个别化学习或者用作课堂演示。

其次，在课件开发过程中的设计和制作阶段，需要做好总体设计和框架设计的开发和制作工作。课件设计与制作是一项庞大的系统工程，教学设计主要是形成课件脚本，包括教学任务分析、信息设计、联机帮助、选择课件模式和确定课件类型（固定型即框面型、生成型和智能型）。设计阶段中的总体设计和框面设计包括科学化、规范化的课件开发方法，通过与开发者的相互沟通与合作，提高开发效率，有效保证课件开发质量和制作阶段中的编码操作，实现课件的有效开发，根据编写的文字脚本进行课件制作工作，根据计算机自动生成课件、图形、动画等并进行试运行和修正工作。

最后，需要进行课件的开发过程的评价工作。课件评价的根据是课件的开发目的和设定的教学目标，开展形成评价和结果评价。形成评价主要用于课件的开发过程，注重课件开发和设计中某些具体操作和设计对于完善课件的开发过程非常重要；结果评价用于课件开发的结束阶段，主要是对课件的总体教学效果的评价，评价课件在多大程度上达到了教学目标的要求并给出课件的质量等级。评价工作之后，要进行课件的修正工作。

（二）脚本的设计和编写

课件开发过程主要包括脚本设计和脚本编写工作。脚本主要分为两类，一类是教学设计阶段编写的文字脚本，一类是软件系统设计阶段编写的制作脚本。文字脚本是指按照教学过程的先后顺序，用于描述每一环节的教学内容及其呈现方式的一种形式，它体现了教学设计情况，文字脚本包括的内容有使用对象与使用方式的说明、教学对象、教学功能与特点及其适用范围和使用方式、教学内容与教学目标的描述、知识结构及组成它的知识单元与知识点和教学目标与要求的详细描述。

文字脚本一般格式见表 3-1，另外还可以采纳其他几种文字脚本格式，具体实例见表 3-2 至表 3-4。

表 3-1 文字脚本卡片的一般格式

序号	内容	媒体类型	呈现方式

表 3-2 文字脚本格式一

名称			
文字脚本编者			
编制单位			
制作单位			

适用对象			
使用方式	1. 资料库	2. 课堂演示	3. 操练复习
	4. 个别化系统学习	5. 仿真实验	6. 其他

教学内容知识点划分

教学单元	知识点	教学目标

表 3-3 文字脚本格式二

教学内容知识结构图
说明：教学内容知识结构图是指主要教学单元以及各个单元之间的关系，请用流程图加以描述。

表 3-4 文字脚本格式三

序号	内容	媒体类型	呈现方式

三、综合屏幕设计

课件界面设计和开发可以有多种模式和多种表现形式，界面的整体设计效果尤其重要，相同的教学内容，不同的设计者会有不同的界面设计风格，具体分析如下。

（一）标题页

针对相同的授课内容，不同的教师设计和制作课件的标题页各不相同，图 3-3 中设计者放大字号突出了重点文字，对次标题采取了倒影文字的设置来增强文字的美观，图片的编排采取了大小错落有致的排列，图 3-4 中标题文字采取了相同字体表现形式，图片编排注重效果加工，另外增加了具有专业特点的化学式来增强化学学科特点。

图 3-3 界面标题一

图 3-4 界面标题二

（二）目录页

同样的目录页，不同的教师设计出来的页面也不相同。图 3-5 采取标题排列的方式来展现五大教学模块，图 3-6 运用图文混排形式表现五大教学模块，界面比较活泼灵动。

（三）内容页

界面内容方面，针对界面文字的设计也不尽相同（见图 3-7 和图 3-8）。

界面内容方面，针对界面图文编排也有各自的亮点（见图 3-9 至图 3-10）。

图 3-5 界面目录一 图 3-6 界面目录二

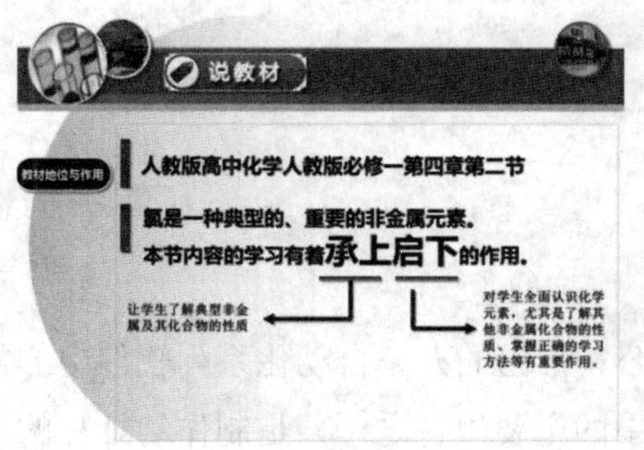

图 3-7 界面文字一

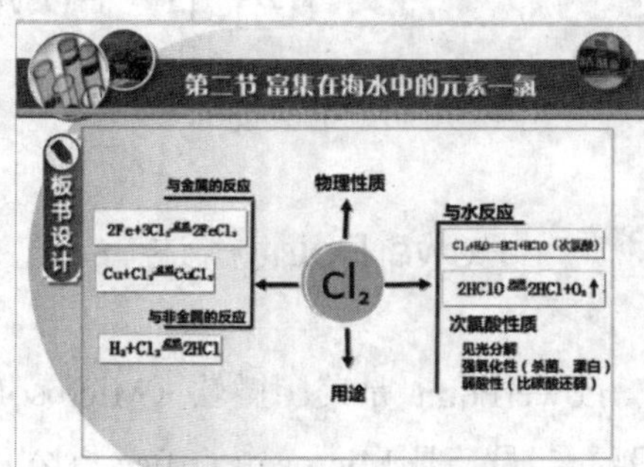

图 3-8 界面文字二

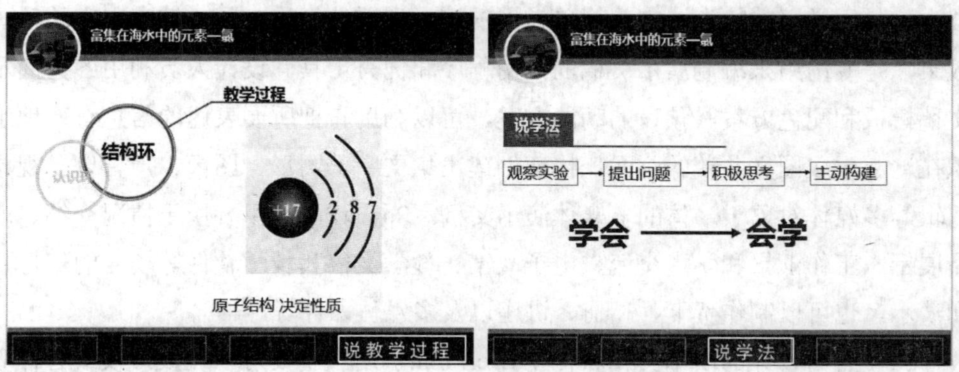

图 3-9 界面图文一 图 3-10 界面图文二

第四章　PowerPoint 操作技能

第一节　PowerPoint 应用概述

一、PowerPoint 概述

PowerPoint 是美国微软（Microsoft）公司推出的办公自动化系列软件中非常重要的一员，是 Microsoft Office 办公套件中的主要组件之一，是制作幻灯片的演示文稿工具，操作简单、创作思路清晰，集文字、图片、声音、视频等多媒体素材于一体并具有简单交互性的多媒体演示课件，PowerPoint 具有操作简单、功能强大、易于学习的特点。它是简单易用的演示型课件创作工具，拥有丰富的动画效果，是专门用来编制演示文稿的应用程序和优秀工具。设计人员利用各类演示文稿模板和配色方案、预设的动画方案，可以利用它把所要表达的信息有效地组织在一起生成图文并茂的画面，快速创建出集文字、图形、图像、声音以及视频剪辑等多媒体对象于一体的多媒体演示文稿。PowerPoint 主要用于情况介绍、产品展示、工作汇报和学术交流、电子教案、教学文稿和教学软件等场合的幻灯片和演示，也可以制作贺卡、相册、讲座以及多媒体课件等。

微软公司设计的演示文稿软件 PowerPoint，用户不仅可以在投影仪或者计算机上进行演示，也可以将演示文稿打印出来，制作成胶片，以便应用到更广泛的领域中。利用 PowerPoint 不仅可以创建演示文稿，还可以在互联网上召开面对面会议、远程会议或在网上给观众展示演示文稿。

PowerPoint 尤其适合制作课堂用的演示型课件，PowerPoint 内置的导航方法也提供了简单的交互能力，教师在授课时可以方便地在各个幻灯片之间切换。这类课件能够通过幻灯片形式呈现各种文字、图片、声音、动画和视频等媒体信息，从媒体的组织特性来看，它是基于帧面创作的可视化开发工具，设计理念是基于结构化思考达到形象化表达，设计原则是重点突出、简洁明了、形象直观，真正地实现了图文并茂、有声有色、动静有致，较好地表达了课堂内容，突出重点，突破难点，体现新课程标准的“三维目标”，激发学生学习兴趣，活跃课堂气氛，提高教学效率。

PowerPoint 演示文稿文件的格式后缀名为 ppt 或 pptx，或者也可以保存为 pdf、图片格式等，2010 及以上版本中可保存为视频格式，演示文稿中的每一页就叫幻灯片，每张幻灯片都是演示文稿中既相互独立又相互联系的内容。

一套完整的 PPT 文件一般包含片头 Flash、动画、PPT 封面、前言、目录、过渡页、图表页、图片页、文字页、封底、片尾动画等；所采用的素材有文字、图片、图表、动画、声音、影片等；中国的 PPT 应用水平逐步提高，应用领域越来越广，PPT 正成为人们工作生活的重要组成部分，在工作汇报、企业宣传、产品推介、婚礼庆典、项目竞标、管理咨询、教育培训等领域有着举足轻重的地位。

（一）PowerPoint 课件

本节从最简单功能模块入手，理论讲解和实践操作密切结合，注重实例的应用和讲解，要求理解 PowerPoint 的概念，掌握 PowerPoint 演示文稿的基础知识，熟练应用 PowerPoint 进行课件的制作和编辑美化。

PowerPoint 具有很多优势，它可以使用户快速创建极具感染力的动态演示文稿，同时集成更为安全的工作流和方法以轻松共享这些信息。

下面是 PowerPoint 帮助用户提高工作效率和加强协作的 10 种主要方式。

1. 使用 Microsoft Office Fluent 用户界面更快地获得更好的结果

重新设计的 Office Fluent 用户界面外观使创建、演示和共享演示文稿成为一种更简单、更直观的体验。丰富的特性和功能都集中在一个经过改进的、整齐有序的工作区中，这不仅可以最大限度地防止干扰，还有助于用户更加快速、轻松地获得所需的结果。

2. 创建功能强大的动态 SmartArt 图示

可以在 Office PowerPoint 中轻松创建极具感染力的动态工作流、关系或层次结构图，甚至可以将项目符号列表转换为 SmartArt 图示，或修改和更新现有图示。借助新的上下文图示菜单，用户可以方便地使用丰富的格式设置选项。

3. 通过 Office PowerPoint 幻灯片库轻松重用内容

通过 PowerPoint 幻灯片库，可以在 Microsoft Office SharePoint Server 2007 所支持的网站上将演示文稿存储为单个幻灯片，以后便可从 Office Power Point 2007 中轻松调用该内容。这样不仅可以缩短创建演示文稿所用的时间，而且插入的所有幻灯片都可与服务器版本保持同步，从而确保内容始终是最新的。

4. 与使用不同平台和设备的用户进行交流

通过将文件转换为 XPS 和 PDF 文件，可与任何平台上的用户共享，有助于确保利用 PowerPoint 演示文稿进行广泛交流。

5. 使用自定义版式更快地创建演示文稿

在 PowerPoint 中，可以定义并保存自定义的幻灯片版式，这样便无须浪费宝贵的时间将版式剪切并粘贴到新幻灯片中，也无须从具有所需版式的幻灯片中删除内容。借助 PowerPoint 幻灯片库，可以轻松地与其他人共享这些自定义幻灯片，以使演示文稿具有一致而专业的外观。

6. 使用 PowerPoint 和 Office SharePoint Server 加速审阅过程

通过 Office SharePoint Server 中内置的工作流功能，可以在 PowerPoint 中启动、管理和跟踪审阅和审批过程，使用户可以加速整个组织的演示文稿审阅周期，而无须用户学习新工具。

7. 使用文档主题统一设置演示文稿格式

文档主题只需单击一下即可更改整个演示文稿的外观。更改演示文稿的主题不仅可以更改背景色，而且可以更改演示文稿中表格、图、形状和文本的颜色、样式及字体。通过应用主题，可以确保整个演示文稿具有专业而一致的外观。

8. 使用新的 SmartArt 图形工具和效果显著修改形状、文本和图形

SmartArt 可以有更多的图形供使用者采纳，而且其文本、图形可以根据需要进行修改，并且用户可以在色彩方案和三维动画效果方面进行更多的选择和加工。

9. 进一步提高 PowerPoint 演示文稿的安全性

可以为 PowerPoint 演示文稿添加数字签名，以帮助确保分发出去的演示文稿的内容不会被更改，或者将演示文稿标记为“最终”以防止不经意的更改。使用内容控件，可以创建和部署结构化的 PowerPoint 模板，以指导用户输入正确的信息，同时帮助保护和保留演示文稿中不应被更改的信息。

10. 同时减小文档大小和提高文件恢复能力

Microsoft Office PowerPoint XML 压缩格式可使文件大小显著减小，同时还能够提高受损文件数据恢复能力，这种新格式可以大大节省存储和带宽要求并降低 IT（信息技术）成本负担。

（二）启动与退出

1. 启动 PowerPoint 2010

启动 PowerPoint 2010 有多种方法，通常可以参照以下步骤：

（1）双击桌面快捷方式。

（2）单击 Windows 桌面上屏幕左下角的“开始”菜单，打开“程序→Microsoft Office→Microsoft Office PowerPoint 2010”。

2. 退出 PowerPoint 2010

（1）单击 PowerPoint 窗口右上角的“关闭”按钮。

（2）单击 PowerPoint 窗口左上角控制菜单选择“关闭”命令。

（3）利用“Alt+F4”组合键关闭。

（三）窗口界面

PowerPoint 常用术语主要包括演示文稿、幻灯片、设计模板/母版、幻灯片设计、幻灯片版式和配色方案等，PowerPoint 操作界面主要包括标题栏、菜单栏、常用工具栏、格式工具栏、正文区、绘图工具栏、视图转换和幻灯片播放按钮、状态栏等，具体窗口界面如图 4-1 所示。

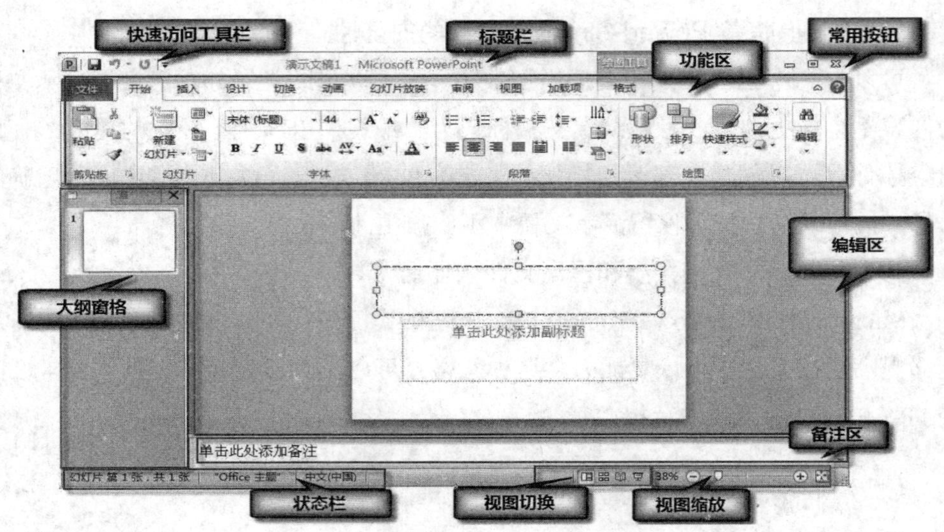

图 4-1 窗口界面

1．标题栏

标识正在运行的程序（PowerPoint）和活动演示文稿的名称。如果窗口未最大化，可拖动标题栏来移动窗口。

2．功能区

其功能可以提供选项卡页面包括开始、插入、设计、切换等按钮、列表和命令供用户进行选择和操作。

3．Office 按钮

打开 Office 菜单，从中可打开、保存、打印和新建演示文稿。

4．快速访问工具栏

包含某些最常用命令的快捷方式，也可自行添加自己喜爱的快捷方式。

5．常用按钮

“最小化”按钮：将应用程序窗口缩小为任务栏上的一个按钮，单击任务栏上的这个按钮即可重新打开窗口。“最大化”/“向下还原”按钮：如果窗口是最大化的（全屏），则将其更改为较小的窗口（非全屏）；如果窗口不是最大化的，则单击此按钮可最大化窗口。“关闭”按钮：关闭应用程序，若有更改，可能会提示保存更改。

6．工作区

工作区显示活动 PowerPoint 幻灯片的位置。可以显示是“普通视图”，也可使用其他视图，在其他视图中，工作区的显示也会有所不同。

7．状态栏

状态栏能够给出有关演示文稿的信息，并提供更改视图和显示比例的快捷方式。

8．功能区可视化按钮展示（见图 4-2 至图 4-5）

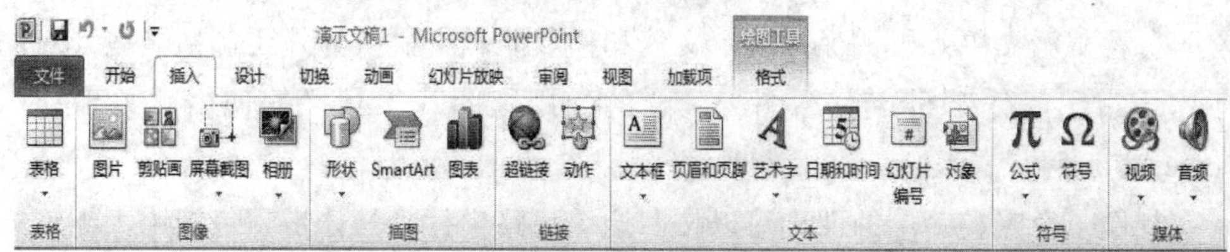

图 4-2　插入功能区

图 4-3　设计功能区

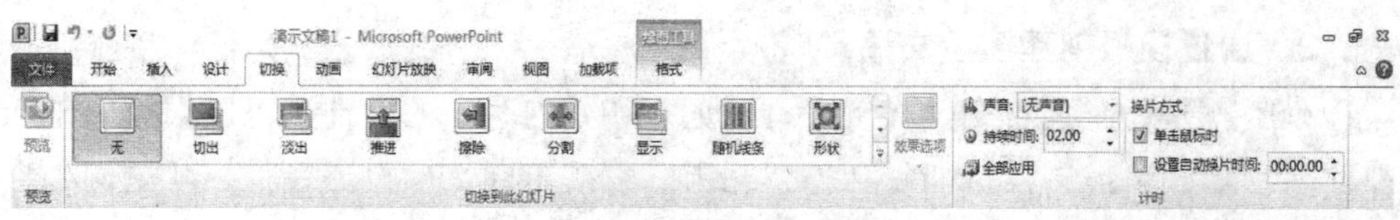

图 4-4　切换功能区

图 4-5　动画功能区

二、制作演示文稿

（一）创建演示文稿

创建演示文稿的基本步骤主要包括创建一个演示文稿、确定母版、应用配色方案、插入文本、插入图片、设置图片的边框和阴影、插入声音和视频、使用“视图”观看演示文稿效果、保存演示文稿和播放演示文稿。另外还包括一些针对幻灯片的常用操作，重点有绘图工具栏的使用、图片工具栏的使用和关于使用PowerPoint 帮助的功能。

制作一个完整简单的课件可以按照这个思路进行，具体步骤包括用大纲形式开始、设计幻灯片母版、插入背景图片、设计配色方案、插入声音文件、建立页面间的超链接、制作简单动画、指定页面间的换场效果、课件打包和播放课件。

1．新建空白演示文稿

启动 PowerPoint 时，带有一张幻灯片的新空白演示文稿将自动打开。只需添加内容、按需添加更多幻灯片、更改格式就可以使用。如果新建另一个空白演示文稿，可以点击“文件—新建—选择空白演示文稿”，单击“创建”按钮即可；也可以按“Ctrl + N”组合键可新建演示文稿。

2．通过模板创建演示文稿

模版就是一个包含初始设置（有时还有初始内容）的文件，可以根据它来新建演示文稿。模板所提供的具体设置和内容有所不同，但可能包括一些示例幻灯片、背景图片、自定义颜色和字体主题以及对象占位符的自定义定位。

选择模板时，可以选择 Microsoft 提供的已安装模板，也可以从“我的模板”里选择创建（见图 4-6），还可以按照自己需求从 Microsoft 的网站下载 Microsoft Office Online 模板。

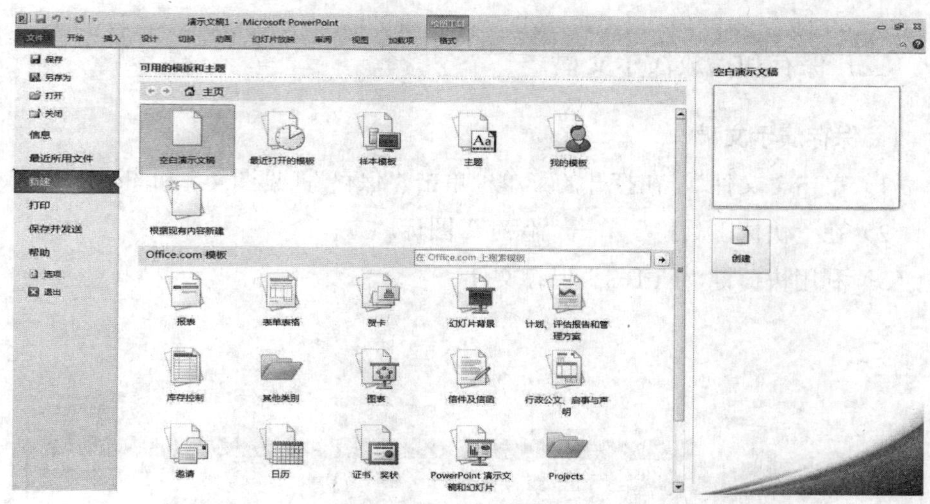

图 4-6 通过模板创建演示文稿

已安装的模板数量不多，都示范了一种特定用途的演示文稿，如相册、宣传手册或小测验短片等，如果对标准商务演示文稿模板不感兴趣，如今大多数人都有随时在线的 Internet 连接，可以去查看联机提供的模板，还可以在“我的模板”里选择保存的模板，使用联机模板的操作步骤如下：

（1）单击“文件→新建→选择空白演示文稿”；

（2）在“模板”列表中 Microsoft Office Online 部分单击所需模板的类别；

（3）选择所需模板单击“下载”，此时将以该模板为基础创建一份新演示文稿。

3．根据现有演示文稿新建演示文稿

如果已有某个演示文稿与需要创建新演示文稿类似，那么可根据现有内容新建演示文稿。

（1）单击“文件→新建”，打开新建演示文稿对话框；

（2）单击“根据现有内容新建”，选择一个现有演示文稿作为模板使用；

（3）导航到包含现有演示文稿的位置，选中它单击“新建”按钮。

4．根据其他应用程序中的内容新建演示文稿

除自有格式外，PowerPoint 还能够打开多种格式的文件，因此可以根据在其他应用程序中得到的某些成果来新建演示文稿。如可以在 PowerPoint 中打开 Word 大纲，之后可利用文本编辑、幻灯片版式和设计更改加以修订。

(二) 保存和播放演示文稿

1. 保存演示文稿

(1) 单击“文件”，在打开的菜单上单击“保存”(见图 4-7 和图 4-8)。

(2) 在“快捷工具栏”单击“保存”图标。

(3) 利用快捷键“Ctrl+S”保存文件。

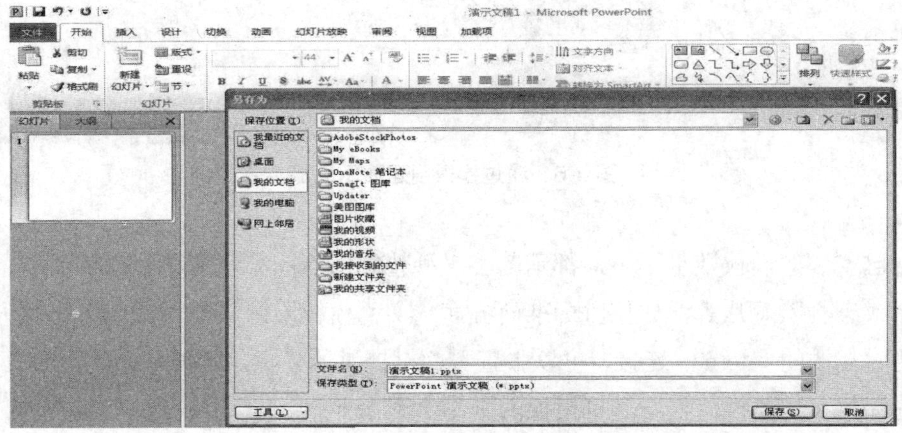

图 4-7 保存演示文稿

第一次保存该文件时（见图 4-7），系统要求为其命名，选择保存位置和文件类型（见图 4-8）。常用的保存格式主要有：

- pptx：Office PowerPoint 2010 演示文稿，默认情况下为 XML 文件格式
- potx：作为模板的演示文稿，可用于对将来的演示文稿进行格式设置
- ppt：可以在早期版本 PowerPoint（从 1997 到 2003）中打开的演示文稿
- pot：可以在早期版本的 PowerPoint（从 1997 到 2003）中打开的模板
- pps：始终在幻灯片放映视图（而不是普通视图）中打开的演示文稿
- sldx：独立幻灯片文件

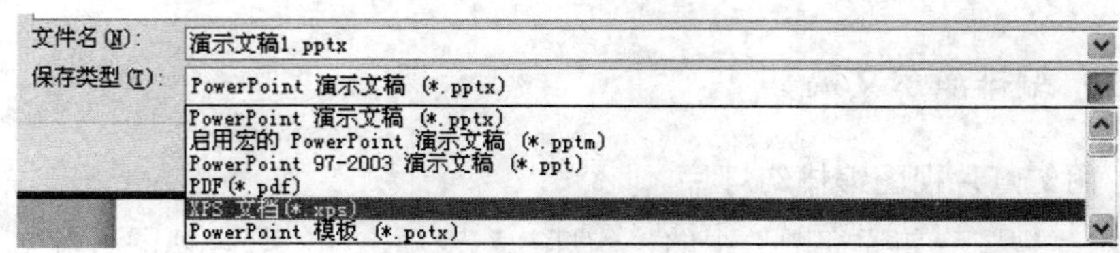

图 4-8 保存演示文稿格式

2. 播放演示文稿

（1）在功能区选择“幻灯片放映”，选择从头开始、从当前开始或者自定义放映。

（2）利用快捷键“F5”从第一张幻灯片开始放映（见图 4-9）。

（3）利用快捷键“Shift+F5”从当前幻灯片开始放映。

（4）选择“幻灯片放映”中的“排练计时”，单击此选项后幻灯片按预览方式开始播放。屏幕左上角的时间控制窗口按秒计算，确定该页面的停留时间按回车键，完成后即可重新播放该文件。

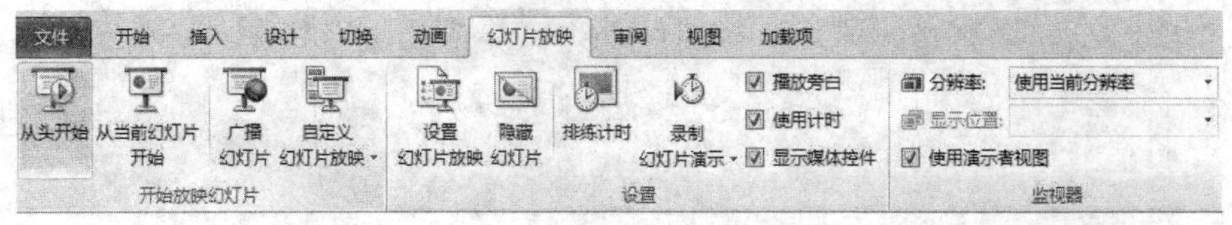

图 4-9 播放演示文稿

操作小技巧

演示 PPT 时，由于鼠标左键误操作导致幻灯片跳到了本不应该出现的位置或者按下了右键而出现一个快捷菜单，为避免这个情况发生可以预先进行简单设置。一是从任务窗格中打开“幻灯片切换”，将换片方式小节中的“单击鼠标时”和“每隔”两个复选项全部去除，然后将这个设置应用于所有幻灯片，以后切换到下一张或上一张，只有通过键盘上的方向键才能进行操作；二是从“工具”菜单下打开 “选项—视图”窗口，取消“幻灯片放映”小节上的“右键单击快捷菜单”复选框即可。另外，在展示课件时，如果需要讨论或其他活动时，为避免 PowerPoint 干扰可以将其设置为自动黑屏，按一下“B”键，此时屏幕黑屏，再按一下“B”键或者按“W”键即可恢复正常。

（三）编排演示文稿

1. 用幻灯片视图编排幻灯片

单击“视图→普通视图”中的“幻灯片”选项，在幻灯片视图下对文本进行编辑（见图 4-10），包括标题、正文，向文本占位符中输入文字信息。在带有项目符号的文本框中输入信息，在输入一条文本信息后按回车键，系统会自动在下一行再生成一个项目符号，按“Tab”键可以降低一级标题，按“Shift+ Tab”组合键可以恢复到上一级标题。

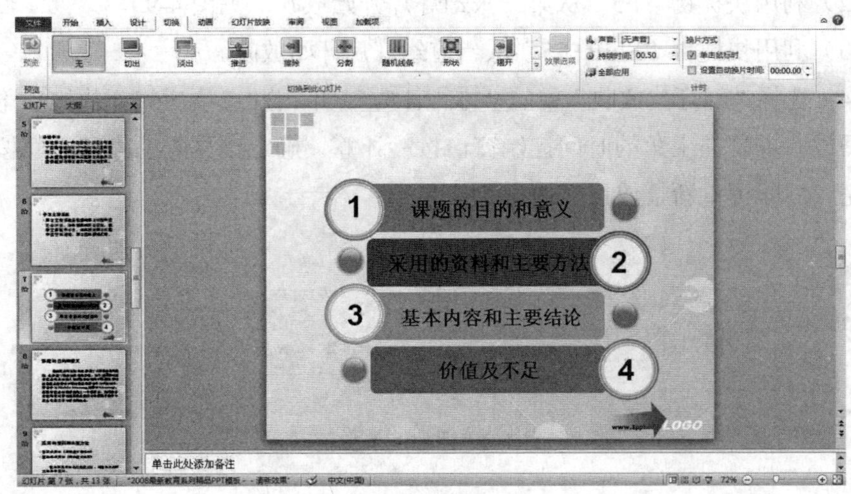

图 4-10 用幻灯片视图编排幻灯片

2. 用大纲视图组织演示文稿

采用大纲视图可以方便地组织演示文稿，对于复杂的演示文稿的编辑特别有用。大纲视图下演示文稿会以大纲形式显示（见图 4-11），每张幻灯片的标题和正文组成了大纲的内容。每张幻灯片的标题都会出现在编号和图标的旁边，正文在每个标题的下面，可以方便地重新排列幻灯片中的标题和正文、移动整张幻灯片等。

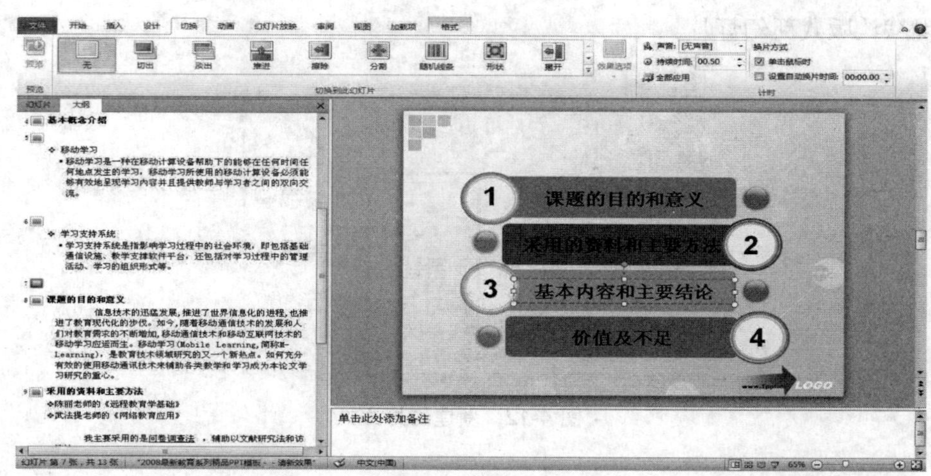

图 4-11　用大纲视图组织演示文稿

三、创建和美化幻灯片

（一）新建幻灯片

1. 从“大纲”窗格中新建幻灯片

“大纲”窗格以层次树的形式显示演示文稿幻灯片中文本，在“大纲”窗格中键入的文本会显示在幻灯片上，幻灯片标题作为顶级，幻灯片中各种级别的项目符号列表作为从属级别，按照以下步骤可以从“大纲”窗格新建幻灯片。

（1）切换到“普通”视图；

（2）在“大纲”窗格右键单击建立新幻灯片；

（3）“大纲”窗格中出现一个新行，左侧带有幻灯片符号；

（4）键入新幻灯片的标题和文本，标题和文本在“大纲”窗格和幻灯片中显示。

2. 从“幻灯片”窗格中新建幻灯片

可以使用一种非常快捷的方法来新建幻灯片（见图 4-12），这也是最简单方法，即在“普通”视图下，在“幻灯片”窗格中单击新幻灯片，按“Enter”键即出现默认版式新幻灯片。

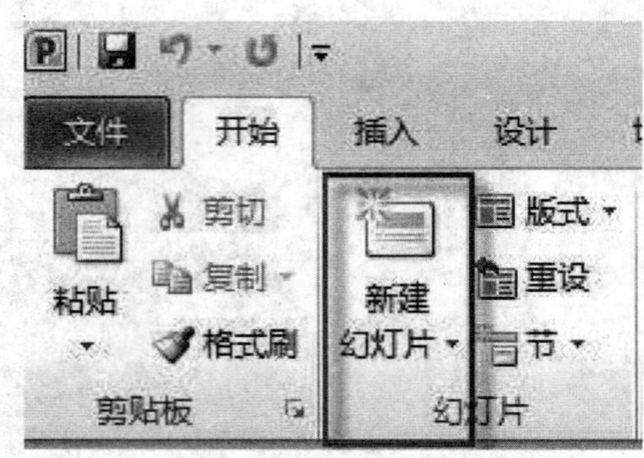

图 4-12　新建幻灯片

3．通过版式创建幻灯片

幻灯片版式是一种版式指南，包含文本占位符、图形、图表表格和其他有用的元素，它指明 PowerPoint 在特定幻灯片上使用哪些占位符框并将其放在什么位置，可以单击一个占位符，打开插入该类对象所需控件，在创建幻灯片时指定某种版式操作步骤如下（见图 4-13）：

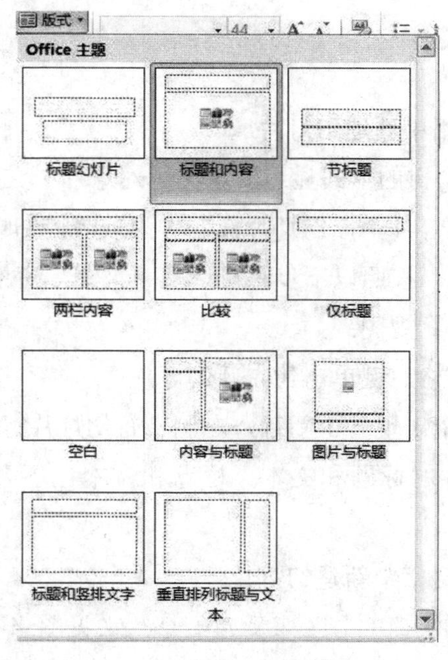

图 4-13　幻灯片版式

（1）在“普通”或“幻灯片浏览”视图中，单击幻灯片的缩略图来选择或显示新幻灯片，或将插入点移动到幻灯片的文本处。

（2）单击“新建幻灯片”按钮的上部（图形），添加与默认的“标题和内容”版式一致的幻灯片；单击“新建幻灯片”按钮的下部（文本），使用另外一种版式添加新幻灯片。

4．通过大纲插入新幻灯片

所有的 Microsoft Office 应用程序都可以很好地协同工作，轻松在其间移动内容，就是说可以在 Microsoft Word 中为演示文稿创建大纲，按“Tab”键降级或按“Shift+ Tab”组合键升级选定标题级别，Word 中指派的标题样式决定幻灯片中的标题和内容，然后将其导入 PowerPoint，PowerPoint 中的操作步骤如下：

（1）单击“新建幻灯片”按钮的下部打开其菜单；

（2）单击“幻灯片（从大纲）”打开“插入大纲”对话框；

（3）选择希望导入的大纲文本的文件；

（4）单击“插入”PowerPoint 导入大纲。

PowerPoint 除导入基于文本格式的 Word 外，还能从纯文本文件、WordPerfect（5.x 或 6.x）、Microsoft Works 以及网页导入，导入过程与上述步骤相同。

（二）复制幻灯片

1．复制本演示文稿中的幻灯片

新建幻灯片的另一种方法是复制同一演示文稿中的现有幻灯片，因为一个文档中的幻灯片往往基本相同，复制一张或多张幻灯片的方法有多种（见图 4-14）。

（1）在“大纲”窗格中单击幻灯片标题左侧的图标选中整张幻灯片；

（2）按“Ctrl +C”快捷键，或者单击“复制”按钮，或者右键单击所选内容并单击“复制”；

（3）选择新幻灯片，也可在“大纲”窗格中单击定位希望插入的点；

（4）按“Ctrl +V”快捷键，或者单击“粘贴”按钮，或者右键单击目标并“粘贴”。

还可以单击 PowerPoint“新建幻灯片”按钮的下部打开其菜单，单击“复制所选幻灯片”，如果要更快地进行复制，可以在菜单上右键单击“复制所选幻灯片”

命令并选择“添加到快速访问工具栏”命令，将其添加到快速访问工具栏中。

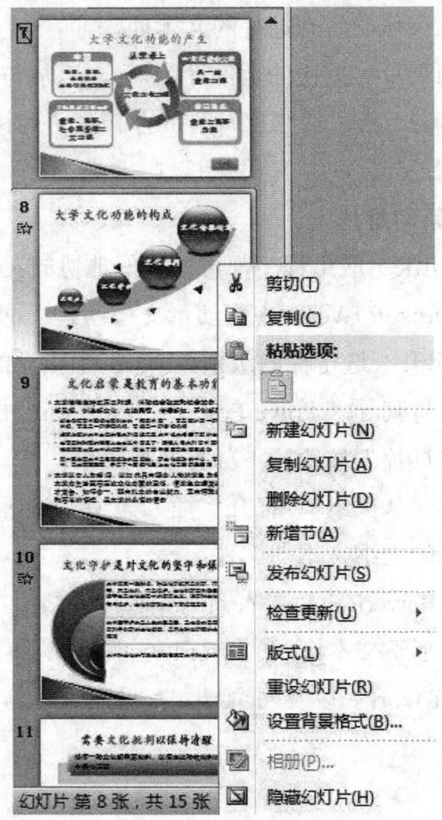

图 4-14 复制幻灯片

2．复制来自其他演示文稿的幻灯片

（1）打开演示文稿，用另一个文件名保存，删除不需要的幻灯片，给新演示文稿留下便于自定义的必要幻灯片。

（2）打开两个 PowerPoint 窗口，并排放置，然后在两者间拖放幻灯片。

（3）打开两个 PowerPoint 演示文稿，利用剪贴板快捷键“Ctrl + C”和“Ctrl + V”完成复制粘贴。

（4）单击“新建幻灯片”按钮下部“重用幻灯片”，打开 PowerPoint 文件单击“浏览”，在“浏览”对话框中，选择希望复制其幻灯片的演示文稿。

（5）在幻灯片缩略图中选择要复制到当前演示文稿中的幻灯片，若保留源格式则选中该任务窗格底部的“保留源格式”复选框。

（6）若插入一张幻灯片，则单击该幻灯片；若一次插入全部幻灯片，则右键单击任意幻灯片并选择“插入所有幻灯片”。

（三）查看和设置幻灯片模版

1. 查看幻灯片模版

幻灯片母版是一张特殊的幻灯片，在其中定义整个演示文档的幻灯片格式。对母版的更改会影响所有基于该母版的幻灯片，如果需要在演示文稿的每一张幻灯片显示出固定的图片、文字和特殊的格式，就应该向母版中添加相应的内容。

母版控制在幻灯片上键入的标题和文本的格式与类型，母版上的更改反映在每张幻灯片上。PowerPoint 2010 包含幻灯片母版、讲义母版和备注母版，当需要设置幻灯片风格时，可以在幻灯片母版视图中进行设置，当需要将演示文稿以讲义形式打印输出时，可以在讲义母版中进行设置，当需要在演示文稿中插入备注内容时，则可以在备注母版中进行设置（见图 4-15）。

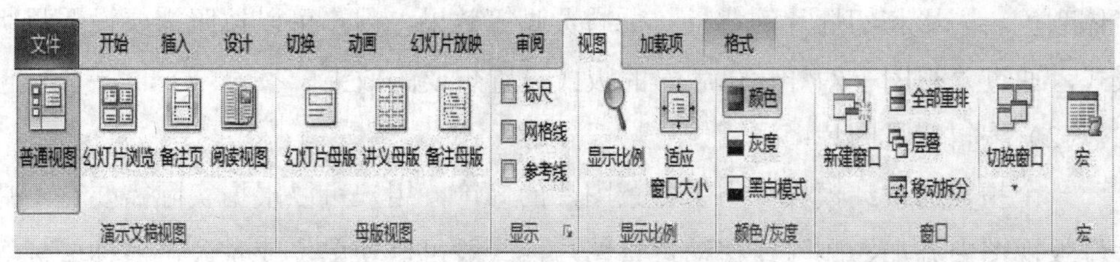

图 4-15　幻灯片视图

（1）幻灯片母版

幻灯片母版是设计模板的一个元素，用来存储的模板信息包括字形、占位符大小和位置、背景设计和配色方案，用户通过更改这些信息，就可以更改整个演示文稿中幻灯片的外观，在功能区切换到“视图”选项卡，在“演示文稿视图”组中单击“幻灯片母版”按钮就可以打开幻灯片母版视图（见图 4-16）。

图 4-16　幻灯片母版视图

（2）讲义母版

讲义母版是为制作讲义而准备的，通常需要打印输出，因此讲义母版的设置大多和打印页面有关，它允许设置一页讲义中包含几张幻灯片，设置页眉、页脚、页码等基本信息，在讲义母版中插入新的对象或者更改版式时，新的页面效果不会反映在其他母版视图中。

（3）备注母版

备注母版主要用来设置幻灯片的备注格式，一般也是用来打印输出的，所以备注母版的设置大多也和打印页面有关，切换到“视图”选项卡，在“演示文稿视图”组中单击“备注母版”按钮即可打开备注母版视图。

2．设置幻灯片母版版式及背景图片

（1）更改母版版式

幻灯片母版决定着幻灯片的外观，在 PowerPoint 2010 中创建的演示文稿都带有默认的版式，一方面决定了占位符、文本框、图片、图表等内容在幻灯片中的位置，另一方面也决定了设置幻灯片的标题、正文文字等样式，包括字体、字号、字体颜色、阴影和幻灯片的背景、页眉页脚等效果。用户可以按照需要设置母版版式，通过“视图—幻灯片母版”的版式设置想要的效果。

（2）编辑背景图片

一个精美的设计模板少不了背景图片的修饰，用户可以根据实际需要在幻灯片母版视图中添加、删除或移动背景图片，一般可以使单位或者公司名称徽标等出现在每张幻灯片中，具体操作步骤为“视图→幻灯片母版→插入→图片/剪贴画/屏幕截图/相册”即可添加背景，选中图片拖动鼠标便可随意移动，选中图片按“Delete”键即可删除。

PowerPoint 提供的模板非常丰富，可以根据需要灵活选用：选择“文件→新建”，在打开的任务窗格中可以看到它提供了“新建”“根据现有演示文稿新建”和“根据模板新建”三种调用模板的方式。“新建”下又有“根据设计模板”和“根据内容提示向导”等方式。而单击“根据现有演示文稿新建”下的“选择演示文稿”，可以将现有演示文稿作为模板建立新文件。“根据模板新建”下则有“通用模板”等多种选择，单击“通用模板”可以打开“模板”对话框，选用系统安装的各种模板。

（四）美化幻灯片及配色

1. 改变幻灯片的主题颜色

PowerPoint 2010 为每种设计模板提供了几十种内置的主题颜色（见图 4-17），用户可以根据需要选择不同的颜色来设计演示文稿。这些颜色是预先设置好的协调色，自动应用于幻灯片的背景、文本线条、阴影、标题文本、填充、强调和超链接。应用设计模板后，在功能区显示“设计”选项卡，单击“主题”组中的“颜色”按钮，打开主题颜色菜单可以选择和更改主题颜色。

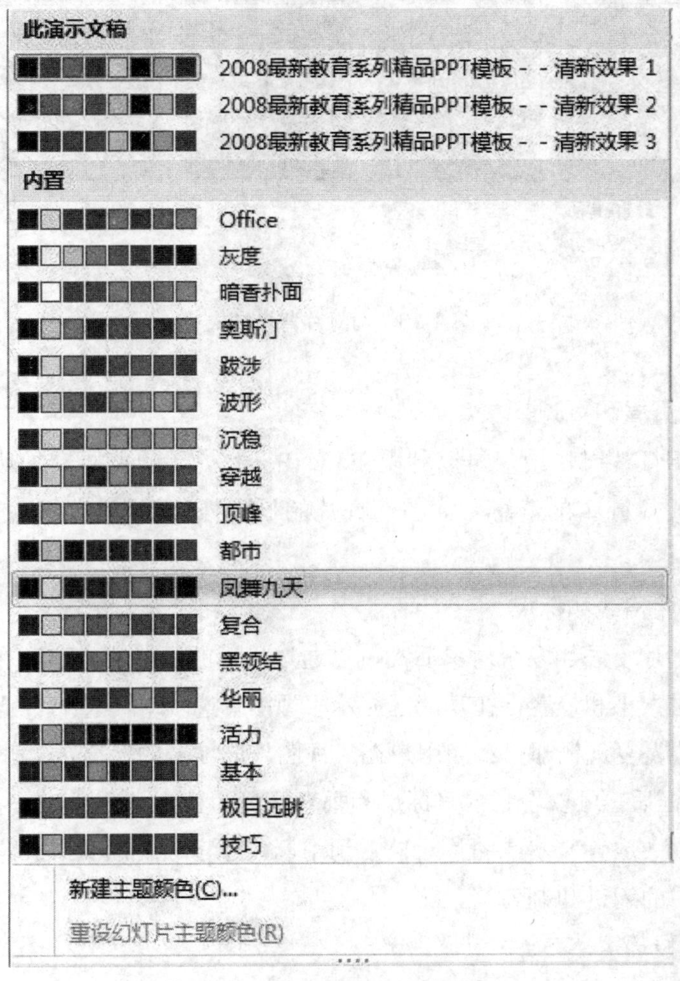

图 4-17　幻灯片主题颜色

2．改变幻灯片的背景样式

PowerPoint 2010 背景样式功能可以控制母版中的背景图片是否显示，以及控制幻灯片背景颜色显示样式（见图 4-18）。在设计演示文稿时，用户除在应用模板或改变主题颜色时更改幻灯片的背景外，还可以根据需要任意更改幻灯片的背景颜色和背景设计，如删除幻灯片中设计元素及添加底纹、图案、纹理或图片等。

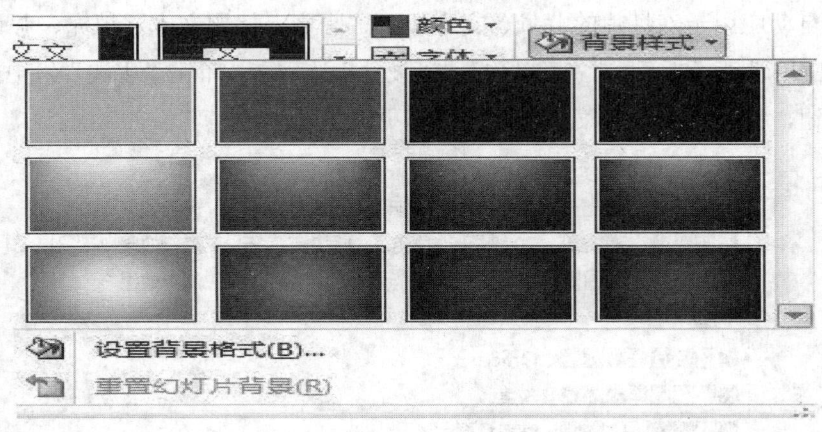

图 4-18　幻灯片背景样式

3．设置页眉和页脚

在制作幻灯片时，用户可以利用 PowerPoint 提供的页眉页脚功能，为每张幻灯片添加相对固定的信息，如在幻灯片的页脚处添加页码、时间、公司名称等内容。

4．使用网格线和标尺

当在幻灯片中添加多个对象后，可以通过显示的网格线来移动和调整多个对象之间的相对大小和位置，在功能区显示“视图”选项卡，选中“显示/隐藏”组中的“网格线”复选框即可；当用户在“视图”选项卡的“显示/隐藏”组中选中“标尺”复选框后，可以看到水平标尺和垂直标尺两种，标尺可以让用户方便、准确地在幻灯片中放置文本或图片对象，利用标尺还可以移动和对齐这些对象，以及调整文本中的缩进和制表符。

5．配色技巧

制作一个优秀的 PowerPoint 2010 演示文稿，要兼顾内容、配色、动画和音效等众多环节，每个环节都要进行精心设计，冷、暖、明、暗、重量感和软硬感等都是要考虑的因素。

（1）主题配色设计

主题配色设计是一种最节省时间和最不会犯错的方法，PowerPoint 2010 演示文稿自带了很多主题和主题色，一种主题中有 20 多种不同的主题颜色可供选择。

（2）自定义配色设计

演示文稿的主题配色，都是固定的方案，可以利用自定义配色设计有个性的配色方案。

- 无色设计：只有黑、白、灰三色组成，能制作出经典的幻灯片“黑白”过渡效果。
- 类比设计：在色相环上任选三个连续的色彩或其任一明色和暗色，色调基本一致，给人以舒适感。
- 冲突设计：颜色与其补色左边或右边的色彩配合起来，使幻灯片带有很强烈的视觉反差，给人一种通透感。
- 互补设计：使用色相环上相反的颜色，对比较强烈，通常用于背景和文字之间，如“蓝底黄字”等。
- 单色设计：把一个颜色和它所有的明、暗色配合起来，协调、安静，可用于背景和文字的颜色搭配。
- 中性设计：加入一个颜色的补色或黑色，使其色彩消失或中性化，柔和，常用于背景图片。
- 分裂补色：设计把一个颜色与其补色任一边的颜色组合起来，视觉反差强，明快，通常用于将幻灯片制作成左右结构或上下结构时。
- 原色设计：把红、黄、蓝三色结合起来，颜色非常鲜艳，建议为蓝色背景、红色前景图和黄色文字。
- 二次色设计：绿、紫、橙三色结合起来使用可增加颜色的层次。
- 三次色三色设计：把三次组合色结合使用，画面色彩较丰富。
- 奇妙的名画配色法：借鉴现成的美术或摄影作品中的颜色和色彩搭配效果也很不错，将其“像素化”成单一颜色，根据其颜色和色彩比例制作出幻灯片母版或自定义的主题色。

➢ 颜色的设计不是机械地运用颜色，而要综合考虑反射光影、观察角度、应用场合、相互搭配等多方面的因素。只有在日常生活中多观察、多积累，才能在 PowerPoint 2010 演示文稿制作时将幻灯片的配色设计得更加专业和精彩。

第二节　文本素材应用

一、文本素材概述

（一）文本素材分类

文字是课件中最常用的信息呈现方式，也是教学内容的重要表达方式，文字的优势在于可以清晰地描述和表达出课件教学和学习内容的概念、定义和对事物的认识等，大量的信息是用文字、字符及特殊符号来表现的，如科学原理、概念、计算公式、命题、说明等，这类信息在计算机系统中均为数字格式的字符，即“文本”。文本信息主要是指计算机屏幕上呈现的文字内容，它是准确有效传播教学信息的重要媒体元素，多媒体课件中的概念、定义、原理的阐述，问题的表述、标题、菜单、按钮、导航等都离不开文本信息。文本涉及逻辑思维，需要学习者具有较强的阅读理解能力和逻辑思维能力，计算机屏幕上呈现的文本与印刷文本不同，需要学习者阅读时要适应计算机的环境条件，如文字大小、颜色、字体、样式、位置等。

文本（text）是以文字、数字和各种符号表达的信息形式，是现实生活中使用最多的信息媒体，主要用于信息和知识的描述。在计算机中，文本有两种主要形式，即格式文本（formatted text）和无格式文本。格式文本中除了文本内容的文字，还包含定义版面格式的相关信息，如字体、字号、颜色等；而无格式文本则仅包含构成文本内容的文字信息，其输出格式由管理程序指定（不能由编辑使用者改变），故又称为纯文本。不管是格式文本还是无格式文本，其文本内容的组织方式都是按线性方式顺序组织的。

1. 无格式文本文件

无格式的文本文件只存储文字信息本身，文字以固定的大小和风格输出，因而也称为纯文本，通常保存为“.txt”类型的文件。一般使用简单的文本编辑软件即可进行编辑，如 Windows 操作系统中的“记事本”窗口，如图 4-19 所示。使用“记事本”窗口，用户无法定义文本格式和版面格式，只能进行最基本的文本和临时的简单格式处理（如可以为整个文档指定字体并插入制表符，但不能为某个段落文字指定字体）。由于是纯文本文件，所以这些简单格式不能随文字内容一起保存。因此，如果其他人在另一台计算机上浏览这个文件，用户看到的将是打开程序所指定的某种字体。

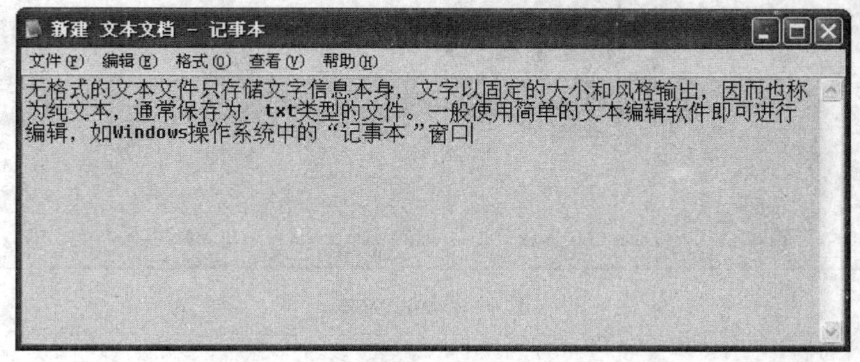

图 4-19 记事本编辑纯文本文件

2. 格式文本文件

格式文本文件不仅包含文字信息，还包括文字的字号、颜色、字体及其他用于规定输出格式的排版（如表格、分栏等）信息。编辑这类文件，可设置文本的字体、字号、颜色、字形（如正常、加粗、斜体、下划线、上标、下标等）、字间距、行间距和段间距等。格式文本要用功能较强的字处理软件来编辑，如 Microsoft Word 和金山 WPS 等。通过这些软件用户可以定义和编辑文本的格式和版面信息。如图 4-20 所示，文本中有不同颜色、不同字体、不同字号和不同风格的定义，也有页边距、行距、表格、分栏等版面格式定义。因此，格式文本是计算机文字处理的重要内容之一。

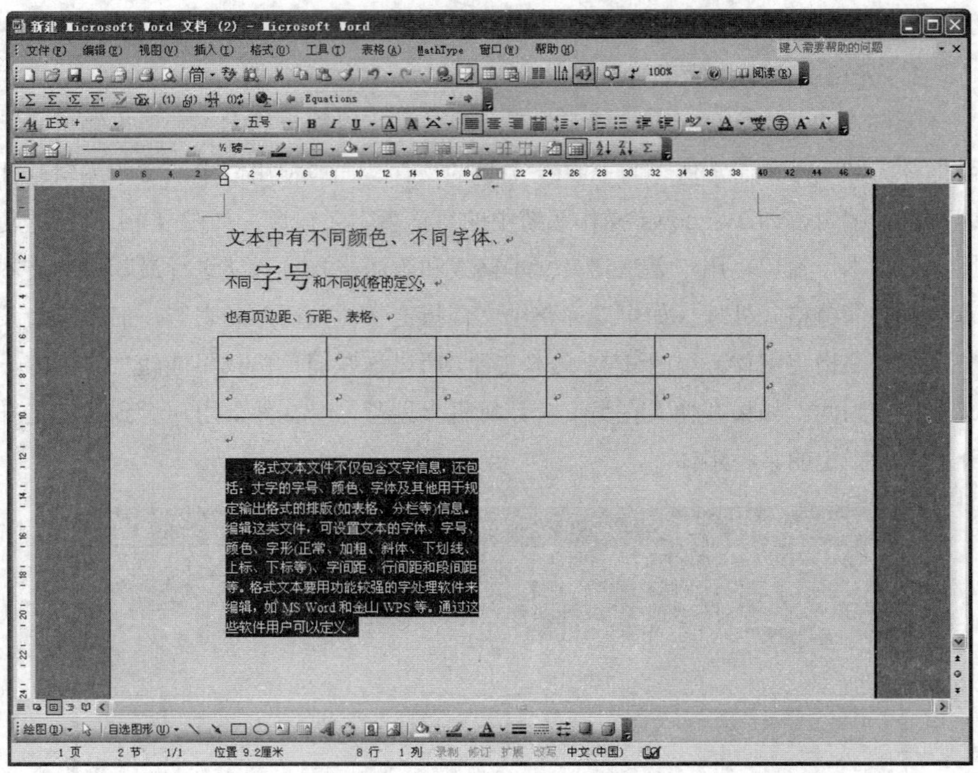

图 4-20 格式文本

3．超文本文件

超文本文件建立在非线性的超文本概念基础上，它将文本内容按其内容含义分割成不同的文本块，再按其固有的逻辑关系通过超链接组织成非线性的网状结构，从而提供了一种符合人们思维习惯的联想式阅读方式。纯粹的超文本文件是由超文本标记语言（HTML）和被分割的不同文本块按照 HTML 规定的格式要求组成的。图 4-21 所示为一个超文本文件的逻辑结构定义。

在此结构中，<html>和</html>联合定义了超文本文件的开始与结束；<head>和</head>联合定义了超文本文件的“头”内容，主要指出超文本文件所使用的语言（zh-cn）、字符集（gb2312）和文本格式（text/html），该项内容由工具软件自动生成，用户一般不进行修改。<body>和</body>联合定义了超文本中各文本块的格式和内容，其中的“格式定义”要转换为 html 的具体格式描述符，使用时可查阅相关的 html 手册。

```
代码 拆分 设计 实时视图    标题: 超文本文件逻辑结构示例
<html>
<head>
  <meta http-qeuiv="Content-Language" content="zh-cn">
  <meta http-qeuiv="Content-Type" content="text/html; charset=gb2312">
  <title>超文本文件逻辑结构示例</title>
</head>
<body>
<格式定义>文本块1<格式定义>
<格式定义>文本块2<格式定义>
<格式定义>文本块3<格式定义>
<格式定义>......<格式定义>

<格式定义>文本块n<格式定义>
</body>
</html>
```

图 4-21　超文本文件的逻辑结构定义

用超文本标记语言定义的超文本文件需要用相应的浏览器浏览才能按照其非线性组织方式阅读内容。图 4-22 所示为一个具体的超文本文件实例和浏览效果。

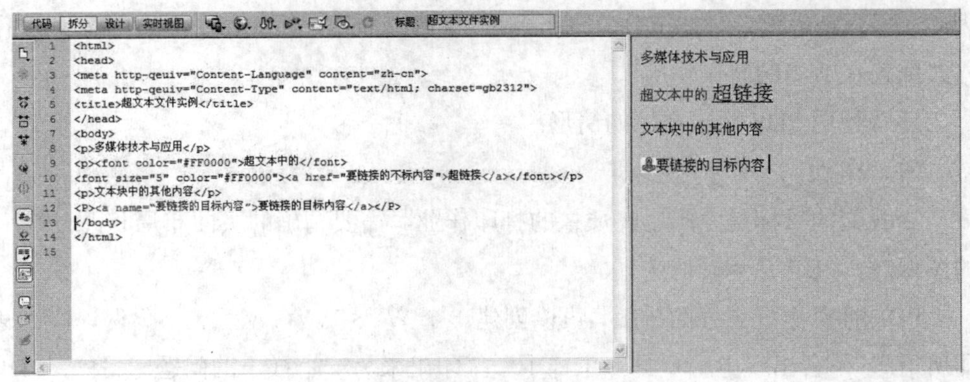

图 4-22　超文本文件的实例和浏览效果

当超文本文件中的内容不仅包含文本块，而且还包含图片、声音、视频、动画等多种媒体信息，且通过超链接实现各种媒体信息的组合使用时，则这种超文本文件又被称为超媒体或超媒体文件。超媒体文件仍具有如图 4-21 所示的逻辑结构，目前流行的网页大多是超媒体文件。

目前 PDF 的应用非常广泛和普遍，PDF 是由 Adobe Systems 用于与应用程序、操作系统、硬件无关的方式进行文件交换所发展出的文件格式，它以 PostScript 语言图像模型为基础，会忠实地再现原稿的每一个字符、颜色以及图像，无论在哪种打印机上都可以保证精确的颜色和准确的打印效果。这种文件格式与操作系统平台无关，不管是在 Windows、Unix，还是在 Mac OS 操作系统中都是通用的，这一特点使它成为在 Internet 上进行电子文档发行和数字化信息传播的理想文档格式。Adobe 公司设计 PDF 文件格式可以将文字、字形、格式、颜色及独立于设备和分辨率的图形图像等封装在一个文件中，该格式文件还可以包含超文本链接、声音和动态影像等电子信息，支持特长文件，集成度和安全可靠性都较高。对普通读者而言，用 PDF 制作的电子书具有纸版书的质感和阅读效果，可以逼真地展现原书的原貌，显示大小可任意调节，为读者提供了个性化的阅读方式。Adobe 公司于 2009 年 7 月 13 日宣布，经中国国家标准化管理委员会批准作为电子文档长期保存格式的 PDF/Archive（PDF/A）已成为正式的中国国家标准，并已于 2009 年 9 月 1 日起正式实施，PDF 格式文件已成为数字化信息事实上的一个工业标准。

PDF 和 Microsoft Word 文档格式是两个公认的文档格式，各具有优点和缺点。因此，哪个是最适合你的文件？ 答案是：视情况而定。让我们看看这两个流行的格式如何在适当的时候使用。

适合使用 PDF 格式文档的情形：

（1）印刷

当我们的目标是生产出高质量的打印作业，需要精确的页面布局和高分辨率的图像时，PDF 是明确的选择。

PDF 拥有更好更强的排版，可以创建一个 WYSIWYG 文件，向你保证“所见即所得”，不会出现电脑看见一个样子，打印出来另一个样子的问题。另外，PDF 已经成为一个文档标准，这意味着 PDF 格式是对外公开的，理论上任何人都可以开发工具对 PDF 文档进行解析，不会限制于某些软件。

（2）在线内容

PDF 可以输出高质量的文档（通信、目录、手册、技术文件等），使它们在互联网上可用。不仅可以保障 PDF 文件只能读而不改变，也可以确保它的显示每次都正确。

（3）存档

PDF 文件可以压缩得非常紧凑，并且支持矢量图形，放大缩小不影响清晰度，因此，它是理想的存储格式。拥有可以在所有平台上完美使用的文件布局。另外，PDF 可以让文件搜索、归档文件、分类和组织更便捷。

（4）商业和法律文件

至关重要的商业和法律文件和表单，必须保持其确切的外观。这些重要文件必须保持其完整性和安全性。PDF 格式支持权限控制，可以设置不允许打印、不允许复制内容、不允许评论（批注），这样没有人可以改变应用程序的措辞或达成协议的条款。

（5）结合多种格式

PDF 格式允许导入文本为一个 Word 文档、各种格式的图像、Excel 电子表格、矢量图形、PDF 文档。

（6）任何人都可以查看

一般情况下，如果计算机里没有相关软件则很难打开对应格式文件。查看一个 Word 文档，必须拥有专有软件（Microsoft Office）安装在计算机上。然而，PDF 可以被任何免费的 Adobe Acrobat Reader 读取，甚至 PDF 可以直接用浏览器打开，这很容易。这使 PDF 成为创建一个文档的首选格式，可以很方便地查看。

适合使用 Word（DOC）文档的情形：

（1）图片处理

图像在一个 Word 文档很容易提取和使用。此时不能用 PDF，因为 PDF 的图像是嵌入式。

（2）字词处理技术

Microsoft Word 是文字处理器，Adobe Acrobat 不是文字处理器。因此，当涉及书面文件，如商务信函、备忘录等，Word 是更好的适合写作的工具。Word 的优势在于提供文档拼写检查和语法检查等许多其他有用的书写工具。

（3）编辑

毫无疑问，Word 是一个强大的文档编辑器。它包含直观的格式化和创作工具，允许创建不同格式的文档。使用 Word 和文档格式，很容易编辑一大段的文本、改变页面之间格式、改变字体大小和风格等。PDF 文件仅有非常有限的编辑选项。

编辑文档时，Word 是比 PDF 更加强大和顺从的软件。

那么谁是最好的格式呢？最好的答案是结合使用这两种格式。Word 显然是最佳的编辑和修改选择，可以在 PDF 格式下查看和分享文件。因此，可以编辑文字格式的原始文档，然后将文档转换成 PDF，当它完成的时候，可以便捷地与他人分享。

如果有一个 PDF 格式的文档需要进行编辑，最好的方法是将它转换成文字格式并编辑。创建一个 PDF Word 文档。这种策略不仅允许用户使用每种格式的强大的功能，而且允许用户使用 Microsoft Word 编辑和创建高质量的定制的 pdf 文档。

（二）文本素材类型及获取

文本素材主要以后缀名来区别不同格式，常见格式主要有 doc、txt、rtf、wps、wri、pdf 等。其中，doc 格式是 Word 文字处理软件默认的文件存储格式；txt 格式是一种纯文本格式，可以用于任何一种文字编辑软件；rtf 格式主要用于各种文字处理软件之间的文本交换，是 Rich Text Format 的缩写；wps 是国产金山公司 WPS 文字处理软件存储格式；wri 格式是 Windows 写字板文件的存储格式。

各类文本或超文本文件均对应不同的存储类型，存储类型之间的差别反映了文件内容中的技术差别，如静态文本、动态文本、代码分离文本等，常用文本文件的存储类型具体内容见表 4-1。

表 4-1　常用文本文件存储类型说明

文件类型	说明	用途
.txt	纯文本文件	用于保存简单的文字内容
.rtf	跨平台格式文本	用于在应用程序间传输带格式文字文档的文件类型，即使应用程序运行在不同的平台（如 IBM 和 Macintosh）上，也可以实现文件交换
.doc	Microsoft Word 文件	用于保存 Windows 平台的 Word 文件
.wps	金山 WPS 文件	用于保存 Windows 平台的 WPS 文件
.htm/.html	静态超文本文件	用于保存 Web 静态网页等
.asD	动态超文本文件	用于保存支持 ASP 功能的动态网页
.asDx	动态超文本文件	用于保存支持 ASP．NET 功能的动态网页
.php	动态超文本文件	用于保存支持 PHP 功能的动态网页
.js	脚本超文本文件	用于保存 JavaScript 脚本文件
.css	超文本样式文件	用于定义以超文本格式保存的网页样式

文本素材的获取有多种渠道和方法，通常获取文本有以下几种方式：键盘录入、文字识别、语音识别、网络下载等。键盘录入是获取文本信息最常用的方式，是指通过键盘输入到字处理软件中而获得所需要的文本内容。文本信息获取是利用制作工具本身提供的功能模块直接输入文字，如键盘输入、PowerPoint 中的文本框；使用其他软件如 Word 输入文字或者拷贝编辑好的文本。文字识别是获取文本信息的另外一种重要方式，如用扫描仪扫描已有的印刷品上的文字材料，然后用光学识别系统转化为文本，文本素材有时候也以图像形式出现在课件中，如通过格式排版产生特殊效果以图像方式保存下来的材料，或者特殊字体及艺术字采用抓图工具获取图片化材料等。语音识别也可以通过相应的应用软件获得文本信息。网络下载指从电子书籍或者网页中获取文字材料，可以直接采用“保存网页”的方法，也可以根据自身需求进行文字材料的处理和加工。

二、文本素材应用

（一）文本编辑

1．添加文本

文本中的文字属性包括文字的字体、字号、风格、颜色、定位等内容，属性编辑就是通过相应的操作实现对这些属性值的设置和修改。

（1）字体

Office 办公软件中的字体由安装的不同字库来提供，这些字库有两个来源：一是安装操作系统（Windows/2000/XP 等）时由系统自行安装的字库；二是用户自己根据需要扩充安装的各种专业字库或艺术字库。无论是哪种字库，通常都安装在 Windows 系统下的 Fonts 目录中。字体文件的扩展名多为 FON 及 TTF（True Type Fonts）。TTF 支持无级缩放，美观实用，因此一般字体都是 TTF 形式。

除英文字体外，Windows 系统还提供了许多中文字体，主要包括宋体、仿宋、黑体、楷体、隶书、行楷、幼圆等近 20 种。在处理文本时，应根据文本的使用需要选择合适的字体。宋体字形工整，结构匀称，清晰明快，一般多用于正文；仿宋体笔画清秀、纤细，多用于诗歌、散文及作者姓名；黑体笔画较粗，笔法自然，庄重严谨，一般用于文章的各类标题；楷体写法自然，柔中带刚，可作插入语及注释用。其他字体多为修饰性艺术字体，可根据文本的内容和版面风格灵活选择。

除文字字库外，系统还提供了一些标志符号库，其中存放了许多装饰性标志或符号，需要时可以像使用文字一样使用这些标志符号。例如，Windows 系统中的 Webdings、Wingdings、Wingdings2、Wingdings3 等字体就是一些标志符号，使用时只要从字体列表中选择即可。

（2）字号

文本中字的大小用两种方式来描述。汉字的大小通常用规定大小的字号来描述，分为初号、小初号、一号、二号，一直到八号，初号字最大，八号字最小。西文字符通常是直接给出字符的大小，以“磅”（Point）为单位，最小字为 5 磅，最大字为 72 磅。“磅”值越大，字就越大。汉字字号与“磅”及“mm”之间的对应关系见表 4-2。

表 4-2 汉字字号与“磅”及“mm”之间的对应关系

字号	“磅”值	“mm”值	字号	“磅”值	“mm”值
初号	42	14.82	四号	14	4.94
小初号	36	12.70	小四号	12	4.32
一号	26	9.1 7	五号	10.5	3.70
小一号	24	8.47	小五号	9	3.18
二号	22	7.76	六号	7.5	2.65
小一号	18	6.3 5	小六号	6.5	2.29
三号	16	5.64	七号	5.5	1.94
小三号	15	5.29	八号	5	1.74

（3）风格

字体的风格主要指在选定的字体、字号基础上，再使文字在造型方面有所变化，从而表现出不同的风格。具体风格选项有普通、加粗、斜体、下划线、字符边框、字符底纹和阴影等。在具体应用中，可以通过字处理软件的风格选项设置文字的不同风格，使整个文本显得活泼、多样。

（4）颜色

格式文本中的文字属性还包含了显示颜色。数字媒体计算机的显示系统均提供真彩显示，所以对文字来说也有丰富的颜色可供选择。在文字处理过程中，可通过颜色选择与修改操作对文字指定任何显示颜色，使整个文本更加丰富多彩。

（5）定位

文字的定位主要有左对齐、右对齐、居中、两端对齐及分散对齐等设置，使用时可根据需要进行选择。在文本处理过程中，可通过文字处理软件的相应操作，方便地设置和修改文本内容的这些属性。但对于正式的印刷出版物来说，不同类型的出版物都有各自的格式和字体、字号等的使用规定，所以文字属性的设置最好应符合相关格式规定和大众化的审美标准。

2．文本设置

文字在课件中的应用主要是进行文字的编排，包括字体、字号、色彩等，在 PowerPoint 中只能在文本占位符中或者文本框工具中才可以输入文字。占位符是一种带有虚线或阴影线边缘的框，在这些框内可以放置标题及正文，或者是图表、表格和图片等对象；文本框是一种可移动、可调大小的文字或图形容器，可以在一页上放置数个文字块，或使文字按与文档中其他文字不同的方向排列，如果文本大小超过占位符的大小，PowerPoint 会在键入文本时以递减方式减小字体大小和行间距以使文本适应占位符的大小。

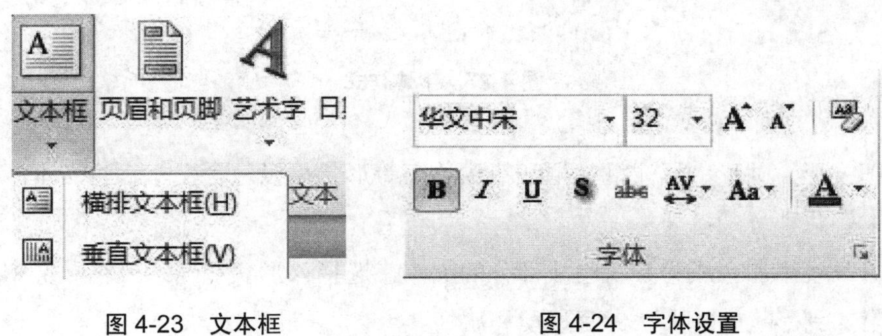

图 4-23 文本框　　　图 4-24 字体设置

可将文本放置在幻灯片上的任何位置，还可以在文本框中为文本添加边框、填充、阴影或三维（3D）效果（见图 4-25 至图 4-27）。

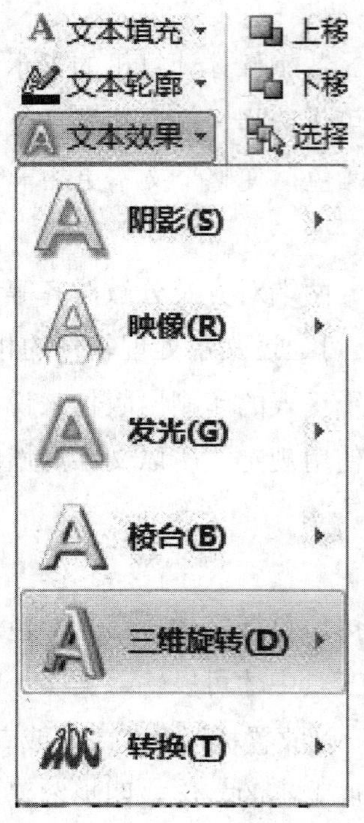

图 4-25 文本效果

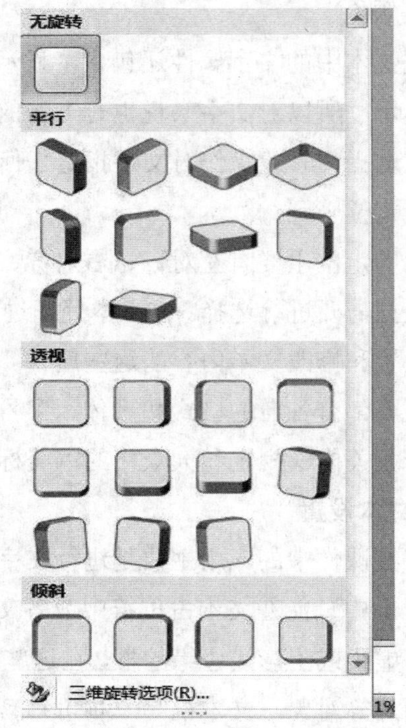

图 4-26 三维旋转

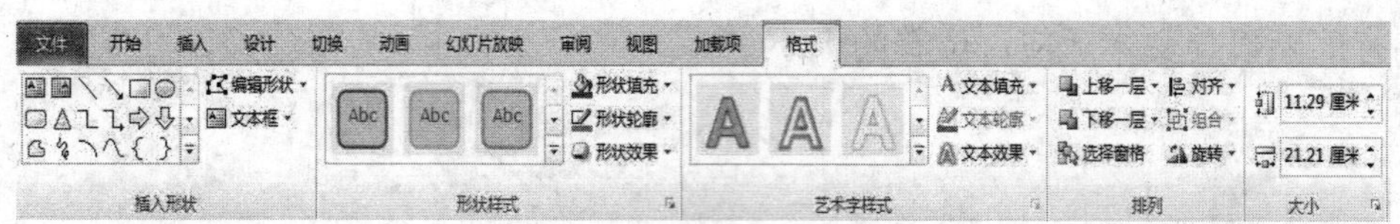

图 4-27 字体样式

正方形、圆形、标注批注框和箭头总汇等形状可以包含文本，将文本添加到形状中有两种方式：

（1）要添加会成为形状组成部分的文本，选择该形状后输入或粘贴文本，文本会附加到形状并随形状一起移动和旋转。

（2）要添加独立于形状的文本，在“插入”选项卡上的“文本”组中单击“文本框”，然后键入或粘贴文本。“文本框”有“横排文本框”或“垂直文本框”两种对齐方式。

PowerPoint 中的超链接功能能够让幻灯片可以不受顺序限制，并且可以随时打开其他文件或者网页，在默认情况下，当对文字插入超链接后，文字会变成蓝色、带有下划线且不能修改。改变超链接的颜色可以通过以下几步来实现：

（1）单击“设计”选项卡“主题”设置组中“颜色”按钮，在下拉菜单中选择“新建主题颜色”；

（2）弹出的“新建主题颜色”对话框中单击“超链接”和“已访问过的超链接”项，将其设定成所需颜色保存即可。

3．艺术字

为了使课件具有较好的艺术性及突出教学中的重点，常常需要在课件中应用各类艺术字。这就要求对文本进行艺术加工，包括艺术字的制作及给文字配颜色、加阴影，使文字倾斜、旋转、延伸，以增强文本的艺术魅力。

PowerPoint 虽然不是专门的字体制作软件，但它的艺术字制作功能是绝对优秀的，其功能远远超过 PhotoShop，它制作的字体还可以存为 GIF、JPG 格式供其他图像处理软件（如 PhotoShop）调用。之所以表现突出，是因为拥有与众不同的工具，如“艺术字”库、艺术字工具栏、三维字体设置工具、阴影设置工具、绘图工具栏等，艺术字是一个文字样式库，只要调出它们，展现在眼前的是形象的按钮和明确文字说明，无须多加学习就可掌握，易学易用，方便快捷。为了增加艺术字效果，可以对其进行编辑和修改。

PowerPoint 提供了插入“艺术字”的功能（见图 4-28 至图 4-30），艺术字对文字做了特殊的处理，更加具有艺术魅力，尤其适合作标题，插入艺术字的方法如下。

（1）选择要添加特殊效果的幻灯片，单击菜单“插入→图片→艺术字→插入艺术字”。

（2）选择要添加特殊效果的幻灯片，单击“绘图”工具栏上的“插入艺术字”按钮，选择所需特殊效果单击“确定”，在“编辑艺术字文字”对话框中键入文本。

为课件添加特殊文字效果更能突出课件内容的主题。制作此幻灯片，可先插入一种样式的艺术字，输入需要的文字，再对艺术字进行编辑和美化，然后添加学段和科目文本框。

①运行 PowerPoint 软件，打开课件，设置第一张幻灯片的版式为“空白”幻

灯片。

②单击“插入”选项，打开“插入”选项卡，插入艺术字。

③选中艺术字边框，设置其格式。

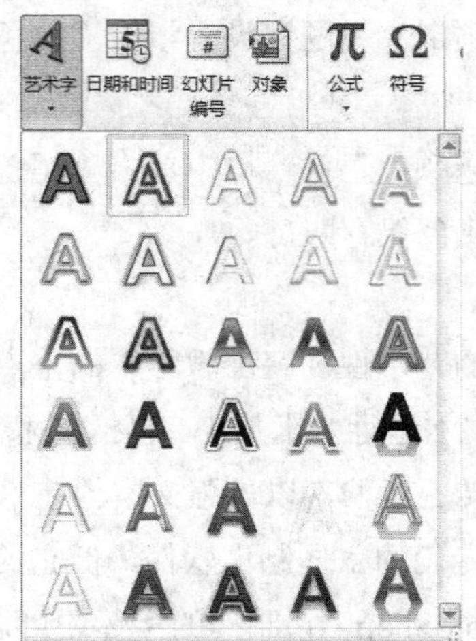

图 4-28 艺术字

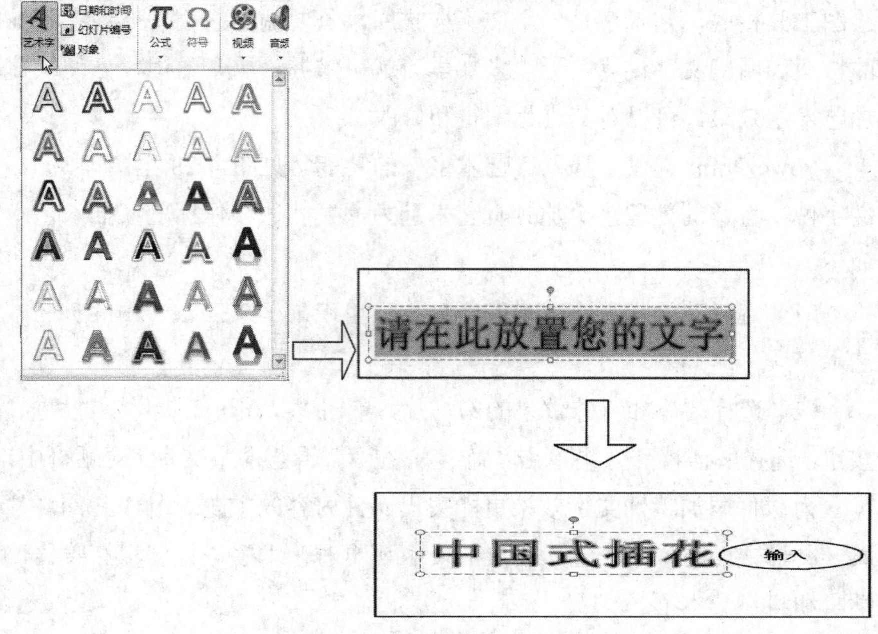

图 4-29 插入艺术字

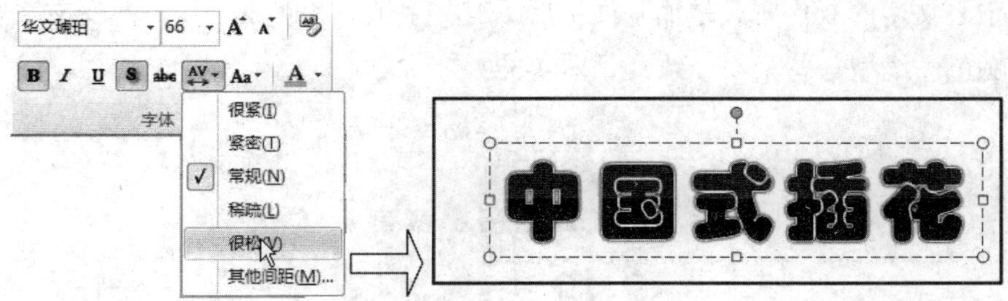

图 4-30 艺术字设置

④单击“绘图工具”下的“格式”按钮 格式，单击“艺术字样式”，选择所需按钮，设置文本填充色（见图 4-31）及轮廓样式。

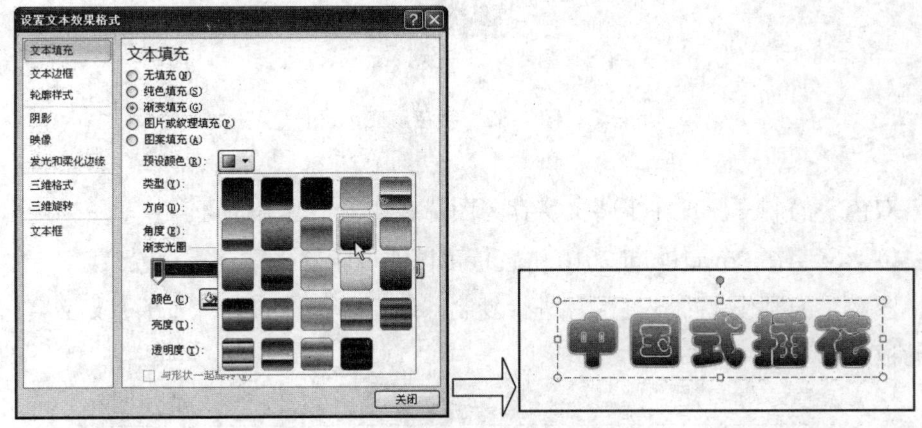

图 4-31 设置文本填充

⑤按住“Ctrl”键不放，同时拖动艺术字到适当位置释放，复制出艺术字，再分别按“↓”或“↑”键调整位置。

⑥按“Ctrl+A”快捷键全选，单击“绘图工具”下的“格式”按钮 格式，选择“排列”组，设置排列方式。

⑦选中艺术字，单击“艺术字样式”，选择所需按钮，设置三维旋转效果。

⑧单击“快速访问”工具栏上的“保存”按钮，保存课件。

4．特殊字

图案字、倒影字、双色字、空心字的制作如下。

空心文字的制作方式是输入文字后改变文字填充和背景一致，改变文字轮廓线条颜色和线型与背景不一致（见图 4-32）。

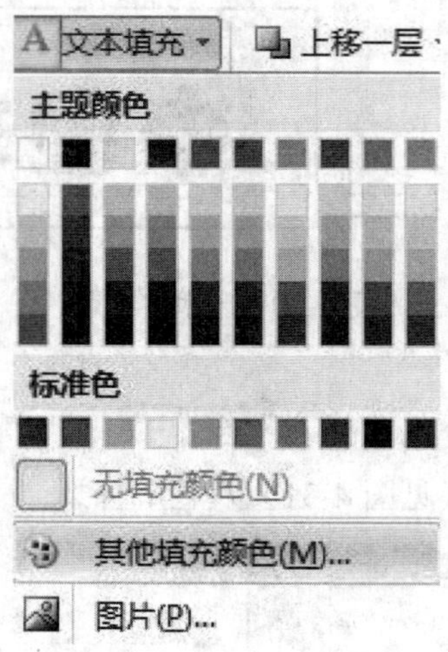

图 4-32　颜色填充

双色字的制作原理在于将文字存为图片裁切一半遮盖即可。

倒影文字在 PowerPoint 2010 中直接可以通过预置格式进行设置。

图案字的制作是准备好图片进行复制，选中要制作的字，选择“文字填充→剪贴板”（见图 4-33）。

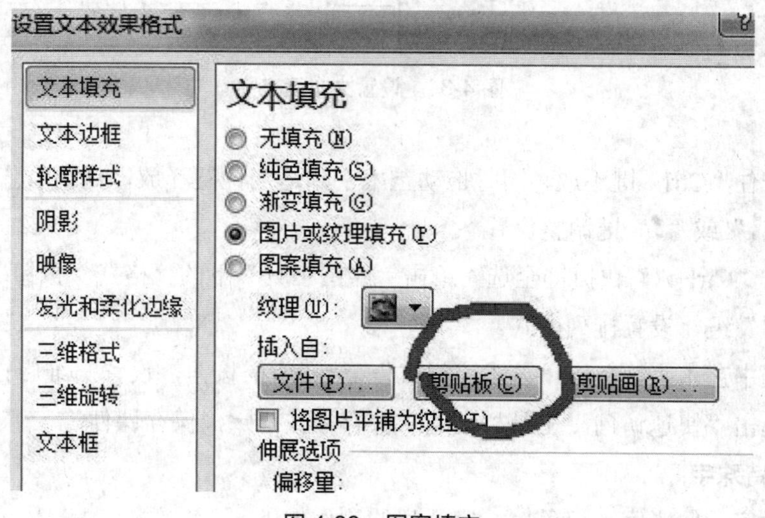

图 4-33　图案填充

（二）添加图表

1．插入表格

在幻灯片中插入表格是一件常见的工作，应用表格可以使得数据和事例都更加清晰，以前常用的办法是以 Word 文档做中介或者使用截图工具两种方法，但 PowerPoint 2010 中制作和插入表格比较方便。

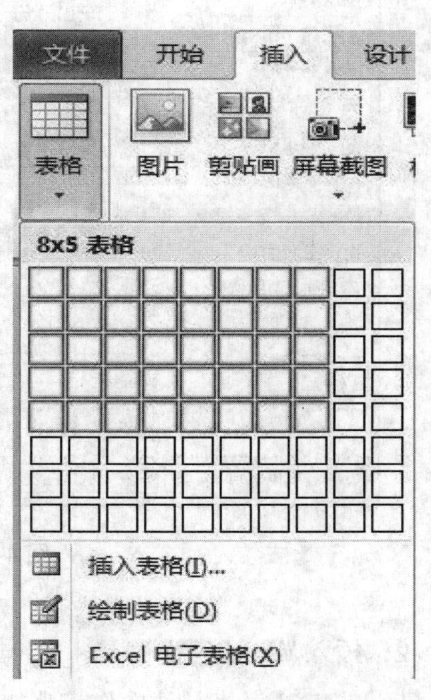

图 4-34 插入表格

在 PowerPoint 2010 中从无到有地设计表格，可以选择“插入”菜单中“表格图标”（见图 4-34），在下拉菜单拖动鼠标在小格子上划过时，演示文稿中就会出现正在设计的表格的雏形，选中或者双击表格的边缘可以选择应用表格风格的区域、表格线条的粗细颜色，甚至表格中文字的样式，单击右侧的“效果”按钮可以为表格添加各种外观效果，使表格在外观上与演示文稿整体更加协调（见图 4-35）。

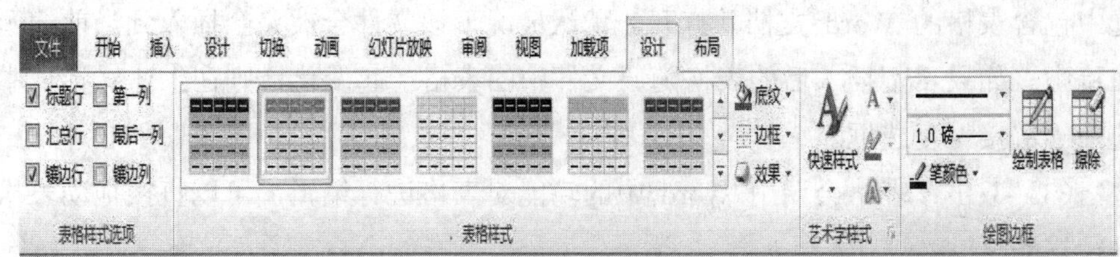

图 4-35 表格工具设计

在“表格”下拉菜单中还有一项“Excel 电子表格”命令，单击这项命令会在演示文稿中插入一个 Excel 工作区，在这个编辑区，用户完全可以像操作 Excel 一样来进行数据排序、计算等工作。另外，也可以使用快捷键“Ctrl+V”复制表格，并可以重新设置其表格样式，复制的表格不宜过大（见图 4-36）。

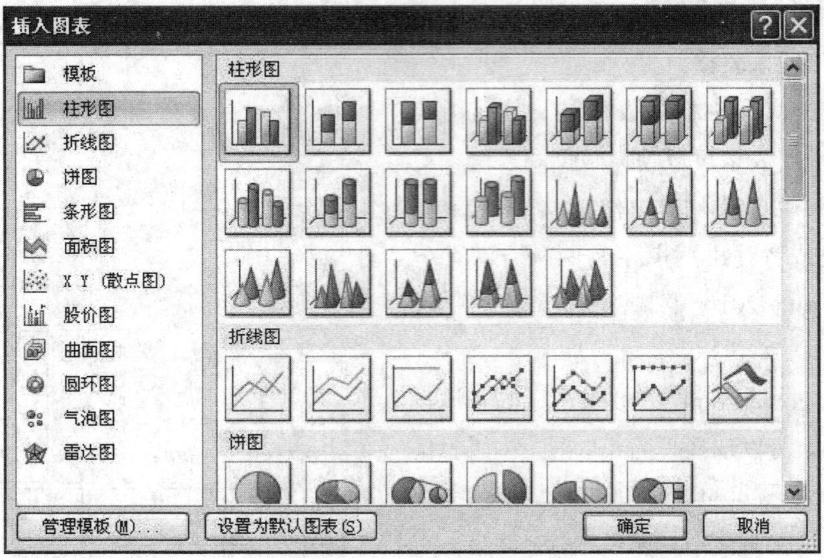

图 4-36　插入图表

2．插入 Word 表格

插入 Word 表格具体操作步骤如下（见图 4-37）：

（1）单击功能区的“插入”选项卡中“文本”组中的“对象”按钮。

（2）选中对象对话框中“由文件创建”单选按钮，单击“浏览”按钮找到并选中包含表格的 Word 文档并打开，默认情况下该文件会被完全插入到当前演示文稿中。如果希望插入后的表格随原文件中的表格一起变化，则在上述对话框中选中“链接”复选框。

（3）双击该表格会调用 Word 中的功能对表格进行编辑，可以直接拖动表格进行移动。

用插入对象的方法还可以向演示文稿中插入 Excel 表格（见图 4-38）、Acess 数据库等对象，方法与插入 Word 表格类似。

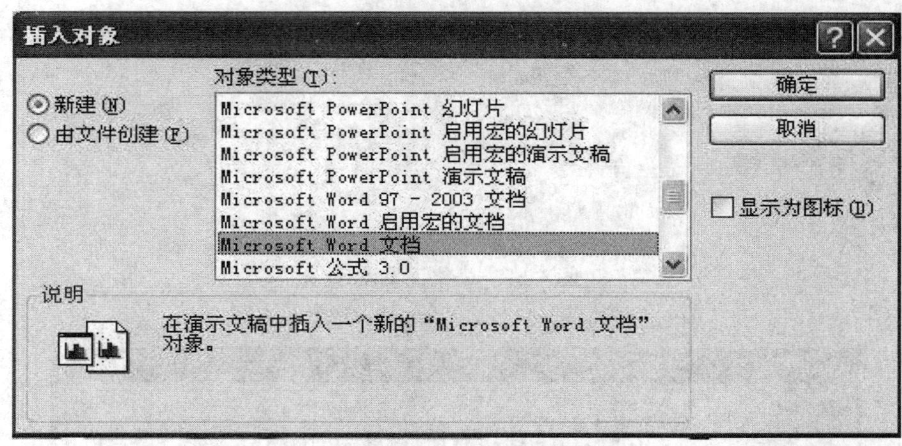

图 4-37　插入 Word 表格

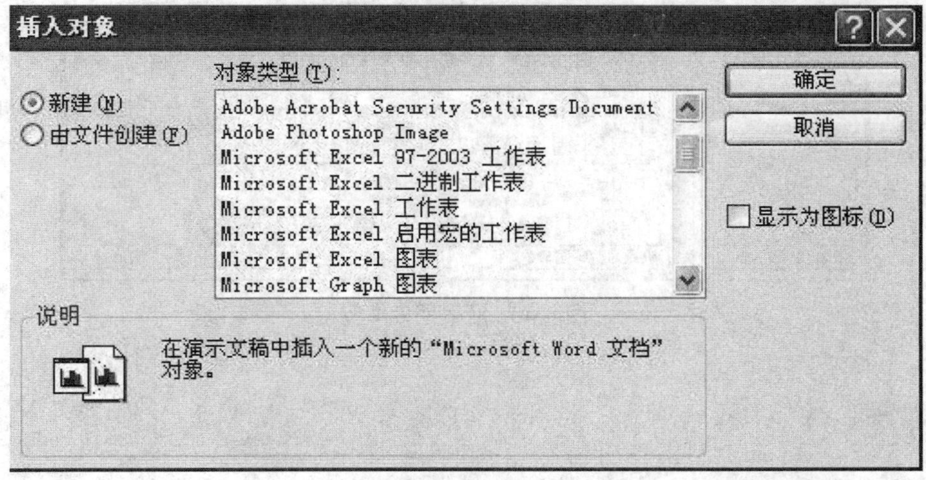

图 4-38　插入 Excel 表格

（三）设置表格

1. 设置表格背景渐变色

插入表格后单击“表格样式”，在“底纹”中选择填充的颜色。“更改图表类型”“快速布局”和“快速样式”进行编辑修改（见图 4-39 至图 4-42）。

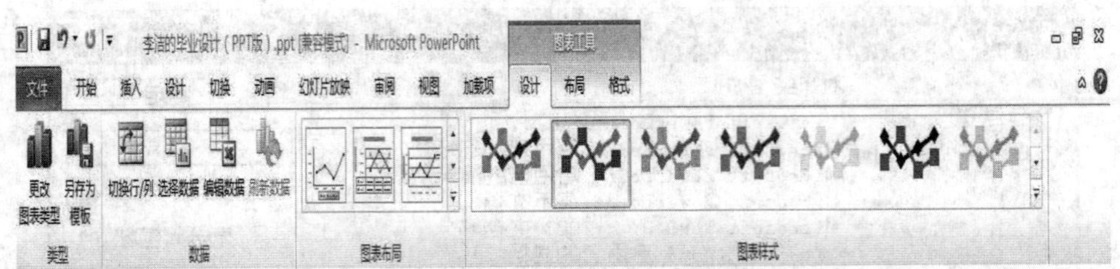

图 4-39 表格工具设计

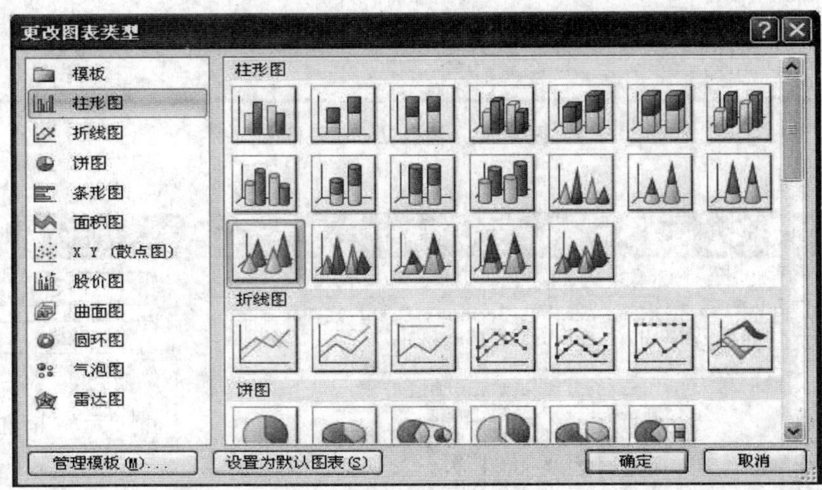

图 4-40 更改图表类型

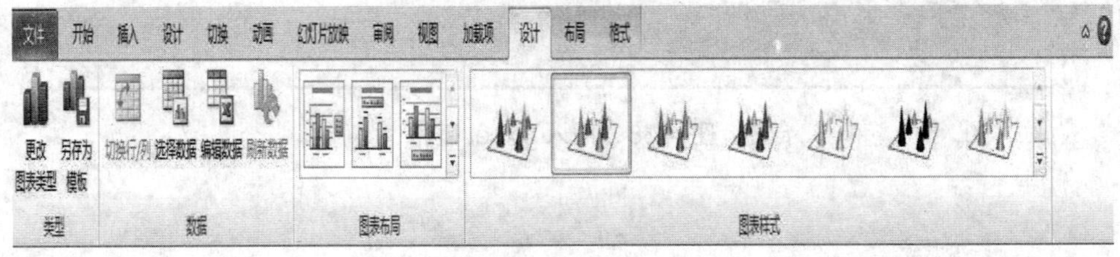

图 4-41 选择图表样式

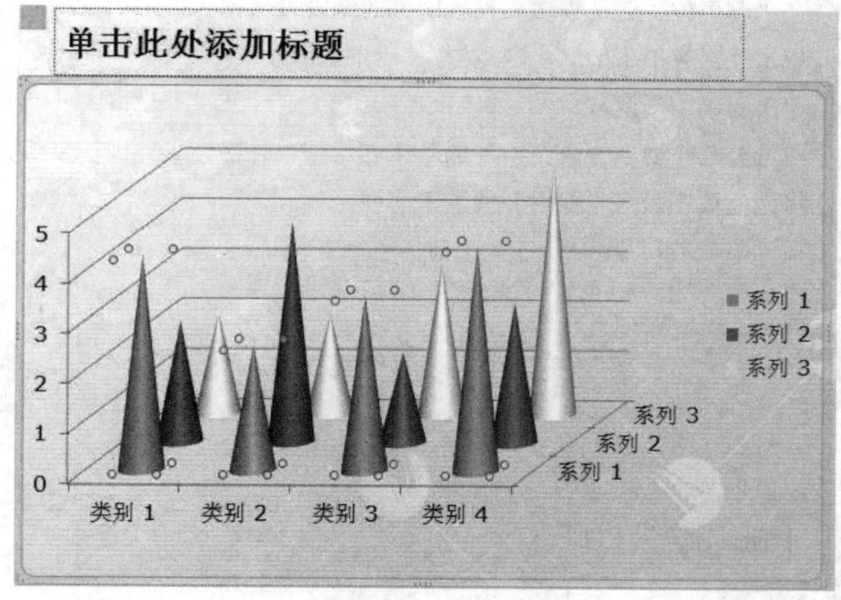

图 4-42 编辑图表

2. 表格制表符对齐

若要将某个数字与表格单元格中的小数点制表符对齐，必须在 PowerPoint 2010 表格中的数字前插入制表符字符，具体操作步骤如下：

- 在“导航”窗格中单击要编辑的幻灯片；
- 如果看不到标尺，单击已选中“视图”选项卡上“显示/隐藏”组中的“标尺”复选框；
- 将光标放在表格中要对齐的数字前面；
- 按“Ctrl+Tab”组合键在数字前插入制表符；
- 在水平标尺的左侧单击“左对齐制表符”三次以更改为“小数点制表符”；
- 在水平标尺上单击要放置制表符的位置。

若要向多个表格单元格中添加小数点制表符，具体操作步骤如下：

- 选择要设置格式的表格单元格范围；
- 在“开始”选项卡中单击“段落”对话框启动器；
- 单击“制表符”；

- 在“制表位位置”框中，设置所需的制表符值；
- 单击“对齐”下的“小数点”，然后单击“设置”；
- 单击“确定”两次。

对于包含要与小数点制表符对齐的数字的每个单元格，具体操作步骤如下：

- 将光标放在表格中要对齐的数字前面；
- 按“Ctrl+Tab”组合键在数字前插入制表符。

第三节　图形图像素材应用

一、图形图像素材概述

（一）图形图像素材分类

图片是学习者最容易接受的信息，一幅图画可以形象、生动、直观地表示出大量的信息。图片是帮助分析和理解教材、解释概念或现象常使用的媒体元素。图片类型的素材包括图形和图像两种。

图形是指由外部轮廓线条构成的矢量图，以数学方法描述的由几何元素组成的图形。在多媒体教学软件中，图形比较特殊。它是一种抽象化的形状，其承载的信息量比较少，多是由计算机绘制的直线、圆、矩形、曲线、图表等。图形通常用于描述轮廓不是很复杂，色彩不是很丰富的对象，其描述对象可任意缩放不会失真，而且数据量小，任意缩放不会产生变形。在多媒体教学软件中各种几何图形、形状不复杂、颜色不丰富的事物，基本上都选择图形来表征。

图像是由扫描仪、摄像机等输入设备捕捉实际的画面产生的数字图像，由像素点阵构成。它的色彩比较丰富，层次感强，可以真实地重现生活环境（如照片），其承载的信息量比较大，通常用于表现含有大量细节（如明暗变化、场景复杂、轮廓色彩丰富）的对象，但图像文件存储量往往比较大，而且在缩放过程中容易造成变形或产生锯齿。图像在多媒体教学软件中应用最多，从界面、背景到各种插图，基本上都选择图像。

图像是人类获得信息的重要来源，是多媒体课件制作中最常用的素材。图像是表达思想的一种方法，传统的图像是固定在图纸上的画面，数字图像是以 0 或 1 的二进制数据表示的，其优点是便于修改、易于复制和保存。数字图像根据其在计算机中的处理及运算方式的不同，可分为矢量图（vector-based image）和位图（bit-mapped image）。一般情况下，矢量图形要比位图所占的空间小，并且在放大或缩小时不会失真。由连续区域内的像素构成的图像，称为点阵图像，也称为位图图像。

（二）位图和矢量图

计算机中显示的图形一般可以分为两大类，即位图和矢量图。

位图也叫像素图，它由像素或点的网格组成，与矢量图形相比，位图的图像更容易模拟照片的真实效果。其工作方式就像是用画笔在画布上作画一样。如果将这类图形放大到一定的程度，就会发现它是由一个个小方格组成的，这些小方格被称为像素点。一个像素点是图像中最小的图像元素。一幅位图图像包括的像素可以达到百万个，因此，位图的大小和质量取决于图像中像素点的多少，通常说来，每平方英寸的面积上所含像素点越多，颜色之间的混合也越平滑，同时文件存储量也越大。基于位图的软件有 Photoshop、Painter 等。

矢量图也叫面向对象绘图，是用数学方式描述的曲线及曲线围成的色块制作的图形，它们是在计算机内部表示成一系列的数值而不是像素点，这些值决定了图形如何在屏幕上。用户所做的每一个图形、打印的每一个字母都是一个对象，每个对象都决定其外形的路径，一个对象与别的对象相互隔离，因此，可以自由地改变对象的位置、形状、大小和颜色。同时，由于这种保存图形信息的办法与分辨率无关，因此无论放大或缩小多少，都有一样平滑的边缘，一样的视觉细节和清晰度。矢量图形尤其适用于标志设计、图案设计、文字设计、版式设计等，它所生成文件也比位图文件要小一点。基于矢量绘画的软件有 CorelDRAW、Illustrator、Freehand、Flash 等。

以下是一些常见的图像文件格式。

1. GIF（Graphics Interchange Format）文件

GIF 是 20 世纪 80 年代初 Compuserve 公司针对网络传输带宽的限制，采用无损压缩方法中效率较高的 LZW 算法推出的一种高压缩比的彩色图像格式，主要用于图像文件的网络传输。GIF 文件扩展名为.gif。考虑到网络传输中的实际情况，GIF 除一般的逐行显示方式外，还增加了渐显方式。也就是说，在图像传输过程中，用户可以先看到图像的大致轮廓，随着传输过程的继续而逐渐看清图像的细节部分，从而适应了用户的观赏心理。目前，网络上许多动画文件就采用了 GIF 格式。

2. BMP（Bitmap）文件

BMP 是 Windows 中的标准图像文件格式，已成为个人计算机 Windows 系统中事实上的工业标准，有压缩和不压缩两种形式。BMP 文件扩展名为.bmp。BMP 文件以独立于设备的方法描述位图，可以有黑白、16 色、256 色、真彩色等几种形式，能够被多种 Windows 应用程序支持。

3. JPEG 文件

JPEG 是 the Joint Photographic Experts Group（联合图像专家组）的缩写，是用于连续色调静态图像压缩的一种标准。其主要方法是采用预测编码（DPCM）、离散余弦变换（DCT）以及熵编码，以去除冗余的图像和彩色数据，属于有损压缩方式。JPEG 是一种高效率的 24 位图像文件压缩格式。同样一幅图像，用 JPEG 格式存储的文件大小是其他类型文件的 1/20～1/10，但颜色深度仍然是 24 位，且质量损失非常小，基本上无法看出。JPEG 文件的应用也十分广泛，JPEG 文件的扩展名为.jpg 或.jpeg。

4. PNG（Portable Network Graphics）文件

PNG 是一种可以存储 32 位信息的图像文件格式，采用无损压缩方式来减少文件的大小。目前越来越多的软件开始支持这一格式，而且在网络上也开始流行。PNG 文件的扩展名为.png。

5. PSD 文件

PSD 是图像处理软件 Photoshop 中自建的标准文件格式。在该软件所支持的各种格式中，PSD 格式存取速度比其他格式快很多，功能也很强大。由于 Photoshop 软件越来越广泛地应用，所以这个格式也逐步流行起来，但制作完成后，我们一般要将其转换成前面几种格式再应用到课件中。

6．TIFF（Tag Image File Format）文件

TIFF 由 Aldus 和微软联合开发，最早是为了存储扫描仪扫描所得图像而设计的，因而它现在也是计算机上使用最广泛的图像文件格式，在 Macintosh 和个人计算机上移植 TIFF 文件也十分便捷。TIFF 文件的扩展名为.tif 或.tiff。该格式支持的颜色深度，最高可达 24 位，因此存储质量高，细微层次的信息多，有利于原稿的复制。该格式有压缩和非压缩两种形式，其中压缩采用的是 LZW 无损压缩方案。

7．TGA（Tagged Graphics）文件

TGA 是由美国 Truevision 公司为其显示卡开发的一种图像文件格式，已被国际上的图形、图像工业接受。现在已成为数字化图像，以及运用光线跟踪算法所产生的高质量图像的常用格式。TGA 文件的扩展名为.tga。

8．WMF（Windows Metafile Format）文件

WMF 是 Windows 中常见的一种图元文件格式，是矢量文件格式。它具有文件短小、图案造型化的特点，整个图形常由各个独立的组成部分拼接而成，但其图形往往较粗糙。WMF 文件的扩展名为.wmf。

9．EMF（Enhanced Metafile Format）文件

EMF 是微软公司开发的一种 Windows 32 位扩展图元文件格式，是矢量文件格式，总体目标是弥补使用 WMF 的不足，使图元文件更加易于接受，其扩展名为.emf。

10．EPS（Ehcapsulated PostScipt）

EPS 是 PostScipt 语言描述的一种 ASCII 码文件格式，既可以存储矢量图，也可以存储位图，最高能表示 32 位颜色深度，特别适合 PostScipt 打印机，其扩展名为.eps。

11．DXF（Autodesk Drawing eXchange Format）

DXF 是 AutoCAD 中的矢量文件格式，它以 ASCII 码方式存储文件，在表现图形的大小方面十分精确，DXF 文件可以被许多软件调出或输出，其扩展名为.dxf。

（三）图形图像素材获取方法

图像素材的一般获取方法有多种。例如，从 Internet 下载，从计算机屏幕上直接截取，从动画、视频中捕捉，利用扫描仪或数码相机直接采集、数字化仪输入等，也可以用绘图软件创作。

1．从 Internet 下载图像素材

Internet 是一个资源的宝库，从中可以得到很多有用的图像用于课件制作。既可以从专门的图像网站下载图像，也可以到与课件制作内容相关的网站，如一些教育网站去寻找。有些图像文件直接显示在网页上，对于这些文件可以直接将其保存在课件制作素材库中。可以到设计类网站、广告类网站、微软官方网站、WPS 网站等获取高质量图片。

2．截取屏幕图像

有些软件（如现成的课件、教学光盘）在运行时，屏幕上会出现一些我们感兴趣的画面，但我们却找不到图像文件，这是因为图像被打包到了可执行文件中。可以使用专用的截图软件将其截取下来，常用的屏幕抓图软件有 HyperSnap-DX、Capture Profession、PrintKey、SnagIt 等。这些软件都可从相应公司的网站下载试用版本，也可从国内的一些软件下载站点下载，如华军软件园、电脑之家等。在屏幕截图软件中最常用的是 SnagIt，读者可以到相关网站，如（华军软件园）http://www.onlinedown.net/ty_photocapture.htm 下载相关软件测试版及汉化软件用于学习。

SnagIt 6.21 的主要功能有：强大的屏幕捕捉程序（不仅能捕捉 Windows 下的屏幕，也能捕捉 DOS 的屏幕）；存盘支持的图形格式很多；还可以捕获屏幕操作保存为 AVI 文件；支持微软的 DirectX 技术，以前不能截取 3D 游戏图片的缺陷也有了改进。

（1）捕获 VCD、DVD 图像

用计算机看 VCD、DVD 时，有时会觉得某些图像与我们要制作的课件主题相符，我们可以用“超级解霸”等多媒体播放软件将画面截取下来。

（2）扫描课本上的图像

课本、照片、杂志、宣传画、教学挂图是一些常见的、传统的承载图像的媒

体，要想将这些图像输入计算机中供课件制作使用，就得借助扫描仪。

随着计算机的日益普及，扫描仪已越来越多地被人们选作图像扫描工具和快捷的文本输入工具。

（3）用数码相机拍摄

数码相机使用光电耦合器，并用存储卡（如记忆棒、软盘、SM 卡、CF 卡或 CD-R）来保存拍摄的图像。将保存的图像存入计算机后，可以作为课件素材直接使用。

（4）通过素材光盘获取图像

市场上有许多专业的素材库光盘，其中有丰富的图像素材，如中国大百科全书、Flash 资源大全、中国地图大全、牛津百科等，不胜枚举。

常见的图形创作工具软件中，Windows“附件”中的画笔（Paintbrush）是一个功能全面的小型绘图程序，它能处理简单的图形。还有一些专用的图形创作软件，如 AutoCAD 用于三维造型，CorelDraw、Freehand、Illustrator 等用于绘制矢量图形等。此外，专用于网页设计的 Fireworks 还可以编辑矢量图和位图，快速创建专业的 Web 图形和复杂的交互。

Adobe PhotoShop 是美国 Adobe 公司旗下的图像处理软件之一，它是集图像扫描、编辑修改、动画制作、图像制作、广告创意、图像输入与输出于一体的图形图像处理软件，自问世以来就以其在图像设计、编辑、制作、处理以及高品质输出等方面的强大功能和易用性、实用性而备受广大计算机用户的青睐，深受广大平面设计人员和计算机美术爱好者的喜爱，目前已成为最流行的图形图像处理软件。Adobe PhotoShop 简称“PS”，主要处理以像素构成的数字图像，使用其众多的编辑修改与绘图工具，可以更有效地进行图片编辑工作。

二、图形图像素材应用

在 PowerPoint 中图片的具体操作内容包括以下几个方面。

（一）批量向不同页插入图片

PowerPoint 中批量向每页幻灯片插入图片（见图 4-43）可以用插入相册功能

来实现，具体操作步骤如下：

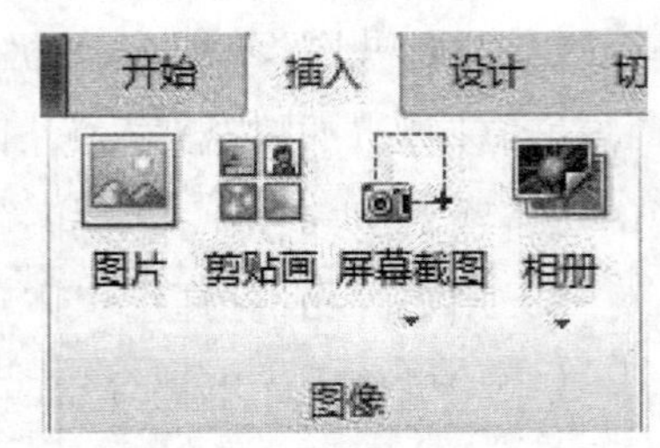

图 4-43 插入图片

①把所需要插入的图片都放在一个文件夹里；

②启动 PowerPoint 2010，单击“插入”选项卡中的“相册”选项，单击“文件/磁盘”按钮，在出现的“插入新图片”对话框中选择第一步所建立的文件夹，选齐所需图片后单击“打开”按钮，即可将全部图片选中；

③回到“相册”对话框，可以看到所需的图片已经全部插入进来；

④在“相册版式”选项中可以对“图片版式”进行设置，调整图片的顺序、明暗度和适应幻灯片尺寸及给图片加上喜欢的相框等，设置完毕单击“创建”按钮即可；

⑤PPT 已经自动创建了和图片数目一样的幻灯片，按“F5”键即可播放。

PowerPoint 2010 中准备了大量的预设，无论对于图片还是图形对象，都可以经过简单的设置达到不错的效果。

（二）设置图片的切换效果

PowerPoint 2010 中本身自带了许多种图片切换效果（见图 4-44），可以给每张图片设置不同的效果，演示时就像播放动画一样。单击菜单上的“动画”选项卡，会弹出许多种不同的切换风格，我们只需将鼠标放哪个效果上 PowerPoint 2010 就能够自动演示该效果。

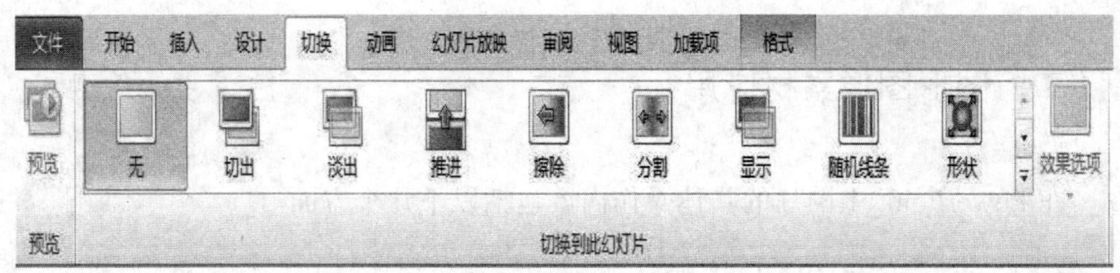

图 4-44 图片切换效果

除切换显示效果外，还可以设置切换声音，单击“切换”选择“声音”下拉菜单，在弹出列表中可以选择想要的声音效果。对于切换效果的风格和速度可以设置，单击切换声音下面的“设置自动换片时间”来设置速度。设置好一种切换效果后，只需单击“全部应用”按钮，即可将这种效果应用到所有的幻灯片中。

（三）隐藏重叠的图片

如果在幻灯片中插入很多精美的图片，在编辑的时候将不可避免地重叠在一起，可以让它们暂时消失以避免影响工作，具体操作步骤如下：

①单击“开始”选项卡，找到“编辑”功能组；

②单击“选择→选择窗格”，在工作区域的右侧会出现“选择和可见性”窗格；

③此窗格中列出了所有当前幻灯片上的“形状”，单击想隐藏的“形状”右侧的“眼睛”图标即可隐藏该图片。

（四）美化图片

PowerPoint 能够随着使用者操作的变化，所需要的功能直接出现，只需选择想要的功能和效果就可以，美化图片的功能效果和具体操作步骤如下：

①单击“插入”选项栏，展开插入命令工作区；

②单击“图片”按钮选择一张图片后工作区的功能按钮全部变化为适合对图片处理的功能按钮；

③选择“图片样式”中所需样式，同时还可以选择“图片边框”“图片效果”“图片版式”和“艺术效果”等进行图片的编辑修改；

④还可以右键单击图片打开“设置图片格式”对话框进行图片填充、线条颜色、阴影设置、三维效果等设置。

（五）制作相册

①启动 PowerPoint，新建一个空白演示文稿。依次单击“插入”菜单中的“图片”，选择“新建相册”命令，弹出“相册”对话框。

②相册的图片可以选择磁盘中的图片文件（单击“文件/磁盘”按钮），也可以选择来自扫描仪和数码相机等外部设备中的图片（单击“扫描仪/照相机”按钮）。

通常情况下，我们单击“文件/磁盘”按钮选择磁盘中已有的图片文件。

在弹出的选择插入图片文件的对话框中可按住“Shift”键（连续的）或“Ctrl”键（不连续的）选择图片文件，选好后单击“插入”按钮返回相册对话框。如果需要选择其他文件夹中的图片文件，可再次单击该按钮加入。

③所有被选择插入的图片文件都出现在相册对话框的“相册中的图片”文件列表中，单击图片名称可在预览框中看到相应的效果。单击图片文件列表下方的“↑”“↓”按钮可改变图片出现的先后顺序，单击“删除”按钮可删除被加入的图片文件。

通过图片“预览”框下方的提供的六个按钮，还可以旋转选中的图片，改变图片的亮度和对比度等。

④接下来看相册的版式设计。单击“图片版式”右侧的下拉列表，我们可以指定每张幻灯片中图片的数量和是否显示图片标题。单击“相框形状”右侧的下拉列表可以为相册中的每一个图片指定相框的形状，但功能必须在“图片版式”不使用“适应幻灯片尺寸”选项时才有效，假设可以选择“圆角矩形”，这是需要用专业图像工具才能达到的效果。最后还可以为幻灯片指定一个合适的模板，单击“设计模式”框右侧的“浏览”按钮即可进行相应的设置。

在制作过程中还有一个技巧，如果图片文件的文件名能适当地反映图片的内容，可勾选对话框中的“标题在所有图片下面”复选项，相册生成后会看到图片下面会自动加上文字说明（即为该图片的文件名），该功能也只有在“图片版式”不使用“适应幻灯片尺寸”选项时才有效。

以上操作完成之后，单击对话框中的“创建”按钮，PowerPoint 就自动生成了电子相册。

三、SmartArt

许多幻灯片文字具有一定的层次或逻辑关系，利用 PowerPoint 2010 的“SmartArt 图形”，能够准确表达文字间的层次或逻辑关系，使它们之间的关系轻松灵动起来。SmartArt 是 PowerPoint 2010 中新增加的功能模块，它的动态立体效果和细致的美化功能是之前此功能软件所不具备的，其质感和多样化的模块选择为 PowerPoint 2010 增添了亮丽的色彩。

（一）文字变图形

在幻灯片中使用 SmartArt 图形（见图 4-45、图 4-46）有两种方法：一是 SmartArt 图形插入幻灯片之后输入文本；二是直接将幻灯片文字变成 SmartArt 图形，后者的操作步骤如下：

选中文字所在文本框，单击 PowerPoint 2010“开始”选项卡中“转换为 SmartArt 图形”选择合适的图形，还可以打开“其他 SmartArt 图形”命令选择更多的图形。

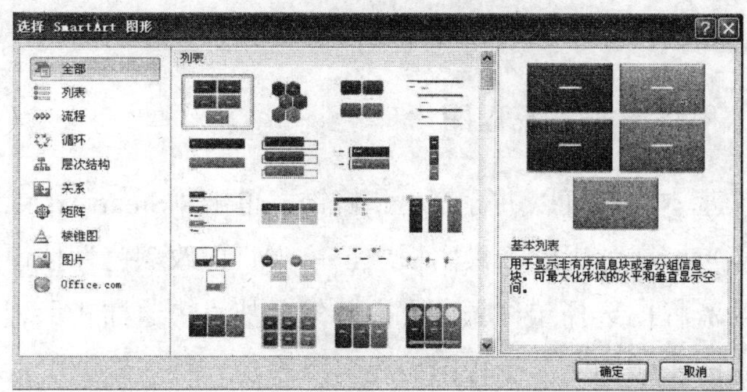

图 4-45　选择 SmartArt 图形模版

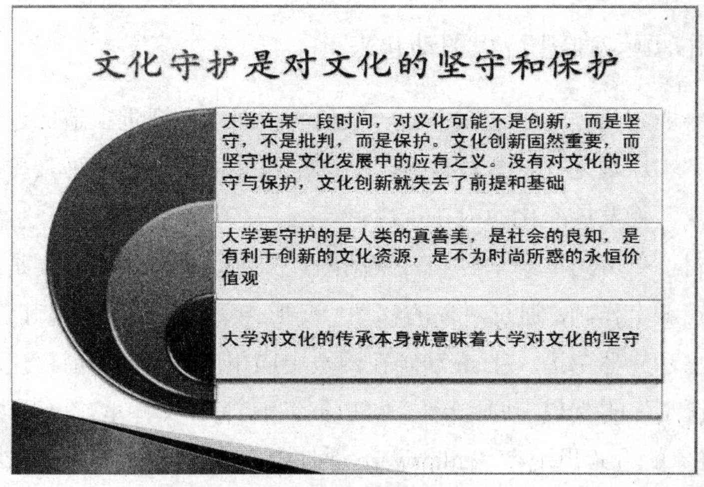

图 4-46　选择 SmartArt 图形样例

在幻灯片中插入一个文本框，把需要变为 SmartArt 图形的文字放入其中。

（二）制作精美业务流程图

SmartArt 是 Office 2010 新增的功能组件，它可以设计出精美的图形。例如，人力资源部门人员可以利用 SmartArt 在 PowerPoint 2010 中非常轻松地插入组织结构、业务流程等图示。新增的 SmartArt 图形工具具有 80 余套图形模板，利用这些图形模板可以设计出各式各样的专业图形，并且能够快速为幻灯片的特定对象或者所有对象设置多种动画效果，而且能够即时预览，操作简捷，功能强大，使演示文稿更加精美。

（三）美化和修饰业务流程图

流程图制作基本完成可以进行美化和修饰，单击“SmartArt 工具”菜单下面的“设计”子菜单，在弹出的工具面板中，单击“更改颜色”按钮，从弹出的颜色列表框中，为流程图选择一种颜色方案，然后从“快速样式”列表框中选择一种样式。为了进一步修饰业务流程图，还可以添加一种主题方案，单击“设计”菜单，在弹出的工具面板中，从“主题”列表框中选择一种幻灯片主题方案，可以使流程图立刻亮丽起来。

（四）用动画功能让流程图动起来

动画的一般定义是通过连续播放一系列的画面，在视觉上造成连续变化的图画。动画的基本原理是视觉暂留效应。动画是课件中常用的一种素材，它形象、生动，能反映事物发展变化的内在规律。

动画素材可以分为二维动画和三维动画。二维动画显示的主要是平面图形，制作时就像在纸上作画，通过对象的移动、变形、变色等手法表现其运动的效果；三维动画则显示立体图形。Flash 动画在网页中应用广泛，是目前最流行的二维动画技术。用它制作的 SWF 动画文件，可以嵌入 HTML 文件里，也可以单独成页，或以 OLE 对象的方式出现在 Authorware 课件中。SWF 文件的存储量很小，在几百至几千字节的动画文件中，就可以包含几十秒钟的动画和声音，使整个页面充满生机，Flash 动画还有一大特点是其中的文字、图像都能跟随鼠标的移动而变化，可制作出交互性很强的动画文件。

常见的动画文件格式有 GIF、FLI、FLC、AVI、SWF 等。GIF（.GIF）是图形交换格式（graphics interchange format）的英文缩写，是由 CompuServe 公司于 20 世纪 80 年代推出的一种高压缩比的彩色图像文件格式。Flic 文件（.FLI/.FLC）是 Autodesk 公司在其出品的 Autodesk Animator/Animator Pro/3D Studio 等 2D/3D 动画制作软件中采用的彩色动画文件格式。SWF 文件（.SWF）即 Flash 动画文件，是 Micromedia 公司的产品，严格来说，它是一种动画（电影）编辑软件，后缀名为.swf。这种格式的动画能用比较小的体积来表现丰富的多媒体形式，并且还可以与 HTML 文件达到一种“水乳交融”的境界。Flash 动画其实是一种“准”流（stream）形式的文件，也就是说，在观看的时候，可以不必等到动画文件全部下载到本地再观看，而是随时可以观看。而且 Flash 动画是利用矢量技术制作的，不管你将画面放大多少倍，画面仍然清晰流畅，质量丝毫不会因此而降低。

三维动画也是多媒体课件制作的常用素材，如化学分子结构模型、立体几何模型、地球模型等，它们有的可以从现成的素材库中获得，但大多数需要靠用户自己制作。3D Studio MAX 是 Autodesk 公司推出的三维动画制作软件，功能强大，被广泛用于电视广告、计算机游戏造型、电影特技、建筑装潢设计等各个领域，在多媒体课件制作中也有很多用武之地。

作为专业幻灯片仅仅能够以静态方式来表达内容远远不够，需要基于动画的特点通过 PowerPoint 2010 强大的动画功能达到事半功倍的效果（见图 4-47 至图 4-49）。

单击“动画”菜单，在弹出的控制面板中，单击“动画”效果列表框，即可弹出一系列动画内置效果，更为重要的是，在每类动画效果的下面，PowerPoint 2010 还针对幻灯片中每个对象的显示方式，分为“作为一个对象”“整批发送”“逐个”“一次按级别”“逐个按级别”5 种方式，以便于更加方便地设置个性动画效果。

如“飞入”类别下面的“逐个”动画方案使播放时幻灯片中的每个对象都会逐一飞入，每个对象的飞入速度可以在“自定义动画效果”由“非常快”调整为“中速”甚至是“慢速”等。PowerPoint 2010 不仅提供了多样的动画效果，还内置了大量的幻灯片切换效果方案，为幻灯片设置切换效果时，只需单击“动画”工具面板中的“切换效果”列表框中的某一方案即可。

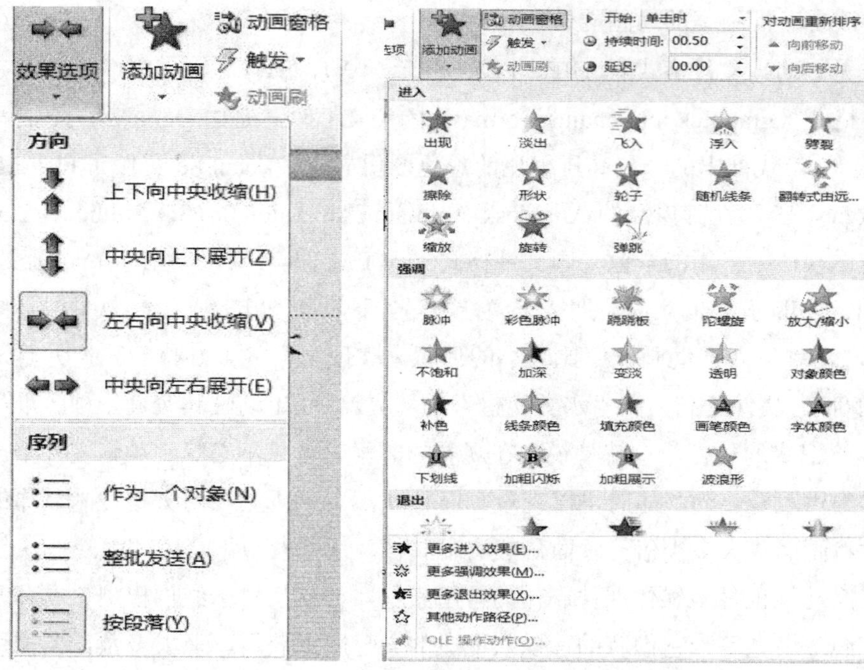

图 4-47 动画效果　　图 4-48 添加动画

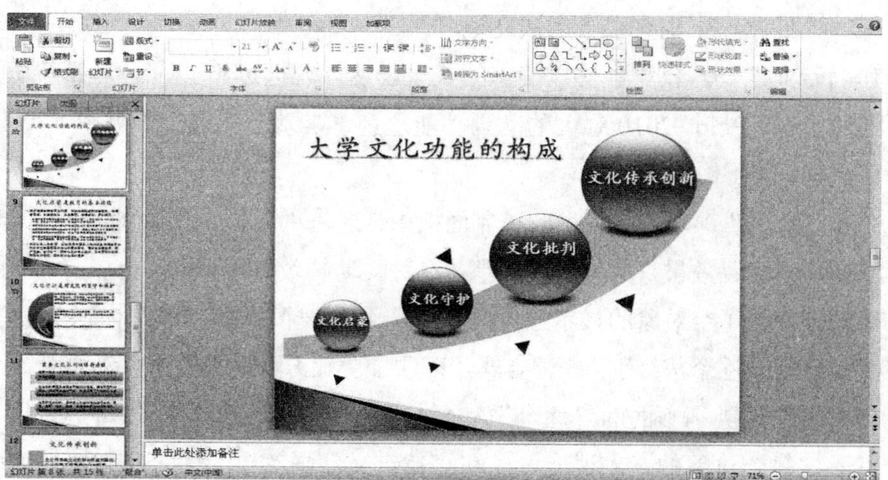

图 4-49 动画效果图

第四节 音频视频素材应用

一、音频素材概述

（一）音频素材分类

关于音频素材，首先需要了解音频技术指标和常见的音频文件格式。音频技术指标的存储类型包括 WAV、MIDI、mp3、rm、wma 等，采样频率单位为 Hz，其声道数在记录声音时生成一个声道数据称为单声道，生成两个声波数据称为立体声（双声道），若使用双声道，数字音频的存储量再增加一倍。常见的音频文件格式主要有*.wav 文件、*.mid 文件，压缩 10 倍以上的声音文件格式主要有*.mp3、*.rm 和 *.wma。

WAV 文件是 Microsoft Windows 本身提供的音频格式，由于 Windows 本身的影响力，这个格式已成为事实上的通用音频格式，Windows 所用的标准数字音频称为波形文件，文件的扩展名是“.WAV”，它记录了对实际声音进行采样的数据，它可以重现各种声音，但产生的文件很大；MIDI 文件的扩展名为“.MID”，它与波形文件不同，记录的不是声音本身，而是将每个音符记录为一个数字，因此比较节省空间，可以满足长时间音乐的需要，MIDI 的主要限制是缺乏重现真实自然的能力，采用波表法进行音乐合成的声音卡可以使 MIDI 音乐的质量大大提高；mp3 是第一个实用的有损音频压缩编码，一般的音频编码即使以有损方式进行压缩也只能达到 4∶1 的压缩比例，而 mp3 可以实现 12∶1 的压缩比例，mp3 同时利用了知觉音频编码技术，利用人耳的特性，削减音乐中人耳听不到的成分，尽可能地维持原来的声音质量。

波形音频是记录声音的最直接形式，对记录和播放的环境要求不高，在多媒体教学软件中应用也相当多。音频包括音乐、语音和各种音响效果。音频属于过程性信息，有利于限定和解释画面。此外，在教学中利用音频传递教学信息，是调动学生使用听觉接受知识的必要前提。音频主要用于语言解说、背景音乐和效果音等，发音标准的解说、动听的音乐有利于集中学生学习的注意力、陶冶学生的情操、激发学生学习的潜力。其缺点是数据量比较大，在课堂教学中音频素材不容易获取。

（二）音频素材的获取

声音素材的采集渠道包括从Windows自带的录音机录制声音、通过计算机中声卡的MIDI接口获取声音、从CD或VCD中直接捕获、利用已有光盘中的音频素材、从网络资源管理系统中搜索声音素材以及用软件创作中获取。

常见的音频处理软件主要有 CoolEditPro，它是功能很强的数字音频处理软件，提供多轨编辑、数字信号处理等功能，支持多种音频格式；GoldWave是小巧好用的数码录音及编辑软件，还有文件格式转换功能，支持多种声音格式，如WAV、MP3、AU、MPEG、MOV、AVI等；Cake Walk Pro Audio是比较流行的专业音乐制作工具软件，还有一些软件如oundForge、Real产品等。

在制作课件时，可以直接使用的音频素材是很少的，往往都需要进行修剪或重新组合。声音编辑软件也是相当普及的，大多数计算机上应该都有这些软件。音频的处理有很多种方法，概括起来主要有以下几种。

1．用录音机编辑声音文件

打开录音机，从文件菜单中打开声音文件，播放声音文件，用编辑命令中的“删除之前的声音”和“删除之后的声音”，保留下所需要的声音，然后另存为即可。应该注意的是，录音机只认 WAV 格式的声音文件，其他类型的音频文件通过工具软件转换成WAV格式即可。

2．从CD中获取声音文件

用超级解霸可以方便地把CD音乐转换成WAV格式的声音文件。具体方法是运行超级解霸的超级音频解霸，用它播放CD音乐，单击工具条上的“波形录音”按钮，弹出存盘对话框，设置存盘的路径和文件保存格式，然后单击“播放”按钮开始播放，播放完毕后就完成了一个CD to WAV的操作，相同的方法可以完成MIDI to WAV、DAT to WAV、MPG to WAV、VOB to WAV、MP3 to WAV、AC3 to WAVR的操作。如果要选择音频文件中的一部分（对音乐文件进行编辑），可以点击工具栏中“循环/选择录取区域”使之激活，并在适当位置确定开始点和结束点，把音频文件转换成 MP3 文件，然后直接用控件播放 MP3 文件。

3. 从 VCD 中截取声音

如果要从 VCD 中截取声音文件，可以用超级解霸的超级音频解霸播放 VCD，这时能播放出声音，但不出现图像，再用上述方法，可以把 VCD 中的伴音转变为 WAV 文件。

（三）插入音频素材

1. 添加不间断的声音

可以在“图文并茂”的幻灯片中加入声音（见图 4-50），这样就可以在美妙的音乐声陪伴下进行演示，可以在页面内插入声音，当放映到下一张幻灯片后声音就会停止；也可以让音乐不停地播放直到演示结束。

添加不间断的声音具体操作步骤如下：在“插入”选项卡中单击“音频→声音”，根据需要选择“文件中的声音”，在“插入音频”对话框中找到要添加的音乐文件后单击“确定”，在随后窗口中如果选择“在单击时”，则只有在放映时单击鼠标才会播放声音，在这里选择自动。

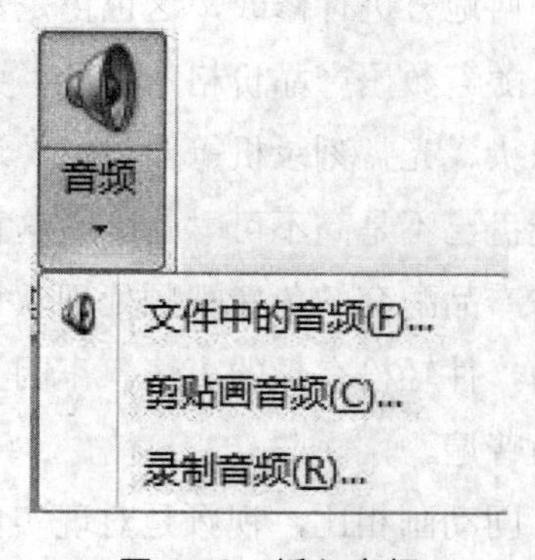

图 4-50 插入音频

要实现循环播放还需进一步设置，在“音频工具→播放”中选择“循环播放直到停止”，还可以设定幻灯片放映音量等。

本方法非常适合为幻灯片增添柔美背景音乐时使用。

2. 隐藏声音图标

在 PowerPoint 幻灯片中插入声音后，会看到一个声音图标在演示时出现在幻灯片中，如果觉得影响幻灯片的美观可将其隐藏起来。

具体操作步骤：选中声音图标单击右键，在弹出对话框“设置音频格式”里的“图片更正”中调整“亮度”和“对比度”至 100%即可，该技巧适用于背景是白色的演示文稿；将声音图标拖出幻灯片，演示时也看不到该图标；也可以直接选择“音频工具”中“播放”中的“放映时隐藏”。

二、视频素材概述

（一）视频素材分类

视频是由一系列单独的图像组成的（一幅单独的图像成为一帧），每秒钟在屏幕上播放若干张图像，对于人的视觉就会产生动态画面的感觉，连续地播放就是我们看到的电影、电视的画面。对于人眼来说，若每秒播放24～30帧就会产生平滑和连续的画面效果。从信号的组成和存储方式上可将视频分为模拟视频和数字视频。模拟视频简单地说就是由连续的模拟信号组成的视频图像。我们看到的电影、电视、录像带上的画面通常都是以模拟视频的形式出现的。数字视频是区别于模拟视频的数字式视频，它具体描绘图像中的一个点（称为像素），可对图像中的任何地方进行修改，这也正是数字视频魅力无穷的原因。

随着数码产品价格的降低，大量数字产品如数码照相机、数码摄像机、数码摄像头、光盘刻录机等器材已经进入平常百姓家。拍摄影片、编辑处理影片、刻录光盘已不是高不可攀的事，这正在成为许多人的业余爱好。许多硬件公司推出了与产品配套的免费视频处理软件，也有一些专业的视频处理软件，使视频处理成为一件轻松有趣的事情。正因为此，在多媒体课件中应用数字视频素材也变得较为普遍。

同动画相比，视频是对现实世界的真实记录。若干有联系的图像数据连续播放便形成了视频。视频容易让人联想到电视，但电视视频是模拟信号，而计算机视频是数字信号。借助计算机对多媒体的控制能力，可以实现视频的播放、暂停、快速播放、反序播放、单帧播放等功能。视频具有表现事物细节的能力，适宜呈现一些学习者感觉比较陌生的事物。它的信息量比较大，具有更强的感染力。通常情况下，视频采用声像复合格式，即在呈现事物图像的时候，同时伴有解说效果或背景音乐。当然，视频在呈现丰富色彩的画面的同时，也可能传递大量的无关信息，如果不加鉴别，便会成为学习的干扰因素。

视频作为多媒体家族中的成员之一，在多媒体课件中占有非常重要的地位。因为它本身就可以由文本、图形图像、声音、动画中的一种或多种组合而成，利用其声音与画面同步、表现力强的特点，能大大提高教学的直观性和形象性。常见的视频文件格式主要有以下几种：

1. AVI 文件格式（.AVI）

它是音频视频交错（audio video interleaved）的英文缩写，它是 Microsoft 公司开发的一种符合 RIFF 文件规范的数字音频与视频文件格式，原先用于 Microsoft Video for Windows（VFW）环境，现在已被多数操作系统直接支持。AVI 格式允许视频和音频交错在一起同步播放，支持 256 色和 RLE 压缩，但 AVI 文件并未限定压缩标准，因此，AVI 文件格式只是作为控制界面上的标准，不具有兼容性，用不同压缩算法生成的 AVI 文件，必须使用相应的解压缩算法才能播放出来。AVI 文件目前主要应用在多媒体光盘上，用来保存电影、电视等各种影像信息，有时也出现在 Internet 上，供用户下载、欣赏新影片的精彩片断。

2. MPEG 文件格式（.MPEG/.MPG/.DAT）

它是运动图像压缩算法的国际标准，它采用有损压缩方法减少运动图像中的冗余信息，同时保证每秒 30 帧的图像动态刷新率，已被几乎所有的计算机平台共同支持。MPEG 标准包括 MPEG 视频、MPEG 音频和 MPEG 系统（视频、音频同步）三个部分，MP3 音频文件就是 MPEG 音频的一个典型应用，而 Video CD（VCD）、Super VCD（SVCD）、DVD 则是全面采用 MPEG 技术所产生出来的新型消费类电子产品。MPEG 压缩标准是针对运动图像而设计的，它主要采用运动补偿技术和变换域两个基本压缩技术。MPEG 的平均压缩比为 50∶1，最高可达 200∶1，压缩效率非常高，同时图像和音响的质量也非常好，并且在计算机上有统一的标准格式，兼容性相当好。

3. QuickTime 文件格式（.MOV/.QT）

它是 Apple 计算机公司开发的一种音频、视频文件格式，用于保存音频和视频信息，具有先进的视频和音频功能，被包括 Apple Mac OS、Microsoft Windows 在内的所有主流计算机平台支持。QuickTime 文件格式支持 256 位彩色，支持 RLE、JPEG 等领先的集成压缩技术，新版的 QuickTime 进一步扩展了原有功能，包含了基于 Internet 应用的关键特性，能够通过 Internet 提供实时的数字化信息流、工作流与文件回放功能。此外，QuickTime 还采用了一种称为 QuickTime VR（QTVR）技术的虚拟现实（Virtual Reality，VR）技术，用户通过鼠标或键盘的交互式控制，可以观察某一地点周围 360°的景象，或者从空间任何角度观察某一物体。QuickTime 以其领先的多媒体技术和跨平台特性、较小存储空间要求、技术细节的独立性以及系统的高度开放性，得到业界的广泛认可。

4. RealVideo 文件格式（.RM）

它是 RealNetworks 公司开发的一种新型流式视频文件格式，它包含在 RealNetworks 公司所制定的音频视频压缩规范 RealMedia 中，主要用来在低速率的广域网上实时传输活动视频影像，可以根据网络数据传输速率的不同而采用不同的压缩比率，从而实现影像数据的实时传送和实时播放。

（二）视频素材获取

处理视频素材的软件有多种，如超级解霸就可以很轻松地对视频素材进行加工和处理。另外，友立公司出品的 Ulead VideoStudio 10.0 是一款功能强大的“视频编辑”软件，具有图像抓取和编修功能，可以抓取、转换 MV、DV、V8、TV 文件和实时记录、抓取画面文件，并提供了超过 100 多种的编制功能与效果，可制作 DVD、VCD 光盘，支持各类编码。Adobe 公司推出的 Premiere 也是非常优秀的视频编辑软件，能对视频、声音、动画、图片、文本进行编辑加工，并最终生成电影文件。

常见的视频处理软件主要包括：Windows XP 自带的 MovieMaker 软件，是视听媒体编辑工具；Adobe Premiere，是功能强大的视频编辑软件，提供了编辑、特效处理、剪辑等视频编辑功能以及编辑静态图像和声音的功能。Premiere 还可以与其他 Adobe 软件紧密集成（如 Affter Effects）组成完整的视频设计解决方案，以完全发挥出软件的最大功能；特别是需要特效合成时，Affter Effects（AE）的魅力尽显无疑。随着视频应用的日益普及，这一款功能强大的影视后期合成软件正越来越受到人们的关注。

为了减小课件的存储空间，我们通常选用 MP3 等压缩格式的素材，另外，某些软件只能识别或支持特定的音频格式，而我们手中的音频素材未必就是期望的格式，这就需要我们用软件进行音频文件的格式转换。

1. 用豪杰音频解霸 3000 将非 WAV 格式转化为 WAV 格式

首先，运行音频解霸，单击“文件—打开”命令，选择要转换的音乐文件。

音频解霸支持的音频格式相当丰富，包括 CD、MIDI、WAVE、DAT、MPG、VOB、MP3、AC3 等。其次，单击工具条上的第三个“波形录音”按钮，之后弹出存盘文件对话框，输入存盘的 WAV 文件路径及文件名进行保存。最后，此时音频解霸会自动播放所选文件，同时将输出的音频转换成 WAV 格式的文件保存在指定目录中，中间我们也可以随时停止播放，这时将中止转换过程，并保存 WAV 文件。依据这个步骤也可轻松地实现 CD to WAV、DAT to WAV、MPG to WAV、VOB to WAV、MP3 to WAV、ACS to WAV 等多种格式的转换。

2. 用 MP3 格式转换器进行批量转换

前面介绍的转换方法虽然可以很方便地把其他音频转换成 MP3 或 WAV 格式，但是一次只能转换一个文件，如果我们要对多个文件进行转换，则可以用超级解霸中的音频工具——MP3 格式转换器来实现。具体操作步骤如下，单击“开始→程序→超级解霸 3000→实用工具集→音频工具→MP3 格式转换器”，单击“添加文件”进行添加。打开后，文件列表会显示在左边的窗口中；在右边的“默认输出”选项中可以设置转换后的文件格式为 MP3 格式或 WAV 格式，如果要对输出的 MP3 参数进行设置，单击“设置”按钮，如果要对输出的 WAV 参数进行设置，则单击“设置 WAV”按钮；单击“开始压缩”按钮，程序会自动将列表中的音频文件批量转换成 MP3 或 WAV 格式的文件。

3. 用 Cool Edit 2000 转换文件格式

用 Cool Edit 2000 转换文件格式更为简单，只需先打开要转换的音频文件，点击“file”（文件）菜单中的“save as”（另存）命令，然后选择需要转换的文件类型、保存的路径和文件名，单击“保存”按钮即可。它可以在 AIF、AU、MP3、RAW、PCM、SAM、VOC、VOX、WAV 等文件格式之间进行转换，并且能够保存为 RealAudio 格式。

另外，用 Authorware 制作课件，把所有的声音文件都转换为超级间频（SWA）格式，声音文件存储空间小，声音质量能保证，运行也很流畅。Authorware 中自带了 WAV to SWA 的工具，其操作方法是：单击“Xtras→Other→Convert WAV to SWA”，打开“Convert WAV Files to swa Files”对话框，然后点击“Add Files”，选择相应的 WAV 文件，最后单击“Convert”就可以进行转换。

当然，在实际制作课件的过程中，经常需要综合运用上述工具，以使课件中的音频素材达到更完美的效果。相信掌握了这些工具，处理音频素材定能得心应手、游刃有余。

（三）插入视频素材

PowerPoint 2010 虽然功能强大，但并非完美无缺，为追求更佳效果，需要在演示文稿中插入视频（见图 4-54）和动画做辅助，对 SWF 动画而言可通过 Shockwave Flash Object 控件实现无缝插入。在 PowerPoint 中插入音频的具体操作内容如下。

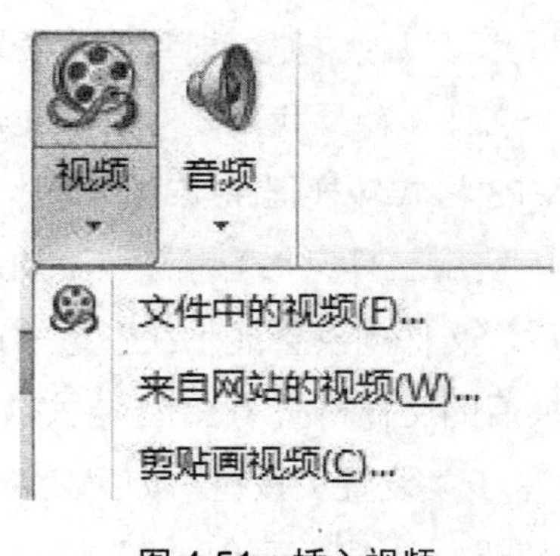

图 4-51 插入视频

1. 直接插入法

最简单的方法是直接插入视频法，该方法插入的视频在演示界面中仅显示视频画面，与插入图片类似，是一种无缝插入，效果相当不错，但同时局限性也很明显，该法仅支持插入 AVI、MPEG 和 WMV 等 Windows Media 格式视频，而像 RMVB 等其他格式均不支持。同时，用此方法插入的视频演示时只能实现暂停和播放控制，无法自由选择播放时间，而且一旦切换到另一张幻灯片再切换回来，则视频会自动停留在开始部分。

具体操作步骤为单击“插入”标签，单击“影片/文件中的影片”，打开“插入影片”对话框，选择影片文件，单击“确定”即可，插入影片的第一帧会出现在幻灯片中，选中该视频可对播放画面大小自由缩放。PowerPoint 2010 提供了两种播放方式，即“放映时自动播放”和“放映时单击播放”，根据需要进行选择即可。

2．Windows Media Player 控件法

如果想自由控制视频的播放进度，不妨采用 Windows Media Player 控件法，幻灯片中会出现 Windows Media Player 的简易播放界面，利用播放器的控制栏，可自由控制视频的进度、声音的大小等。双击还可自动切换到全屏播放状态，与 Windows Media Player 操作类似。具体操作步骤如下。

开启控件功能。单击“文件”打开“PowerPoint 选项”设置框，在“自定义功能区”项中勾选“开发工具”选项卡，确定后返回 PowerPoint 2010 编辑界面，则功能区多出一新选项卡即“开发工具”。

插入视频。单击激活“开发工具”选项卡，单击“控件”项中的“其他控件”，弹出对话框，选中“Windows Media Player”，单击“确定”，鼠标变成“+”状，拖动则 Windows Media Player 播放界面出现在幻灯片中，选中点击右键选择“属性”，弹出对话框，在“URL”项中输入视频文件的路径和全名称（若视频文件和幻灯片文件在同一文件夹中，则无须输入路径），关闭“属性”框，设置成功。

在插入 rmvb 格式的视频后会发现打不开，这是因为 Windows Media Player 不支持这个格式，这个问题可以通过安装 FFDshow 解码器解决，安装解码器后，也可以嵌入 FLV 格式的视频。

（四）设置全屏播放影片

全屏播放影片是在播放影片时让影片填满整个屏幕，而不是将其作为演示文稿中的幻灯片的一部分进行播放。根据原始影片文件的分辨率的不同，在以全屏模式播放影片时影片可能会出现变形。因此，最好对影片进行预览，如果影片出现变形或模糊，则可以撤销全屏选项。具体操作步骤：双击插入的视频，在“视频工具”里单击“播放”，选择“全屏播放”。

PowerPoint 不是字处理软件，制作 PowerPoint 幻灯片并不是要在一张幻灯片上塞进更多的内容，而是为了在听众记忆里留下印象，引人思考，简单的描述是最佳方案。一张满页文字的幻灯片所含的信息量很难与一张仅有一幅图片的幻灯片相比，含有图片幻灯片的信息更丰富，也会更加有趣，选择合适的色彩和字号会使幻灯片更加专业。

第五节　动画技术应用

一、动画的分类

动画是对事物运动、变化过程的模拟，可以用来模拟事物的变化过程、说明科学原理，它通过连续播放一系列的画面，在视觉上造成连续变化的图画。动画的基本原理是视觉暂留效应。在许多领域中，利用动画来表现事物甚至比视频的效果更好。动画提供了静态图形缺少的运动景象，它是一种可以感觉到相对于时间、位置、方向和速度运动的动态媒体，它忽略了事物运动、变化过程中的次要因素，突出强化了其本质要素，更有利于学习者把握本质规律。此外，经过创造设计的动画更加生动、有趣，有利于激发学习者学习的兴趣和积极性。动画是课件中常用的一种素材，它形象、生动，能反映事物发展变化的内在规律。

世界上最原始的动画可以追溯到1831年，当时法国人约瑟夫·安东尼·普拉特奥（Joseph Antoine Plateau）在一个转动的圆盘上按照顺序画了一些图片，当圆盘旋转时，人们看到圆盘上的图片动了起来。1909年，美国人Winsor McCay用一万张图片表现一段动画故事，这是迄今为止世界上公认的第一部真正的动画短片。从20世纪60年代起，计算机动画技术逐渐发展起来。美国的Bell实验室和一些研究机构开始研究用计算机实现动画片中间画面的制作和自动上色。70—80年代，计算机图形、图像技术和软件、硬件技术都取得了显著的发展，使计算机动画技术也日趋成熟。目前，计算机动画技术已经发展成为一个多种学科和技术交叉的综合领域。

英国动画大师约翰·海勒斯（John Halas）对动画有一个精辟的定义："动作的变化是动画的本质"。动画是由很多内容连续但各不相同的画面组成。由于每幅画面中的对象位置和形态各不相同，在连续观看时，给人以活动的感觉。

动画之所以成为可能，是利用了人类眼睛的"视觉暂留"的现象。人在看物体时，物体在大脑视觉神经中的停留时间约为1/24 s。如果每秒钟更替24个画面或者更多的画面，那么，前一个画面在人脑中消失之前，下一个画面就会进入人脑，从而形成连续的影像。

计算机动画按动画性质来说，可以分为两大类。第一类是帧动画，第二类是矢量动画。如果按照动画的表现形式分类，则可以分为二维动画和三维动画。二维动画显示的主要是平面图形，制作时就像在纸上作画，通过对象的移动、变形、变色等手法表现其运动的效果；三维动画则显示立体图形，其制作就像是在摄影棚中拍电影。

Flash 动画是当今最为流行的动画形式之一。它的动感创意不仅让网络充满了无限的生机，还为生活增添了个性化的色彩。目前 Flash 不但风靡互联网，而且在传统媒体（如电视、电影）中也有广泛应用。

Flash 是当今最流行的二维动画制作软件，它的应用范围越来越广，可以制作多媒体动画、游戏、教学课件和网页广告等，Flash 动画有别于传统动画的重要特征之一在于它的互动性，使用者可以在一定程度上参与或控制 Flash 动画，这得益于它拥有较强的 ActionScript 动态脚本编程语言，它还具有体积小、表现力强的特点，在制作实验演示或多媒体教学光盘时，Flash 动画得到广泛应用。

二、添加动画效果

使用者可以为幻灯片的文本、形状、声音、图像和其他对象设置动画效果，可以突出重点、增加趣味性。动画具有视频的直观、形象、生动等特点，且比视频更具有灵活性，它摆脱了摄像机的限制，可以自行设计。动画可以突出重点、控制信息的流程，并提高演示文稿的趣味性，在 PowerPoint 中，可以通过自定义动画、使用外部的 SWF 动画或者直接插入 GIF 格式的图片动画。利用提供的自定义动画可以组合成多种不同的动画效果，课件中的动画分为两种形式，一种是画面与画面之间的切换关系，另一种是画面内的形象元素根据需要进行移动。在教学课件中，物体的运动、事情的发展过程、事物之间的相互关系等都可以用动画来表达，简化的模型动画，更能突出学习内容的关键特征，减少学习过程中的干扰因素。

在 PowerPoint 中制作动画与其他软件的不同之处在于 PowerPoint 的动画都已经设计好，除了动作路径，其他物体如何运动都是由选择的动画方式来决定。

动画效果的添加一般是以一个对象为单位，如占位符、文本框、图片和表格等，在添加动画效果前，需要指定对象，如选中文本框、占位符，然后添加动画效果。在给一个对象添加了动画效果后，如果不满意可以更改动画效果。在给幻灯片多个对象添加动画效果时，添加效果的顺序就是在幻灯片放映时的播放顺序，当动画对象较多时，难免顺序出错，可以对将动画效果添加好的对象进行动画播放顺序的重新调整。

三、动作路径与触发器

动画表现形式会产生与视频类似的效果又有别于视频展示，动画可以剔除掉与主题无关的其他视频信息从而达到更加突出主题的效果。

动画与运动路径的结合使 PowerPoint 中的动画不再显得功能和展示方式单一，丰富灵活的功能为使用者提供了发挥自己潜力和创造力的空间和可能性，不但可以设置画面沿路径移动的动画效果，还可以让画面产生翻转、缩放、停滞和变形等效果。

PowerPoint 中自定义动画效果中自带的触发器功能，能够实现交互，为 PowerPoint 增添了亮点，给课件的制作提供了很多方便。触发器就相当于一个“开关”，通过这个开关控制 PowerPoint 中的动作元素（包括音频视频元素）什么时候开始运作。触发器从原理上讲很简单，仅仅是 PPT 中的一项功能，它可以是一个图片、图形、按钮，甚至可以是一个段落或文本框，单击触发器时它会触发一个操作，该操作可能是声音、电影或动画。利用触发器可以更灵活多变地控制动画或声音视频等对象，实现许多特殊效果，让 PPT 具有一定的交互功能，极大地丰富了 PowerPoint 的应用领域，同时利用触发器动画效果也可以制作选择题。

第六节 课件的界面设计和交互设计

一、界面设计概述

好的界面设计能够针对特定的对象激发起学习者的学习兴趣，赏心悦目的界面不仅美观大方，更重要的是能够对教育教学产生积极作用，促进学习的有效发生。课件界面设计是对文本、图形图像、音频、视频和动画这五大类媒体素材进行有效布局，要求具有界面内容教学的科学性、界面交互的友好性、界面设计的艺术性。课件界面要做到简洁大方、美观易用，按钮与导航功能简单明了，通过媒体有序排列、变化的节奏感和均衡感使操作者在美的体验中进行教学和学习。

二、课件界面的类型及结构

一个相对完整的课件，应包括以下几种类型的界面。

（一）片头

一个好的课件片头，不仅能吸引学生的注意，而且能够更好地突出课件主题（见图 4-52）。课件的片头通常是动画格式。目前比较流行的片头动画制作软件中，专业的有 Flash，还有大众化工具如 Flash Banner Maker，制作者可自行学习这些软件的应用。

当然，片头并不是多媒体课件必需的界面类型，很多课件没有片头动画，直接进入封面也是比较常见的（见图 4-53）。

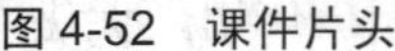

图 4-52 课件片头

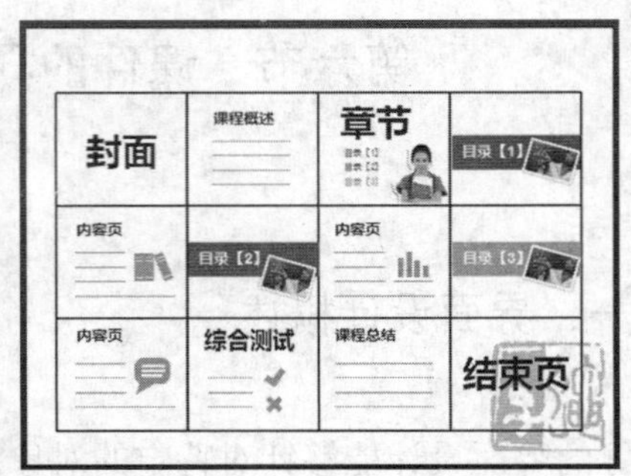

图 4-53 课件界面类型和结构

（二）封面

封面是课件所必需的页面，因为在封面中通常会向学习者呈现诸如课件标题、制作者或主讲信息等必需内容。封面的设计风格有多种，设计者可根据自己课程的具体内容和授课对象的不同来设计自己的课件封面（见图 4-54）。

图 4-54 不同类型的课件封面

（三）概述

概述页面通常呈现课件的简单介绍（见图 4-55）。

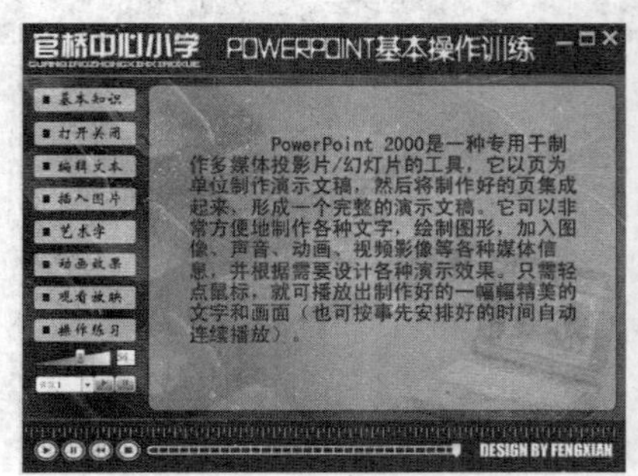

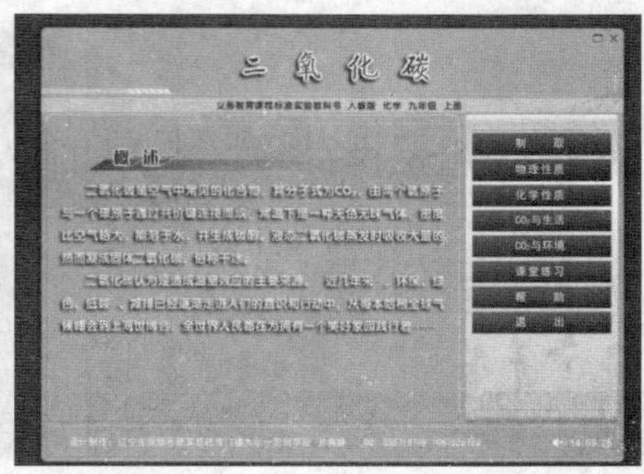

图 4-55　课件概述页面

（四）目录页或主界面

课件的目录页是对课件整体结构的梳理（见图 4-56），制作者或使用者可以通过目录页对课件的整体结构有个清晰的把握。通常在目录页中可以通过超链接技术跳转到目录中各个对应的版块。

我们可以为课件制作单一的目录（见图 4-57），也可以将各个版块的链接制作成页面导航的形式添加在课件的全部页面中（见图 4-58）。

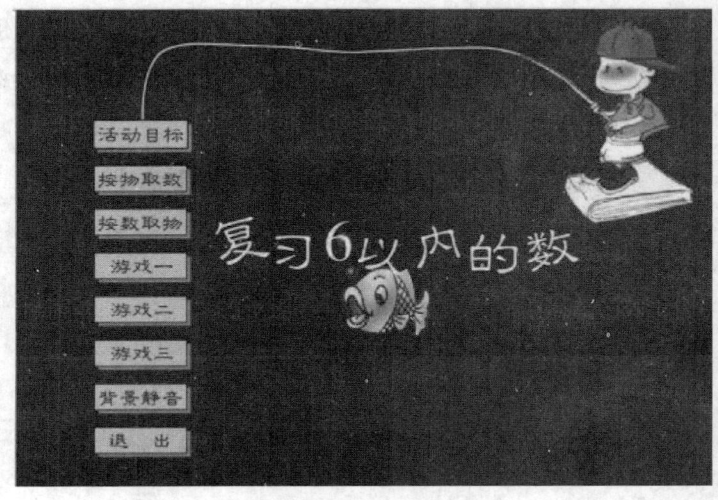

图 4-56　课件的目录页

图 4-57 课件的导航

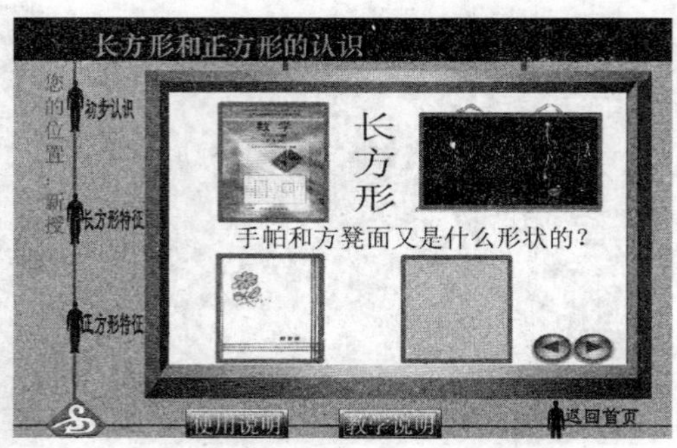

图 4-58 课件内容页面

（五）内容页面

内容页面是课件的主要教学功能区，设计者需按照前面章节所学技术，将图、文、声、像等多媒体素材进行合理的排版，反映在内容页面中。

（六）帮助页面

课件的帮助页面完全出自使用者的大众化需求，帮助页面的主要目的是告知使用者该如果进行操作才能正确高效地使用课件。在计算机尚未普及的年代，帮助页面对大多数计算机操作能力较弱的使用者来说曾提供了极大的帮助；在计算机已经高度普及的今天，帮助页面可更多地包含一些复杂的操作功能键的说明，如果只需简单的操作，帮助页面则可省略（见图 4-59）。

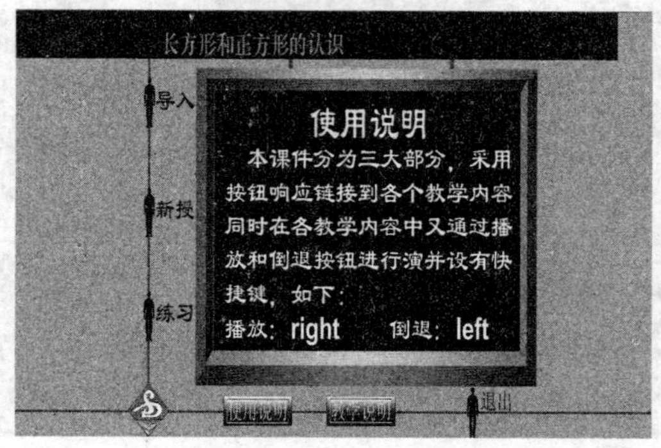

图 4-59 课件帮助页面

（七）结束或退出页面

结束或退出页面是出自课件的完整性角度来设计的，可在课件最后添加上某种形式的结束或退出，作为课件结束的标志，用于提示使用者或观看者课件结束（见图 4-60）。

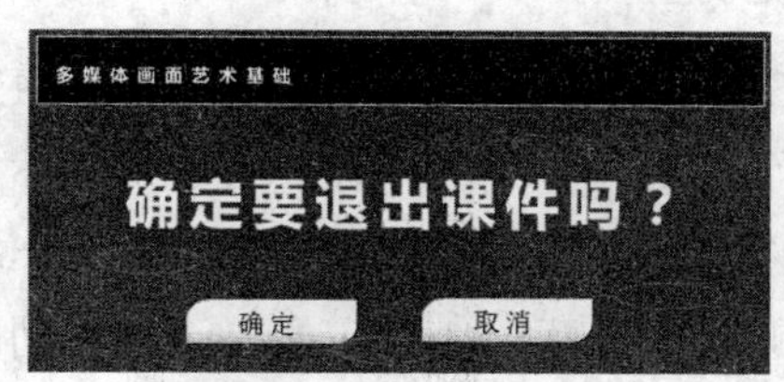

图 4-60　退出页面

三、界面设计的原则

（一）一致性原则

一致性原则包括两个方面：一方面，整体而言，就一个完整的课件来说，应有一个统一的风格，即课件中各章节的风格应保持一致；另一方面，同样的界面要素应有同样的位置和同样的行为。从外观到操作行为及所处界面的位置都应始终保持一致，其控制作用的按钮或图标也应符合这一原则。这样能减少学习者认知上的负担，避免引起思维上的混乱或无所适从。

（二）适应性原则

在进行多媒体课件的学习时，课件学习者本身所具有的个体差异是一个无法回避的客观事实。为了确保多媒体课件的教学效果，在进行课件开发时为了适应不同学习者的学习需要，课件开发前应当进行充分的学习需要分析，了解不同学习者的学习特点、认知习惯，并根据他们对事物的认知规律和需要学习的内容提供不同的多媒体课件。

例如，对于视觉型的学习者，应多提供视觉的图文、视频；对于听觉型的学习者，则可提供旁白解释或音响效果；而对于触觉型的学习者，除听和看外，还应提供更多的操作图标和按钮等动手机会。

（三）灵活性原则

课件使用的灵活性是衡量多媒体课件系统对于不同学习者响应能力的尺度，一个优秀的多媒体课件系统要求其对于区分用户的不同需求应当是敏感的。为了适应不同的多媒体课件用户的不同需求，在设计多媒体课件时，应当考虑到用户的使用灵活性问题，允许不同的使用者使用与其固有知识经验和技能相对应的方式，实现与多媒体课件的人机交互，如相应的提示、帮助的显示，以及对不同的用户记录相应的学习进程等。

（四）易学易用性原则

一个好的多媒体课件，首先必须是一个学习者容易学习和使用的软件，否则无论采用的技术多么先进，设计的功能多么复杂，但是学习者对它望而生畏，不愿意进行深入的学习，这个软件就不可能有其存在的市场，也就没有存在的必要了。因此，一个优秀的多媒体课件，应该让学习者都能够很容易地学会如何去使用。一个完整的课件除包含应该学习的知识内容外，还应该包含详细安装和使用说明以及用于指导学生如何使用该课件的用户使用手册，还有相关的课件版权信息等。

四、基于母版技术的课件界面设计

（一）界面设计操作

1. 什么是母版?

母版就是幻灯片的模具。虽然 PPT 课件里的幻灯片各不相同，但有很多张幻灯片会使用相同的背景、相同的导航结构、相同的提示信息、相同的字体格式等，我们可以把这些相同的东西做到模具里，这样就可以利用母版统一设计幻灯片的背景、幻灯片的导航、幻灯片上的文字格式。或者说，如果想在多张幻灯片上显示相同的元素，那么这个元素最好的处理方式并不是直接添加到幻灯片上，而是添加到母版上。

2．母版和模板有什么区别？

相比母版，大家更熟悉模板，实际它们是相互交织在一起的，很多幻灯片模板都是利用母版设计出来的。模板最大的功能就是提供了统一设置幻灯片或部分幻灯片背景的方法，但却没有批量修改幻灯片背景和幻灯片上对象的功能，如果要批量修改幻灯片的背景及上面的对象，就必须要利用母版功能。

例如，你想把一个 PPT 课件里的标题文字统一修改为黑体，字号大小为小三，利用幻灯片的模板是无法实现的。

因此，母版与模板都可以同时设置多张幻灯片的背景及风格，但母版具有编辑修改功能。

3．如何利用母版？

（1）进入 PPT 母版的方法：在 PowerPoint 2010 中，单击“视图”菜单中“幻灯片母版”命令，即可进入幻灯片母版（见图 4-61）。

此时进入母版，可以看到第一个选项卡已经变成了“幻灯片母版”，同时功能区最右边的按钮也变成了“关闭母版视图”。

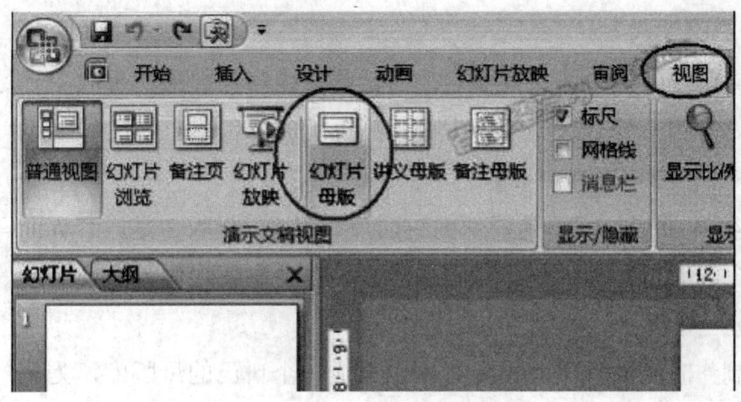

图 4-61 进入母版

（2）幻灯片母版，也是一张幻灯片，你可以在上面添加、删除、修改任何元素，这些元素都会在应用此母版的幻灯片上显示出来。而且幻灯片母版上的标题样式与文本样式，可以控制相应幻灯片中的文字样式，也就是说如果母版中的样式文字改成红色、加粗、四号字，那么相应幻灯片中标题文本框中的文字都会变成红色、加粗、四号字（见图 4-62、图 4-63）。

图 4-62　母版中标题样式

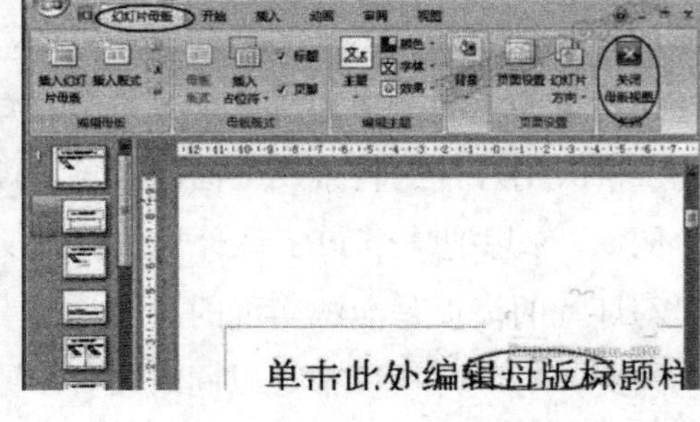

图 4-63　母版视图的界面

4．利用母版设计与制作课件界面

利用母版设计制作课件界面，关键要做两件事情：

（1）考虑好课件界面布局，分好导航区、内容区及美化区，为不同的界面类型设计不同的母版。导航区主是提供课件的导航结构，美化区主要是幻灯片上的修饰元素。

（2）提出幻灯片中的共同要素，决定哪些内容需要放在母版中。尽量做到课件界面与内容相分离，这样可以大大提高母版的重用率。

图 4-64 是 PPT 课件母版的一个示例。

在图 4-64 中，母版 1 是课件的封面，母版 2、母版 3 是内容界面，每个内容界面都包含导航栏，另外还可以添加一些小的动态图片作为修饰元素，母版 4 是结束界面。

随着制作时间的积累，设计者可以形成一个自己的母版库，为每一种类型的界面多制作几个风格，这样做起课件界面就会更快，也会有更多个性的选择。

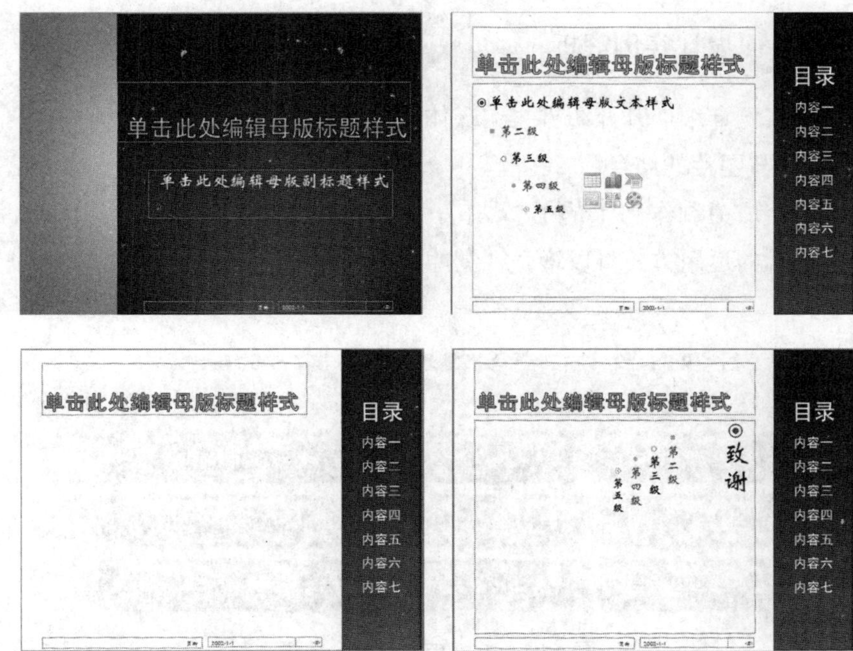

图 4-64　幻灯片母版实例

5．使用母版应当注意的问题

（1）利用遮挡。因为母版上面的对象都会在幻灯片上显示出来，为了高效，我们也不会为每一张幻灯片都制作一个母版，那样也失去了母版的意义，那么如何想让一些对象不在个别的幻灯片上显示出来呢？可以利用绘制图形，在这些幻灯片上绘制一些与前景色相同的形状，把不想显示的对象遮挡住。

（2）在利用幻灯片母版设计界面时，利用绘制的形状，可以非常方便地分割幻灯片的布局，在这里应当注意长宽比例，以及颜色与文字颜色的搭配，课件界面要求简洁，不要使用太多色彩，但对比一定要强，以保证投影效果。

（3）在母版也可以添加一些自定义动画效果，或插入 Gif 动态图片以及 Flash 动画，这些动画也会在应用此母版的幻灯片上显示出来，是一种很好的美化幻灯片的方法。

（二）界面设计实例解析

下面以实例详细展开介绍五大类媒体素材的界面布局。

1. 文字与图片的结合

大图少字成为制作 PPT 的不二法门，单纯的文字会产生审美疲劳。PPT 中文字和图片结合的运用方式可以增强视觉冲击力（见图 4-65）。

图 4-65　文字与图片结合效果

添加图片的形式有多种，可以虚化部分图使图片和底色背景完美融合，也可以运用图形图像处理软件如 Photoshop 软件进行抠图处理从而获得主体图像，或者采取模糊背景的方式也可以达到类似效果，模糊背景图片可以在保留整幅图片的同时突出并聚焦到主体。在进行图片处理时，需要注意一些事项，如注意地平线的位置，稳妥的做法是将地平线放在三分之一处，在构图方面注意图片是放置在左侧还是右侧，符合黄金分割点的构图方式会使 PowerPoint 增色不少。最简单的办法可以说是文字背景加色块，图片本身有文字、利用图片的一部分做文字背景或者画中画都可以做到文字和图片的完美结合。

文字与图片的组合方式多种多样，PowerPoint 提供了比较传统和经典的样式，文字与图片组合数量可以包括两部分或者三部分甚至更多，图片可以是矢量图、思维导图、图表等多种表现形式的图片（见图 4-66 至图 4-68）。

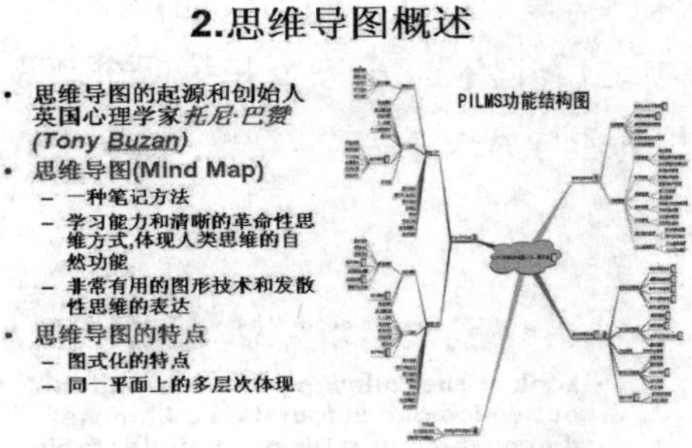

2.思维导图概述

- 思维导图的起源和创始人
  英国心理学家*托尼·巴赞*
  (Tony Buzan)
- 思维导图(Mind Map)
  - 一种笔记方法
  - 学习能力和清晰的革命性思维方式,体现人类思维的自然功能
  - 非常有用的图形技术和发散性思维的表达
- 思维导图的特点
  - 图式化的特点
  - 同一平面上的多层次体现

PILMS功能结构图

图 4-66 文字与图组合方式一

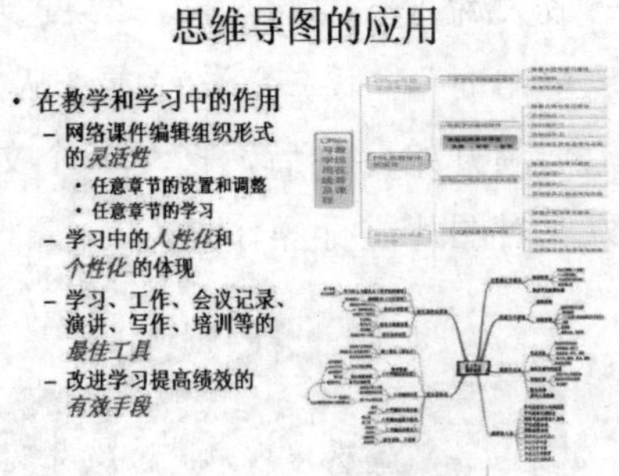

思维导图的应用

- 在教学和学习中的作用
  - 网络课件编辑组织形式的*灵活性*
    - 任意章节的设置和调整
    - 任意章节的学习
  - 学习中的*人性化*和*个性化*的体现
  - 学习、工作、会议记录、演讲、写作、培训等的*最佳工具*
  - 改进学习提高绩效的*有效手段*

图 4-67 文字与图组合方式二

形成性评价与总结性评价实例

- 学习过程
  - 学习时间/作业/测评
- 学习互动交流
  - 论坛发帖数/在线答疑/活动积分
- 教师主观评语
  - 课程学习/作业/测验/互动交流
- 总结性评价
  - 综合能力评价

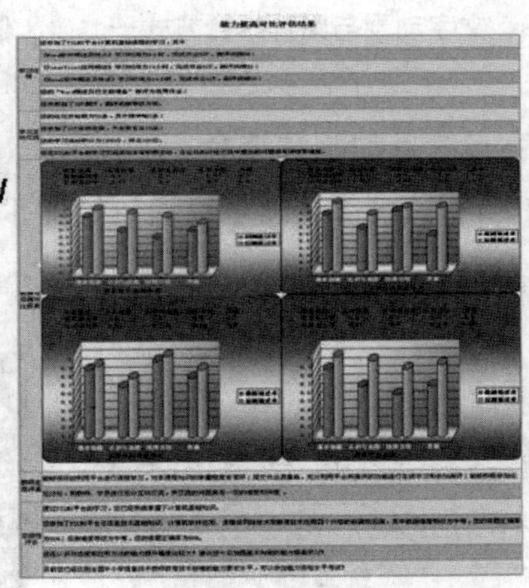

图 4-68 文字与图片组合方式三

2. 文字动画与图片的结合

PowerPoint 提供了许多现成的动画效果，在需要强调的文本或图片时运用这些功能，让文字或图片更有冲击力（见图 4-69、图 4-70）。主要操作步骤包括以下几项：首先，强调文字时，字号最好大一些，选中文本框，右键单击“自定义动画”，在自定义动画栏中点添加效果，如选择“进入→缩放”，右键点击“动画效果→效果选项”，计时中更改速度；或者选择“进入→出现”，添加效果“强

调→放大/缩小”，可以修改效果选项；其次，修改动作开始的时间，第一个设置成“单击时”，第二个设置成“从上一项之后开始”，第三个和第四个都设置成从上一项开始；最后，拖动一个文本框使之与另一个完全重合，接下来以类似的方式对图片进行操作。

图 4-69　文字动画与图片结合方式一　　　图 4-70　文字动画与图片结合方式二

3. 文字与线条动画的结合

PowerPoint 的线条动画可以通过绘图工具中的线条绘制出来，文字与线条根据具体需要适当地辅以动画，会产生意想不到的特殊效果（见图 4-71、图 4-72）。

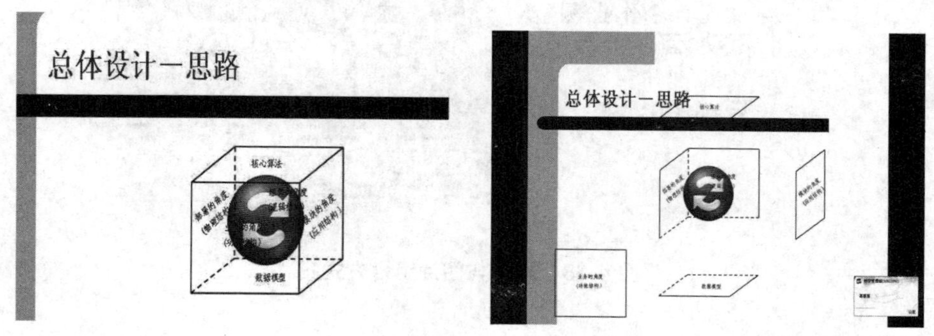

图 4-71　文字与线条动画 1　　　图 4-72　文字与线条动画 2

4. 图片的表现形式

图片的表现形式可以采取图表、流程图及其他相关因素的多样组合（见图 4-73 至图 4-76）。

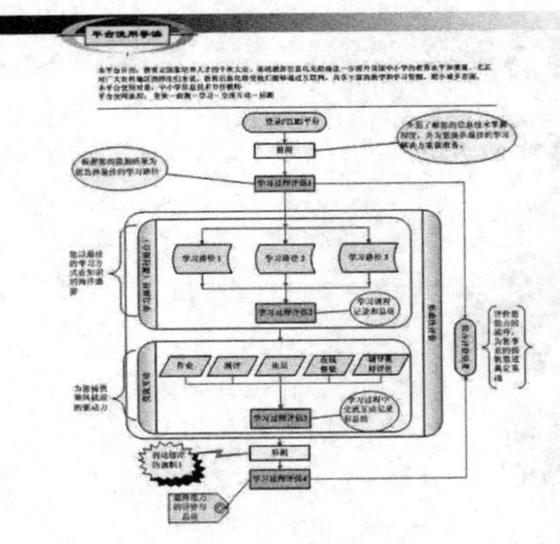

图 4-73 图片表现形式 1

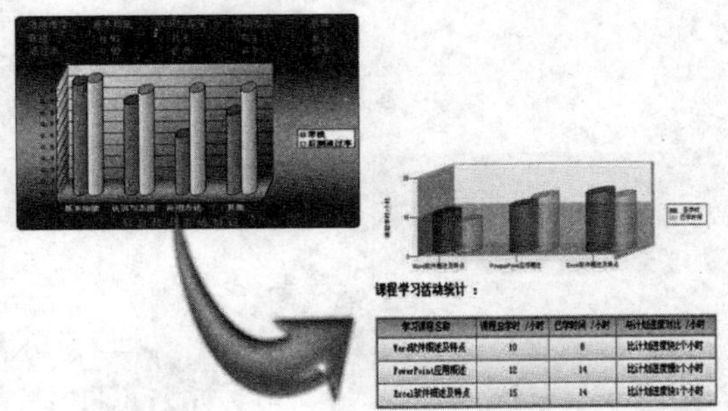

图 4-74 图片表现形式 2

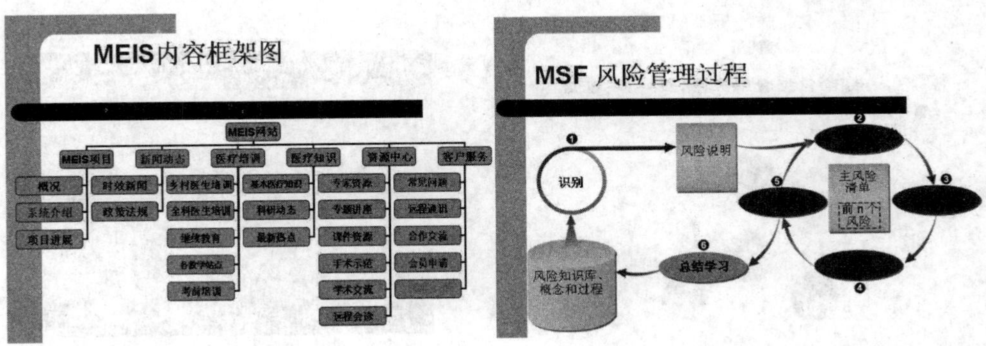

图 4-75 框架图

图 4-76 流程图

5．图片与声音的结合

将图片与声音组合，会同时刺激视觉神经和听觉神经，达到多感官接收信息的效果（见图 4-77）。

6．文字图片与声音的结合

将文字因素加入到图片与声音当中来，多样组合带来别样的视听觉效果（见图 4-78、图 4-79）。

7．数字视觉表现和视频效果

运用简单突出的数字设计出强烈的视觉冲击，也能够达到突出和强调主题的效果（见图 4-80、图 4-81）。

1.1.3 多媒体中的媒体元素及特征

多媒体媒体元素是指多媒体应用中可显示给用户的媒体组成。

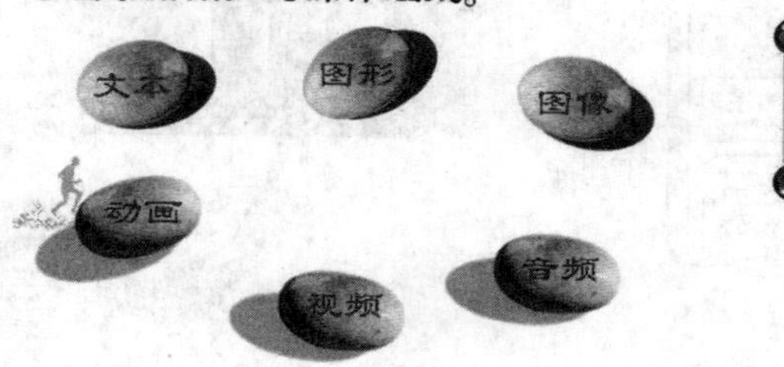

图 4-77 图片与声音结合

音频

音频除包括音乐、语音外，还包括各种音响效果。

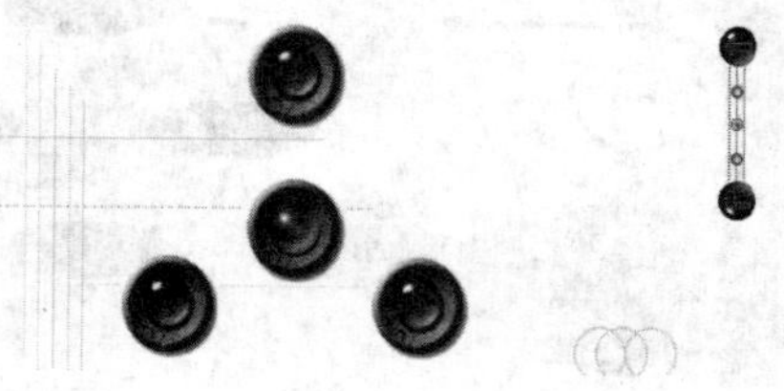

图 4-78 文字图片与声音结合 1

图 4-79 文字图片与声音结合 2

图 4-80 数字视觉表现

图 4-81 视觉效果

8．动画表现形式

动画表现形式会产生和视频类似的效果又有别于视频展示，动画可以剔除掉与主题无关的其他视频信息从而达到更加突出主题的效果（见图 4-82、图 4-83）。

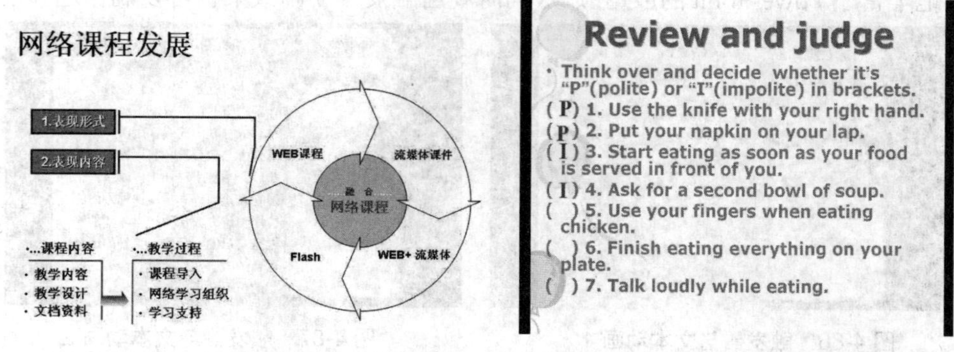

图 4-82　动画表现形式 1　　图 4-83　动画表现形式 2

（1）动画与路径结合

动画与运动路径的结合使 PowerPoint 中的动画不再显得功能和展示方式单一，丰富灵活的功能为使用者提供了发挥自己潜力和创造力的空间和可能性，不但可以设置画面沿路径移动的动画效果，还可以让画面产生翻转、缩放、停滞和变形等效果（见图 4-84、图 4-85）。

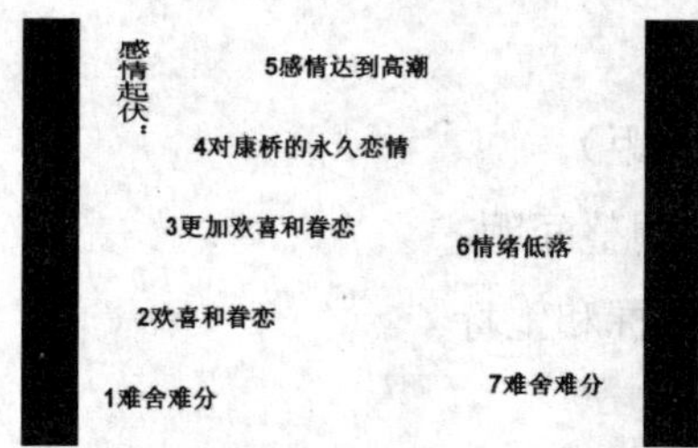

图 4-84　动画与路径结合 1

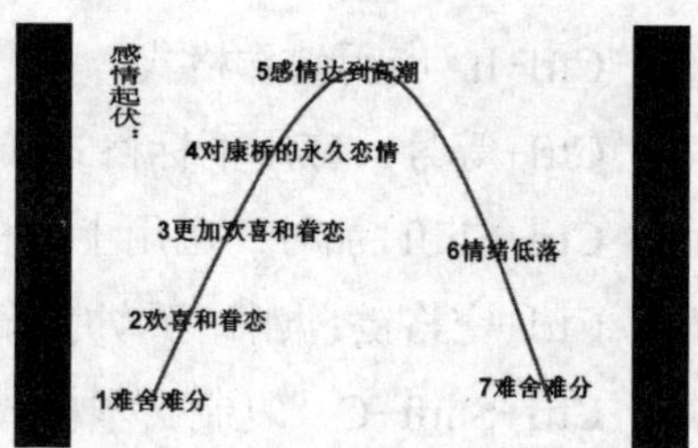

图 4-85　动画与路径结合 2

（2）触发器与文本框动画

PowerPoint 中自定义动画效果中的触发器具有较强的交互功能，它能将文本、图形图像、音频、视频等素材很好地结合起来，其效果更具冲击力和影响力。触发器从原理上讲很简单，仅仅是 PPT 中的一项功能，它可以是一个图片、图形、按钮，甚至可以是一个段落或文本框，单击触发器时它会触发一个操作，该操作可能是声音、电影或动画。利用触发器可以更灵活多变地控制动画或声音视频等对象，实现许多特殊效果，让 PPT 具有一定交互功能（见图 4-86、图 4-87），极大地丰富了 PowerPoint 的应用领域，同时利用触发器动画效果也可以制作选择题。

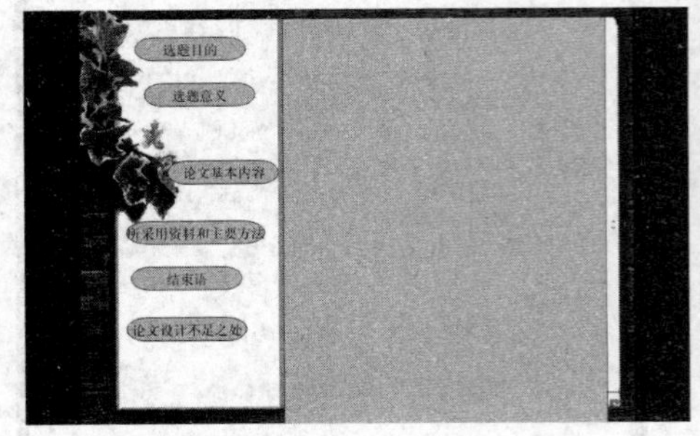

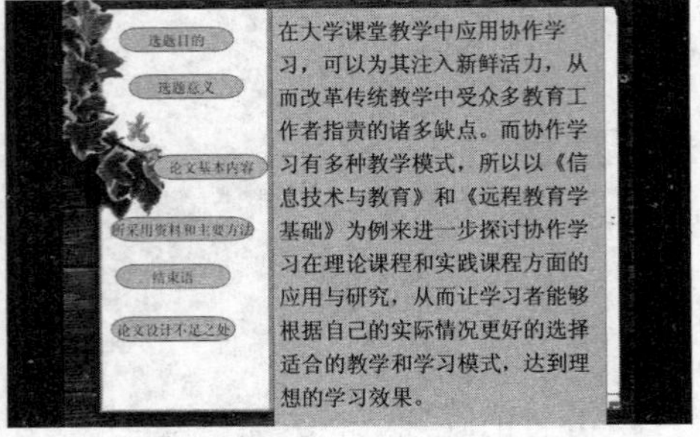

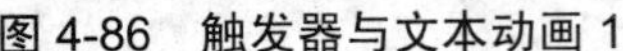

图 4-86　触发器与文本动画 1　　　　图 4-87　触发器与文本动画 2

（3）快捷键的使用

PowerPoint 用户可以使用快捷键，以便提高幻灯片的编辑制作效率。

- Ctrl+T：在句子小写或大写之间更改字符格式
- Shift+F3：更改字母大小写
- Ctrl+B：应用粗体格式
- Ctrl+U：应用下划线
- Ctrl+l：应用斜体格式
- Ctrl+等号：应用下标格式（自动调整间距）
- Ctrl+Shift+加号：应用上标格式（自动调整间距）
- Ctrl+空格键：删除手动字符格式，如下标和上标
- Ctrl+Shift+C：复制文本格式
- Ctrl+Shift+V：粘贴文本格式
- Ctrl+E：居中对齐段落
- Ctrl+J：使段落两端对齐
- Ctrl+L：使段落左对齐
- Ctrl+R：使段落右对齐

在全屏方式下进行演示时，用户可以操作的只有右键菜单和放映按钮。大家还可以使用以下专门控制幻灯片放映的快捷键，非常方便。

- +Enter：超链接到幻灯片上
- B 或句号：黑屏或从黑屏返回幻灯片放映

- W 或逗号：白屏或从白屏返回幻灯片放映
- s 或加号：停止或重新启动自动幻灯片放映
- Esc、Ctrl+Break 或连字符（-）：退出幻灯片放映
- E：擦除屏幕上的注释
- H：到下一张隐藏幻灯片
- T：排练时设置新的时间
- O：排练时使用原设置时间
- M：排练时使用鼠标单击切换到下一张幻灯片
- 同时按下两个鼠标按钮几秒钟：返回第一张幻灯片
- Ctrl+P：重新显示隐藏的指针或将指针改变成绘图笔
- Ctrl+A：重新显示隐藏的指针和将指针改变成箭头
- Ctrl+H：立即隐藏指针和按钮
- Ctrl+U：在 15 s 内隐藏指针和按钮
- Shift+F10（相当于单击鼠标右键）：显示右键快捷菜单
- Tab：转到幻灯片上的第一个或下一个超链接
- Shift+Tab：转到幻灯片上的最后一个或上一个超链接

以下快捷键用于在网络（包括局域网、互联网等）上查看 Web 演示文稿：

- Tab：在 Web 演示文稿的超链接、“地址”栏和“链接”栏之间进行切换
- Shift+Tab：在 Web 演示文稿超链接、“地址”栏和“链接”栏之间反方向进行切换
- Enter：执行选定超链接的“鼠标单击”操作
- 空格键：转到下一张幻灯片
- Backspace：转到上一张幻灯片

如果用户要将演示文稿作为电子邮件正文发送时，可以通过以下快捷键提高工作效率，此时要求邮件头处于激活状态。

- Alt+S：将当前演示文稿作为电子邮件发送
- Ctrl+Shift+B：打开“通信簿”
- Alt+K：在“通信簿”中选择“收件人”“抄送”和“密件抄送”栏中的姓名

- Tab：选择电子邮件头的下一个框，如果电子邮件头的最后一个框处于激活状态则选择邮件正文
- Shift+Tab：选择邮件头中的前一个字段或按钮

五、界面交互概述

（一）界面交互

界面交互主要是对五大类媒体素材进行统一布局和编排，好的界面设计能够使课件既具有一定的艺术性，又能够充分体现课件的技术性。一个好的课件，其界面交互也一定是具有科学性和友好性的，在技术操作和导航功能方面都是简洁大方、美观易用的。

（二）界面交互实例解析

下面以实例详细展开介绍五大类媒体素材的界面布局。

1. 文字的交互

PowerPoint 中最常用的交互功能就是文字的交互，通常文字的交互以超链接的形式来完成。我们经常在网页中见到超链接，通过点击超链接可以跳转到特定的图片、字词、句的相关页面，便于人们阅读。在 PowerPoint 2010 中同样可以运用超链接完成一些动作，使演示文稿看起来美观大方、简洁好用。

（1）添加超链接

在 PowerPoint 2010 中，我们可以使用以下两种方法来创建文字的超链接。

第一种：使用超链接按钮（见图 4-88）。具体操作步骤如下：按下鼠标左键选中需要超链接的文字对象；单击工具栏“插入→超链接”按钮，或者鼠标右击对象文字，在弹出的快捷菜单单击出现的“超链接”选项；

在对话框中选择需要添加的超链接：在弹出的“插入超链接”窗口下面的“地址”后面输入要加入的网址，单击“确定”即可。也可以让对象链接到内部文件的相关文档，在“插入超链接”中找到需要链接文档的存放位置。

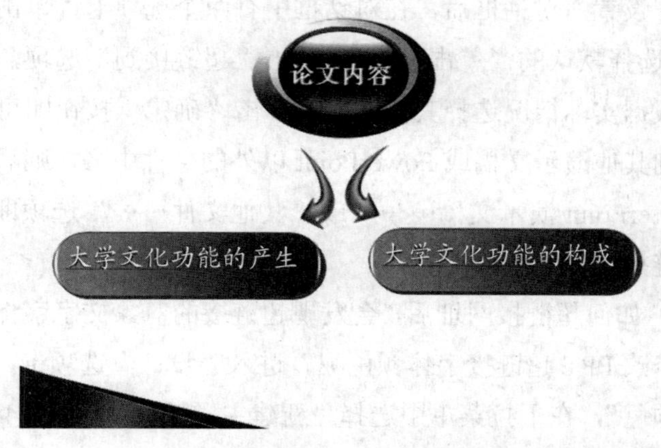

图 4-88 添加文字的超链接

第二种：利用“动作设置”创建 PPT 超链接（见图 4-89）。同样选中需要创建超链接的对象（文字或图片等），单击常用工具栏“插入→动作”按钮（见图 4-90），动作按钮是为所选对象添加一个操作，以制订单击该对象时或者鼠标在其上悬停时应执行的操作。

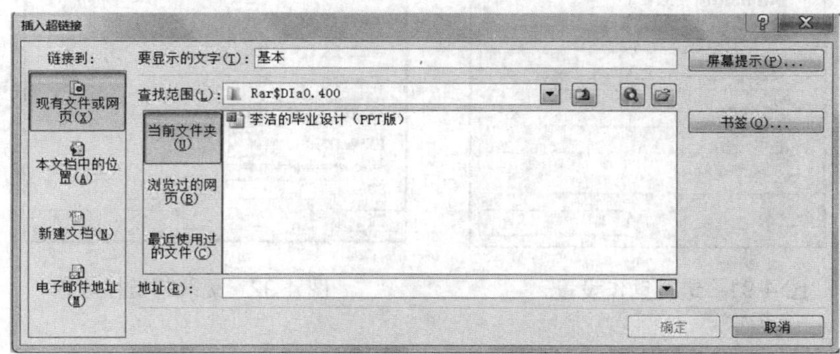

图 4-89 利用动作设置添加超链接

图 4-90 选择动作按钮

弹出“动作设置”对话框后，在对话框中有两个选项卡“单击鼠标”与“鼠标移过”，通常选择默认的“单击鼠标”，单击“超链接到”选项，打开超链接选项下拉菜单，根据实际情况选择其一，然后单击“确定”按钮即可。若要将超链接的范围扩大到其他演示文稿或PowerPoint以外的文件中去，则只需要在选项中选择“其他PowerPoint演示文稿……”或“其他文件……”选项即可。

（2）对超链接颜色的更改

操作完PPT如何超链接网址后，会发现超链接的对象文字字体颜色是单一的蓝色，那如何修改PPT超链接字体颜色呢？进入“设计”选项卡，单击“主题”选项组中的“颜色”，在下拉菜单中选择“新建主题颜色”（见图4-95、图4-96）。

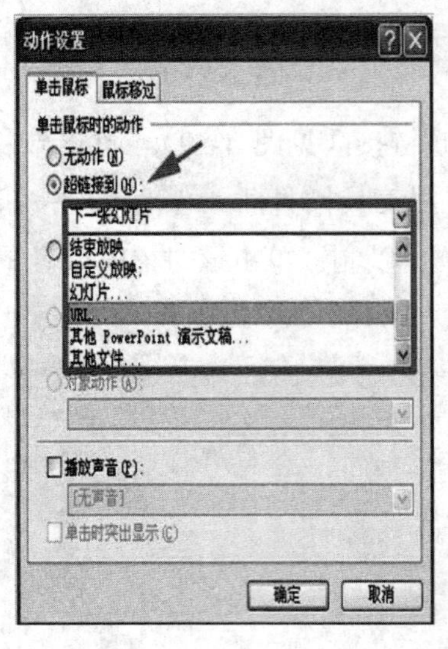

图4-91 进行动作设置

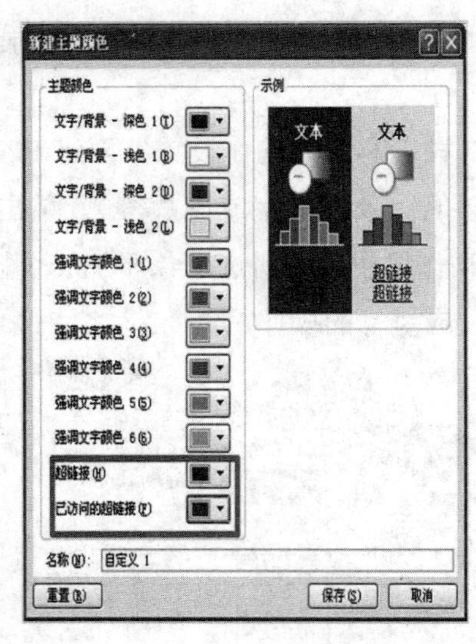

图4-92 更改超链接颜色

（3）取消超链接

对于在PPT中不满意的超链接或者想要改变超链接网址，我们该怎么取消该对象的超链接呢？操作步骤：只需要选中链接，然后右键单击，在快捷菜单中选中“取消超链接”即可。

（4）超链接的返回按钮

在完成超链接按键的指向功能后，最重要的一点是要设置动作按钮的返回功能，使幻灯片之间的逻辑关系合理清晰，具体实例如下。

点击“大学文化功能的产生”的超链接后，演示文稿的播放会转换到其他幻灯片，当演讲者播放完其他幻灯片后需要回到这张幻灯片（见图 4-93）时，则需要设置返回按钮（见图 4-94）。返回按钮的操作步骤：单击“插入”菜单栏里的“形状”下的下三角，找到最下方的“动作按钮”选择任一款按钮，按住鼠标左键在当前幻灯片中拖动出返回按钮，在弹出的对话框中进行动作设置即可。

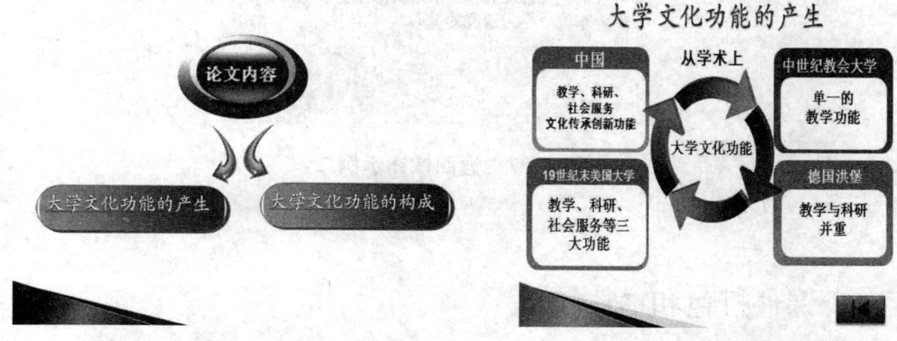

图 4-93 超链接返回的幻灯片

图 4-94 超链接返回按钮

2. 图片按钮交互

PPT 当中除了对文字添加超链接，还可以对图片设置超链接以达到交互功能。例如，对“移动学习”文字后面的圆形图片和向右方向的箭头都可以进行超链接设置（见图 4-95 至图 4-97）。

操作步骤：单击工具栏“插入→超链接”按钮，或者鼠标右击图片，在弹出的快捷菜单点击出现的“超链接”选项，其余操作步骤与设置文字超链接操作步骤一致。此张幻灯片分别设置了圆形图片和箭头图片两个超链接，圆形图片按钮的返回按钮为灰色球形图片（见图 4-96），箭头图片按钮的返回按钮为左向箭头（见图 4-97）。

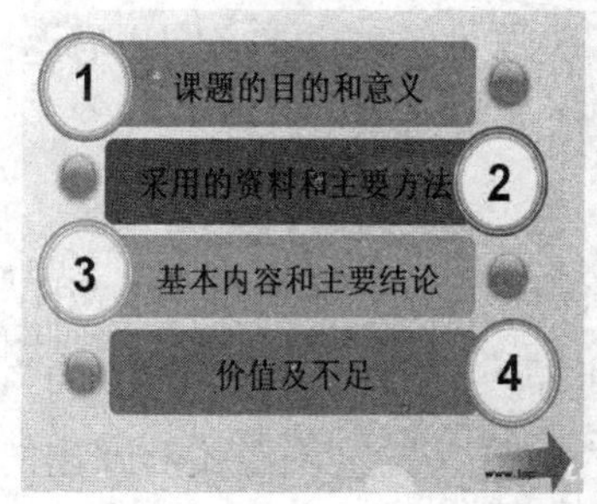

图 4-95 返回按钮示例一

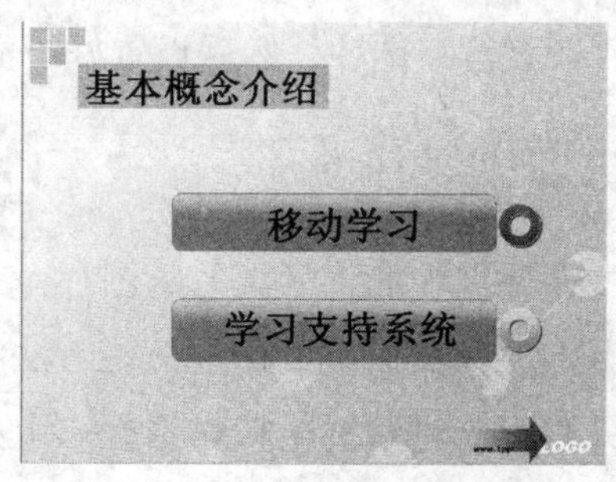

图 4-96 图片的超链接

图 4-97 返回按钮示例二

六、课件打包和播放技术

(一) 课件的打印

单击文件菜单的打印命令，弹出打印窗口，我们可以对打印内容进行选择：幻灯片、讲义、备注页或大纲视图。

如果需要打印幻灯片，可以设置一张打印多幅状态，执行“文件→打印”命令，打开“打印”对话框，将“打印内容”设置为“讲义”，然后再设置一下其他参数，确定打印即可。在这里可以选中“颜色/灰度”下面的“灰度”选项，打印时能够节省墨粉。如果经常要进行上述打印，可将其设置为默认的打印方式：执行“工具→选项”命令，打开“选项”对话框，切换到“打印”标签下，选中“使用下列打印设置”选项，然后设置好下面的相关选项，单击“确定”后返回即可。

(二) 课件的压缩

有些课件因为插入了大量的图片，其体积相当可观，甚至有 100 MB，复制和播放均不方便。我们可以通过一些方法将其压缩，执行“文件－另存为”命令，打开“另存为”对话框，按对话框右上方的“工具”按钮，在随后弹出的下拉菜单中选择“压缩图片”选项，打开“压缩图片”对话框，选中“Web/屏幕”选项

（其他选项按默认情况），然后按“确定”按钮返回再取名保存即可。经过上述压缩，比较一下先后两个文件，会发现其体积有明显区别。

（三）课件的打包

课件制作完成后，往往不是在同一台计算机上放映，如果仅仅将制作好的课件复制到另一台计算机上，而该机又未安装 PowerPoint 应用程序，或者课件中使用的链接文件或 TrueType 字体在该机上不存在，则无法保证课件的正常播放。因此，一般在制作课件的计算机上将课件打包成安装文件，然后在播放课件的计算机上另行安装。

PowerPoint 高的版本向下兼容，PowerPoint 2010 可以播放编辑 PowerPoint 2003 及以下的版本制作的 PPT，反之则不行。通过打包，利用 ptview.exe 可以解决没有安装 PowerPoint 的问题。

在 PowerPoint 2003 中，打开准备打包的课件，然后单击“文件”菜单中的“打包到 CD”命令，出现“打包”对话框。

在“打包”向导对话框中输入 CD 名称，除演示文稿外，还要添加课件演示文稿中运用到的音乐、视频文件。选项中可以选择 PowerPoint 播放器，以便于在没有安装 PowerPoint 的计算机中播放，需要在选项中勾选“链接的文件”，然后可以单击“复制到文件夹”，输入文件夹位置和名称，这样把这个文件夹连同里面的所有内容再复制到 U 盘后就可以在任何一台 Windows 系统的计算机上演示，“复制到 CD”方法基本一样，只是把内容直接写入可刻录光盘中。

经常会发现这样的问题，在这台电脑中制作好的 PPT 文件，拷贝到另一台机器中就不能播放，或者播放时有些声音正常，有些声音不正常。首先，一定要知道我们制作的 PPT 文稿只是一份需要应用软件（PowerPoint）支持才能正常播放的文件，如图片文件要画图程序或其他看图程序才能打开观看，MP3 歌曲文件需要有播放器程序才能听到声音一样。如果用来播放的电脑上没有安装 PowerPoint，那么 PPT 文稿当然没有办法播放。同时，还要注意制作 PPT 的 PowerPoint 版本不要高于播放用的版本。

关于声音等文件，有些是已嵌入 PPT 文件之中，有些只是一个调用外部文件的链接。嵌入 PPT 内部的声音文件，无论什么环境播放都会正常，但链接文件如果改变了位置或名称，就没有声音了。解决方法一是改变链接声音文件的大小，执行“工具－选项”命令，在“常规”选项卡中有“链接声音文件不小于（100）千字节”的默认设置，如果把链接声音文件的设置值改为“不小于 50 000 KB（最大值）”后，便可以把大部分的声音文件插入 PPT 文稿内部，这样，复制时便可以不必考虑链接用到的声音文件；解决方法二是把声音文件与幻灯片文件放在同一文件夹下，如果不用上述改变链接声音文件大小的方法，或者声视频文件特别大，超过了 50 000 KB，虽然打包也可以解决问题，但对于已经安装了 PowerPoint 的计算机来说，实在没有必要。我们只要把 PPT 文件与声音（或视频）文件并列地放在同一文件夹下即可。打开文档中插入声音的“声音选项”，发现仍然记录了源文件的绝对路径，但播放时能自动更新，更新后的绝对路径指示了声音文件存放准确位置。

关于字体问题，有时制作好的课件复制到另一台计算机上播放时，由于两台计算机安装的字体不同而影响播放效果。将自己设置的字体一并带走的解决方法是如果你所设置的是“TrueType 字体”，那么完全可以将其一并带走，具体操作步骤：执行“工具→选项”命令，打开“选项”对话框，切换到“保存”标签下，选中其中的“嵌入 TrueType 字体”选项，单击“确定”后返回，然后再保存（或另存）相应的演示文稿即可。为了减少演示文稿的容量，在选中“嵌入 TrueType 字体”选项后，可以再选定下面的“内嵌入所用字符”选项，可以通过字体文件的扩展名来识别“TrueType 字体”（扩展名是 ttf）。此设置只对当前演示文稿有效，如果打开了一个新的演示文稿，且需要带走其中的字体，需要重复上面的操作。

（四）课件的解包运行

在打包的文件夹中，直接双击运行 DOS 批处理文件 play.bat，程序会自动调用 pptview.exe 来打开我们制作的课件演示文稿，以全屏幕方式演示。

第五章　课件评价标准及实践案例

第一节　课件评价标准

一、评价标准概述

教学评价是指以教学目标为依据，制定科学的标准，运用一切有效的技术手段，对教学活动的过程及其结果进行测定、衡量，并给以价值判断（乌美娜，1994）。教学评价的目的是促进学生的学习和提升学习者的能力。评价不仅关注学习者知识的掌握，还要促进其兴趣、爱好、意志等个性品质的形成和发展；不但要注重学习者的学习状态和情感体验以及教学过程中学习者主体地位的体现和主体作用的发挥，而且要尊重学习者人格和个性，鼓励发现、探究与质疑，以培养学习者的创新精神和实践能力。

（一）教学评价功能

教学评价的功能主要表现在反馈调节、诊断指导、强化激励、教学提高和目标导向等五个方面。

1．反馈调节功能

评价可以为教学进程提供反馈信息，这为教学能够有效进行提供了依据。教师可以获知学习者的学习水平与能力从而修订教学计划、改进教学方法、完善教学指导进而进行自我调节；学习者可以根据反馈信息变更学习策略、改进学习方法，以便形成高质量的学习活动。教师向学习者传达他们自己的进步状况，并针对他们在学习过程中存在的问题提出具体的改进建议，使学习者总结经验和教训、明确日后的努力方向，促使学习者在原有的水平上有所提高。

2．诊断指导功能

评价以学习者学习的全过程和效果为评价对象，利用信息技术手段记录、跟踪学习者的学习过程，据此可了解到各方面的情况，从而判断其中的成效和缺陷、矛盾和问题，以及自身优势、长处与特色。全面的评价工作不仅能估计学习者在多大程度上实现了教学目标，而且能解释没有实现的原因。教学评价是对教学现状进行一次严谨的科学诊断，以便为教学的决策或改进指明方向，从而使教学活动逐步向目标靠近的过程。

3．强化激励功能

评价对教学过程有监督和控制的作用，对教师和学习者则是一种促进和强化。科学合理的教学评价可以调动教师教学工作的积极性，使教师明确教学工作的重心以及需要努力的方向；可以激发学习者学习的内部动机，可以提高学习者学习的积极性和学习效果。通过评价，有利于促使教师和学习者在一定程度上自觉调控他们的行为，使其符合相应的教学目标。

4．教学提高功能

教学评价本身也是一种教学活动，在这种活动中，学习者的知识、技能将获得提高。教师可在对学习者水平进行全面估计的前提下，将学习内容以测评的形式呈现，并使其包含有意义的启示，让学习者通过探索和领悟来获得新的学习体会和经验，以达到更高的教学目标。教学评价的教学提高功能主要体现在促进教学进步、改进教学组织管理、促进教学改革进行和教育科研发展等方面。

5．目标导向功能

评价以发展为目的，其最终目标是充分调动学习者的积极性，为日后的学习提供规范、指明努力的方向，从而实现自身的发展需求。如果在进行教学评价之前，将评价标准公布给被评价人（教师或学习者），将对被评价人下一步的教学或学习目标起到导向作用。教学设计越来越强调以学为中心，强调学习者的主动性和独立性，教师更为关注学习者是否能够在学习过程中按照既定的教学目标努力。

为此，事先将评价的标准交给学习者，使其知道教师或其他学习者将如何评价他们完成的学习任务，将有助于学习者自己调节努力方向，从而达到教师预想的教学目标。

（二）教学评价类型

教学评价依据不同的分类标准可以划分为不同的类型。

1. 按评价基准分

按评价基准的不同，教学评价可分为相对评价、绝对评价和自身评价。

（1）相对评价

相对评价是在被评价对象的集合中选取一个或若干个个体为基准，然后把各个评价对象与基准进行比较，确定每个评价对象在集合中所处的相对位置。为相对评价而进行的测验一般称为常模参照测验。它的试题取样范围广泛，测验成绩表明了学习者学习的相对等级。由于所谓的常模实际上近似学习者群体的平均水平，所以这种测验成绩分布符合正态分布规律。

利用相对评价了解学习者的总体表现和学习者之间的差异，或比较不同群体间学习成绩的优劣是一种有效的方法。它的缺点是基准会随着群体的不同而发生变化，易使评价标准偏离教学目标，不能充分反映教学上的优缺点。

（2）绝对评价

绝对评价是在被评价对象的集合之外确定一个标准，这个标准被称为客观标准。评价时把评价对象与客观标准进行比较，从而判断其优劣。评价标准一般是课程标准以及由此制订的评判细则。为绝对评价进行的测验一般称为标准参照测验。它的试题取样就是预先规定的教学目标，测验成绩主要表明教学目标的达到程度，所以这种测验的成绩分布通常是偏态的。低分多高分少，为正偏态；低分少高分多，为负偏态。

绝对评价的优点是评价标准比较客观，如果使用得当，可使每个被评价者都能看到自己与客观标准之间的差距，从而可以激励被评价者积极上进。另外，教学管理部门通过这种评价，可以直接鉴别各项教学目标的完成情况，明确今后的工作重点。它的缺点是在制订和掌握评价标准时，容易受评价者的原有经验和主观意愿的影响，也不易分析出学习者之间的学习差异。

（3）自身评价

自身评价是指把每个评价对象个体的过去与现在或个体的不同方面进行比较，从而得出评价结论的一种评价类型，即以评价对象自身状况作为参照系对个体进行纵横比较所做出的判断。纵向比较是指把评价对象的过去与现在进行比较。例如，某学生期中英语成绩为 70 分，期末为 85 分（假定这两次考试的难度相当），通过比较，可以判断该生英语的学习有进步。横向比较是指把评价对象的某几个方面进行比较，判断其强弱、长处与不足。例如，可对学习者的写作能力、阅读能力、口头表达能力作横向比较，以评价某生的语文水平，找出其强弱之处。自身评价可以综合、动态地考察学习者的发展变化过程，可以照顾到学习者的个体差异，不会给学习者造成更多的竞争压力。在教学实践中，自身评价常用作改变“学困生”的有效措施，并能收到较好的效果。自身评价也存在明显的局限性，主要是没有客观标准，又无同类相比较，难以确定评价对象的真实水平，提供给学习者的反馈信息也很有限。因此，我们常把几种评价结合起来应用，从多角度对学习者进行评价，才能得出客观的结论。

2. 按评价功能分

按评价功能，教学评价可分为诊断性评价、形成性评价和总结性评价。

（1）诊断性评价

诊断性评价是指为使教学适合于学习者的实际情况，满足其学习需要，使教学活动的设计具有较强的针对性，在进行教学活动之前，对学习者的知识基础、技能、能力水平和态度等学习准备状态以及影响学习的因素所实施的评价。

诊断性评价的主要作用：一是用于检查学习者的学习准备状态。教师经常在教学之前，如在某门课程或某个单元教学开始前施测，通过测试结果，教师可了解学习者在教学开始时已具备的知识基础、技能水平和学习态度。二是用于确定对学习者的安排。通过诊断性测验，教师能够深入了解学习者在学习上的个别差异，在此基础上，经过合理调整和安排，使教学更加符合学习者的实际情况，更好地满足学习者多样化的学习需要。三是用于辨别造成学习者学习困难的原因。在教学过程中实施诊断性评价，可以诊断学习者在学习过程中所遇到的困难及其原因，并采取针对性的教学措施，对症下药，以取得良好的学习效果。

（2）形成性评价

形成性评价又称过程评价，是在教学活动过程中，为了更好地达到教学目标的要求，取得更佳的效果而进行的评价。它能及时了解阶段教学的结果和学习者学习的进展情况、存在的问题，因而可据此及时调整和改进教学工作。形成性评价关注学习者掌握知识、技能的过程与方法，以及与之相伴随的情感态度与价值观的形成；关注学习者的表现和进步以及学习者应用知识的能力。

形成性评价的主要作用：一是改善学习者的学习。通过形成性评价，揭示学习者在学习过程中所遇到的问题和困难，查找学习者在知识、技能、能力、态度等方面的欠缺。同时向学习者提供有针对性的学习指导和改善学习的计划，提出解决学习问题、克服学习困难和弥补学习者在知识、技能、能力等方面欠缺的措施。二是为学习者的下一步学习定步调。运用形成性评价的结果为学习者的下一步学习制订步调是形成性评价重要功能。通过对每一学习阶段（如每一单元）的形成性评价，可以确定学习者对前一阶段学习的掌握程度，并据此确定下一阶段学习的目标和任务。三是强化学习者的学习。对于已经较好地掌握了前一阶段学习任务的学习者来说，形成性评价可以使他们及时获取成功的体验，从而强化学习结果和增强学习动力。对于那些未能较好地掌握前一阶段学习任务的学习者来说，形成性评价可以使他们及时发现问题，找到差距和不足，及时加以改进。四是为教师提供反馈信息。教师通过形成性评价，可以及时发现和找出在教学目标的制订、教学内容的分析、教学方法的选择、教学媒体的选用、教学活动的组织、教学情境的设置、教学过程的安排上的一些问题，从而有针对性地改进教学工作，提升执教能力，增强教学效果，提高教学质量。

（3）总结性评价

总结性评价又称事后评价，一般是在教学活动告一段落后，为了解教学活动的最终效果而进行的评价。通过总结性评价，教师可以检验本学期教学目标的实现程度，从而判断教学效果的好与坏，确定是否需要对教学作进一步的改进，以及为制订新的教学目标提供参考。

总结性评价的主要作用：一是评定学习者的学习成绩。通过总结性评价，确认学习者在某门课程上达到教学目标的程度，对学习者的学业成就做出整体的和全面的价值判断。二是确定新的学习起点。在这一点上，总结性评价和形成性评价的作用基本相同，通过总结性评价，确定学习者在知识、技能、能力、态度等方面的程度和水平，这种程度和水平成为确定下一步学习起点的依据。三是为学习者提供反馈。总结性评价使学习者认识到了目前学习的现状，明确了目前学习的效果，了解了自己的学习程度和学习水平，清楚了对某门课程的掌握程度、问题和难点，这些都将成为学习者制订下一阶段学习目标的依据。

3. 按评价分析方法分

按评价分析方法，教学评价分为定性评价和定量评价。

（1）定性评价

定性评价是对评价资料做质的分析，运用分析和综合、比较和分类、归纳和演绎等逻辑分析的方法，对所获取的数据资料进行思维加工，以描述性的语言而非数量化或数量化水平较低地对评价对象做出价值判断的一种教学评价方法。定性评价是用非量化手段收集教学过程中的各种信息和资料，对事物的本质进行决策性判断。

（2）定量评价

定量评价则是从量的角度，运用统计分析、多元分析等数学方法，对所收集到的各种数据进行量化处理和分析，从复杂纷乱的评价数据中总结出规律性的结论。定量评价是综合各种信息进行量化统计的评价方法。

定性评价和定量评价这两种教学评价方法各有所长，两者互为基础、优势互补。在实际应用过程中，定性评价和定量评价并不是截然分开单独进行的。其一，定量分析所显示出的量差异性在某种程度上反映出了质的不同，也由于量的分析比较简洁和抽象，所以一般情况下还要借助于定性的描述说明各种数据的含义；其二，定性评价是定量评价的基础，定量评价中的量应是同质的，在进行定量评价之前首先要判断各种数据的同质性。因此，定性评价和定量评价经常结合在一起运用。

4. 按教学评价方法分

以教为主的评价方法通常有测验、调查和观察，以学为主的评价重视“以学习者发展为中心”，关注学习过程，倡导多元化、多样性的教学评价方法和工具，如量规、电子学档、学习契约、概念图、范例展示等。

（1）以教为主的评价方法

测验是了解学习者完成认知目标的常用方法。试卷是实现测验这种评价方法的主要工具之一。时代的发展对试卷的形式和内容提出了挑战，什么样的题目才能测试学习者的信息处理能力和高阶思维能力，是广大教育工作者正在思考和实践的问题之一。

调查是了解学习者态度类目标完成情况的常用方法。调查是为获取所需资料，采用预先设计的问题请有关人员进行口述或笔答。调查是常见的教学评价手段，它可以了解学习者的学习兴趣、态度、习惯和意向，了解各方面对教学过程和教学效果的意见，为改进教学提供依据。教学评价中，可以通过问卷调查发现学习资源对学习者的作用，引导学习者有目的地进行反思，还可以让学习者自行制作问卷调查表，以培养他们收集信息、处理信息的能力。

观察是了解学习者技能目标完成情况的常用方法。在自然的教育场景下了解观察对象。与测验、调查不同，被观察者像往常一样地学习和活动，不会产生或感到任何压迫感。收集的所有资料自始至终都是被观察者的常态表现，自然真实。观察一般要在事前确定观察目的、观察范围，明确观察场景的设置，使被观察者在特定条件下进行活动，以获得合乎实际目的的资料。观察在情景化教学中的作用应该引起重视，使用时一般结合量规等评价方法，以使观察更具目的性，结果更具客观性。

（2）以学为主的评价方法

量规是根据评价目标从不同维度和等级对评价标准进行具体描述和说明的评价工具，一般表现为二维表格的评分细则形式，可以用来评价学习者的学业绩效（包括学习过程中的行为、认知、态度）和各种学习结果（如作品、口头陈述、调研报告、论文等）。

在过程性评价中，利用量规不仅可以为学习者指明学习方向，同时也可以为不同的评估者提供统一的判断标准。量规评价的特点：

- 量规往往评价学习者在给定作业或任务中产生的成果，适用于研究性学习、协作学习、课堂参与、演示汇报、家庭作业、科学实验等多种学习活动。其评价内容不再仅局限于书本知识，而更多注重对学习者的实践能力、创新精神、问题解决能力、协作交流能力以及情感态度和习惯等综合素质的考察。

- 量规是一种评价标准的体现。这种可视化的“学习目标”可以帮助学习者和教师了解“什么是高质量的学习”。并且，量规从与评价目标相关的多个方面详细规定评定指标，可以有效降低在评价学习者学习时的主观随意性，不但可以由教师评价学习者的学习，而且可以让学习者自评或同学互评。
- 量规可以帮助学习者认清自己的学习目标和需要达到的学习标准。当学习者有规则地通过量规来评判他们的学习活动和作业时，他们会不断增强对学习的责任心，而且有效地减少了学习的盲目性，“我还要做什么？”的问题就很少再出现了。
- 使用量规评价的最大好处之一是使标准公开化，这意味着量规将在学习者、父母和社区中开放和共享，这显然有助于对学习者做出客观、公正的评价。而且运用量规评价可以减少为学习者作业评分的时间，并且使教师更容易向学习者解释，为什么他们得到这个成绩和他们做什么可以获得提高。

电子学档（E-Learning Portfolio，ELP 或 ePorfolio，又称电子文件夹、电子作品或学习文件夹）是指学习者运用信息技术记录和展示其在学习过程中关于学习目的、活动、成果、付出、进步以及对学习过程和结果进行反思的一种集合体。它主要指学习者利用信息化手段呈现学习过程，包括在学习过程中对学习和知识的管理、评价、讨论、反思、设计等。

电子学档把评价看作一种过程，是一种面向过程和绩效的评价，是一种反思性评价。它强调学习者的学习经验和元认知技能的发展。这种评价是多元性评价，是总结性、诊断性、形成性评价的结合。通过这种评价，可以了解学习者是否已经掌握某种课程或项目能力，掌握学习者学业成绩的进展，激励学习者良好的学习方式，有助于学习者自我分析和反思，描述和把握学习曲线，有益于后续的决定和选择，从而提高学习绩效和自信心。

概念图（concept maps）是一种用来帮助表现思维过程或结果的工具，也是一种组织知识的方法，于 20 世纪 60 年代由美国心理学家诺瓦克（J.D.Novak）博士根据奥苏贝尔的有意义学习理论而提出。诺瓦克把概念图定义为：用来组织知识和表征知识的实用工具，是一种以科学命题的形式显示概念之间的意义联系，并用具体事例加以说明，从而把所有的基本概念有机联系起来的空间网络结构图。

概念图通常是将有关某一主题不同级别的概念或命题置于方框或圆圈中，再以各种连线将相关的概念和命题连接，这样就形成了关于该主题的概念或命题网络，从而以形象化的方式表征学习者的知识结构以及对某一主题的理解。

概念图评价就是以概念图为工具对学习者掌握知识的情况进行评价的一种方法。很多实践探索表明，概念图能够作为形成性评价的有效工具，而且概念图最初也正是因为其独特的评价功能被引入教育领域中的。在绘制概念图的过程中，不仅涉及知识的重新建构，还能够反映出学习者的深层理解能力。通过评价学习者绘制的概念图，并根据图中概念的多少、连线的数量、层级结构合理性等情况，教师可以监控学习者基础知识的结构全貌，并诊断出思维缺陷及其相关原因。概念图的层级结构可以反映学习者搜索已有概念、把握知识特点、联系和产出新知的能力；从所举具体事例上可获知学习者对概念意义理解的清晰性和广阔性。这些对帮助教师在教学过程中发现学习者的错误或不足（包括连接词语的不当或错误、关键概念的缺失等）是非常有效的。此外，概念图作为一种新型教学评价工具，可以检测出学习者的知识结构及对知识间相互关系的理解，随时使学习者对自己的日常学习进行反思和诊断，及时进行调整和补救学习，引导学习者从系统化、结构化、整体性的高度来关注新旧知识点及其相互联系，促进意义学习的发生。

所谓范例展示（example presentation），就是在布置学习任务之前，向学习者展示符合学习要求的学习成果范例（范例可以是标准、量规，也可以是实际的作品等），以便为学习者提供清晰的学习预期。例如，如果学习任务是要求学习者完成一篇小型学术论文，那么教师就可以预先为学习者提供一个学术论文的标准及其样例；如果是要求学习者做一个财务报表，那么教师就可预先提供一个优秀的报表样例。又如，在信息化教学中，常常要求学习者通过制作电子学档来完成某种学习任务，如多媒体演示文稿或网站等，教师就可提供优秀的相关样例来指导学习者完成学习任务。

范例展示作为一种评价方法，固然有多方面的优点，但也存在一定的局限，需要在具体的应用过程中予以注意，如范例的正确选择、范例的有效运用、量规的合理设计和应用等，尤其是容易阻碍创新思维，可能造成学习者的思维定式，这点需要教师在展示时予以必要的说明和引导，以使范例展示发挥促进学习者创新思维的积极作用。

二、课件评价指标体系

教学设计成果是经过验证的、能实现预期功能的教学实施方案，包括教学目标以及为实现教学目标所需的教学活动、实施计划以及相关的支撑材料（如教材、学习指导手册、学习者的学习资源、评价手册及测试题等）。由此可见，教学设计的成果可以是一个课堂教学设计方案，可以是一套新的教学材料，如教科书、教学录像、计算机课件，也可以是一个较大的系统，如网络课程、多媒体教学资源等，这些设计成果本身的评价也属于教学设计结果的评价对象。

由于教学设计的成果较多地体现在课堂教学方案和媒体教学材料之中，尤其是随着信息技术与课程的深度整合，多媒体教学资源是当前教育技术界比较关注、也是在教学实践中普遍应用的学习材料。因此，下文将着重介绍这两类成果的评价指标。

教学设计方案是教学设计过程中各要素分析和设计的外化成果，通常包括课程标题和概述、教学目标阐述、学习者特征分析、教学策略选择、教学资源和工具的设计、教学过程设计、学习评价与反馈设计、总结与帮助等内容。对教学设计方案的评价有助于设计人员反思自己的设计过程，尽可能避免一些由于设计上的疏漏而导致试用效果不理想的问题。对教学设计方案评价可以从教学设计方案的完整性和规范性、可实施性、创新性等几个方面来进行。

（一）完整性和规范性

一份规范的教学设计方案必须体现一个完整的教学设计过程，所有必需的环节应明确写出，而且要前后一致。教学设计方案是一个整体的解决问题方案，而不是各个要素的简单堆砌。

1. 教学目标阐述

确定的教学目标要体现新课程标准的理念，不仅可以反映知识与技能、过程与方法、情感态度与价值观3个维度的目标，而且能体现不同学习者之间的差异；目标的阐述要清晰、具体、不空洞，不仅符合学科的特点和学习者的实际，而且便于在教学中进行形成性评价。

2．学习者特征分析

从认知能力、信息技术技能、情感态度以及学习基础等方面详细、明确地列出学习者的特征。

3．教学策略选择与学习活动设计

设计的教学策略要既能发挥教师的主导作用，又能体现学习者的主体地位，能够成功实现教学目标；综合运用多种教学策略，一法为主，多法配合，优化组合；活动设计和策略应保持一致，符合学习者的特征，教学活动要做到形式和内容的统一，既能激发学习者的兴趣，又能有效完成教学目标；恰当使用信息技术；活动要求应表述清楚。

4．教学资源和工具的设计

根据课程的需求设计教学资源和工具。资源能促进教和学，发挥必需的作用；同时综合多种媒体的优势，有效应用信息技术。

5．教学过程设计

教学思路清晰（有主线，内容系统，逻辑性强）、结构合理；注重新旧知识之间的联系，重视新知识的运用；教学时间分配合理，重点突出，突破难点；教学形式选用合理；教学方法、学习方法运用与配合得恰当；有层次性，能够体现学习者的发展过程。

6．学习评价和反馈设计

有明确的评价内容和标准；有合理的习题练习，练习的内容、次数比较合理，有层次性，注重提高学习者应用知识解决问题的能力；注重形成性评价，提供相关评价工具；针对不同的评价结果提供及时的反馈，而且以正向反馈为主；根据不同的评价信息，明确提出矫正教学行为的方法。

7．总结和帮助

对学习者学习过程中可能会产生的问题和困难有所估计，并提出可行的帮助和支持；有完整的课后小结；总结有利于学习者深入理解学习的主题，重点关注“潜能生”的需求。

（二）可实施性

评价一个教学设计方案的优劣，还应从时间、环境、师生条件等方面来考虑其是否具有较强的可操作性。

- 时间因素，即将此方案用于教学时，所需时间适量，包括教师的教学时间、学习者的学习时间等。教师的教学时间应含学习者完成作业所需时间、教学占用学习者的课外时间等。
- 环境因素，对教学环境和技术的要求不高，可复制性较强。
- 教师因素，方案简单可实施，体现教师的教学风格、特点及其预备技能。
- 学习者因素，针对学习者的情况，对学习者的预备知识、技能以及学习方法等方面的要求比较合理。

（三）创新性

既能发挥教师的主导作用，又能体现学习者的主体地位；教法上有创新，能激发学习者的兴趣；有利于促进学习者高级思维能力的培养；体现新理念、新方法和新技术的有效应用。

教学设计方案评价体系如表 5-1 所示。

表 5-1　教学设计方案评价体系

一级指标及权重	二级指标及权重	评价标准	得分
完整性和规范性（70 分）	教学目标设定（10 分）	1. 体现新课程标准的理念，可以反映知识与技能、过程与方法、情感态度与价值观 3 个维度	
		2. 教学目标准确具体，可操作，易落实	
		3. 符合学科特点和学习者心理特征、认知水平	
		4. 体现对学习者综合能力尤其是创造性思维能力、解决问题能力的培养	
	学习者特征分析（5 分）	1. 详细列出学习者所具备的认知能力、信息技术技能、情感态度和学习基础等	
		2. 对学习者的兴趣、动机等有适当的介绍	

一级指标及权重	二级指标及权重	评价标准	得分
完整性和规范性（70 分）	教学策略选择与学习活动设计（10 分）	1. 教学策略既能发挥教师的主导作用，又能体现学习者的主体地位，能够成功实现教学目标	
		2. 综合运用多种教学策略，一法为主，多法配合，优化组合	
		3. 活动要求表述清楚，恰当使用信息技术，活动设计和策略保持一致，符合学习者的特征	
		4. 教学活动形式和内容统一，既能激发学习者的兴趣，又能有效完成教学目标	
		5. 活动设计具有层次性，体现对学习者不同阶段的能力要求	
	教学资源和工具的设计（10 分）	1. 学习内容的选择和处理科学	
		2. 学习活动所需要的相关材料充足，能激发学习者学习兴趣，符合学习者认知规律	
		3. 教学手段的选择与利用从教学的实效性出发，利于教学重难点的突破，使用熟练	
		4. 教学课件功能性强，内容实用、适用，使用适时，利于学习者理解，界面友好，操作简单	
	教学过程设计（20 分）	1. 教学思路清晰（有主线，内容系统，逻辑性强）、结构合理	
		2. 注重新旧知识之间的联系，重视新知识的运用	
		3. 教学时间分配合理，重点突出，突破难点	
		4. 教学形式选用合理，教学方法、学习方法运用与配合得恰当	
	学习评价和反馈设计（10 分）	1. 有明确的评价内容和标准	
		2. 有合理的习题练习，练习的内容、次数比较合理，有层次性，既能落实双基要求，又注重提高学习者应用知识解决问题的能力	
		3. 注重形成性评价，提供相关评价工具	
		4. 针对不同的评价结果提供及时的反馈，而且以正向反馈为主	
		5. 根据不同的评价信息，明确提出矫正教学行为的方法	
	总结和帮助（5 分）	1. 对学习者学习过程中可能会产生的问题和困难有所估计，并提出可行的帮助和支持	
		2. 对有完整的课后小结	

一级指标及权重	二级指标及权重	评价标准	得分
可实施性（10 分）	时间因素（3 分）	方案用于教学时，所需时间适量，包括教师的教学时间、学习者的学习时间等	
	环境因素（2 分）	方案简单可实施，对教学环境和技术的要求不高，可复制性较强	
	教师因素（2 分）	方案体现教师的教学风格、特点及其预备技能	
	学习者因素（3 分）	针对学习者的情况，对学习者的预备知识、技能以及学习方法等方面的要求比较合理	
创新性（20 分）	学习者发展（5 分）	以学习者为中心，关注学习者的发展	
	教法（5 分）	教法上有创新，能激发学习者的兴趣	
	高阶思维（5 分）	有利于促进学习者高级思维能力的培养	
	新理念（5 分）	体现新理念、新方法和新技术的有效应用	

教学资源的评价是对资源建设质量的把关，在资源建设和使用过程中，是一个不可缺少的重要环节。对教学资源进行评价，一般来说，既要考虑适用于各类教学资源的通用指标，也要考虑其特殊属性，表 5-2 可以作为评价多媒体教学资源的参考指标［引自：《教育资源建设技术规范》（征求意见稿）］，教学设计人员可以根据实际情况参考选用这些指标内容。

多媒体教学资源的评价可从教学性、科学性、技术性和规范性四个方面进行，在针对具体的教学资源时，还需考虑其特殊性。在实际教学中，还要衡量其是否能够以较小的代价获得较大的效益，而且还必须能够实施，只有这样才能对教学资源的效用给出客观的评价意见。

表 5-2　多媒体教学资源通用评价指标体系

评价项	评价标准	优	良	中	较差	差
科学性	资源内容表述清晰、准确，无二义性					
	内容健康，无迷信、黄色和反动内容					
	内容来源须为国家教育部的各级各类大纲指定教材或其他与之相符的出处					

评价项	评价标准	优	良	中	较差	差
教学性	能有效地支持所属教学单元的内容					
	适用于相应的使用者					
	包含应有的信息量					
	具备完整的文字说明和制作脚本的电子稿					
技术性	硬件配置要求程度适当					
	软件配置要求程度适当					
	运行效率高					
	安装效率高					
	卸载效率高					
规范性	资源属性完备，符合《教育资源建设技术规范》中所规定的属性					
	属性值属于必需数据元素、可选数据元素或扩展数据元素的取值范围					
	有合法的知识产权					

三、形成性评价

教学评价是指以较小目标为依据，制订科学的标准，运用一切有效的技术手段，对教学活动的过程与结果进行测定、衡量，并进行价值判断。教学设计成果的评价属于教学评价范畴。教学设计成果的评价实质是从结果和影响两方面对教学活动给予价值上的确认，并引导教学设计工作沿着实现预定目标方向进展。教学设计成果的评价既有一般教学评价的共性，也有其本身的特点。对教学设计成果的评价也有形成性评价和总结性评价，但一般都以前者为主。虽然在一般的教学设计模式中，都将评价放在模式的最后环节，但这并不意味着评价是在教学之后才进行的。实际上，教学设计的评价从确定教学目标时已经开始，并贯穿在整个设计过程中。

（一）形成性评价的定义

形成性评价（formative）是在某项教学活动的过程中，为使教学活动开展得更好而不断进行的评价，它能及时了解阶段教学的效果和学生学习的进展情况、存在的问题等，以便及时反馈、调整和改进教学。

建构主义认为，形成性评价是教学系统设计人员用来获取数据并通过这些数据修正教学、提高教学效果的过程。形成性评价的重点是搜集数据、分析数据、改进教学系统设计，应该注重对学习者学习过程的分析和评价，支持和鼓励创新思维和能力的培养，从而正确地对学习者的最终学习效果评价，既然形成性评价是在形成阶段中进行的，那就要尽一切努力用它来改进这一过程。

形成性评价是一种过程性评价，是对学习过程及其结果的评价，它主要是突出学生主体地位，关注学生的学习态度、情感、学习策略以及文化意识等全面素质的发展，使学生能够主动学习。它能够让学生多研究问题，帮助学生有效调控自己的学习过程，使学生获得成就感、增强自信心和培养合作精神，非常有利于提高学生学习的积极性、主动性、创造性和个性发展。在形成性评价中，教师的职责是确定任务、收集资料并与学生共同讨论，在讨论中渗透教师的指导作用。

形成性评价一般进行得比较频繁，如一个章节或者一个单元后的小测验，它又是绝对评价，即着重于判断前期工作的达标情况。课堂教学设计活动中一般主要进行的是形成性评价，如在教学设计新方案的试行过程中开展评价，目的是收集有力的数据和资料进行下一步修改方案的工作。对于提高教学质量来说，重视形成性评价比重视总结性评价更有实际意义。

形成性评价的内容与方式必须充分关注学习态度，重视学习的过程与方法，重视交流与合作，重视动手实践。

现在的教学强调学习的过程，强调对知识技能的应用，强调学生亲身参与探索性实践活动并获得感悟和体验，强调学生的全员参与。因此，要采用形成性评价的方式，重视对过程的评价和在过程中的评价，重视学生在学习过程中的自我评价和自我改进，使评价成为学生学会实践和反思、发现自我、欣赏别人的过程；同时，要强调评价的激励性，鼓励学生发挥自己的个性特长，施展自己的才能，努力形成激励广大学生积极进取、勇于创新的氛围。

（二）形成性评价的原则

为了做好各种教学评价工作，必须根据教学的规律和特点，确立一些基本的要求，作为评价的指导思想和实施准则，具体包括以下内容。

1．整体全面性

在进行课堂教学评价时，要对组成教学活动的各个方面做多角度、全方位的评价，而不能以点代面、以偏概全。由于教学系统的复杂性和教学任务的多样化，使得教学质量往往从不同的侧面反映出来，表现为一个由多因素组成的综合体，因此要真实地反映教学效果，必须对教学活动从整体上进行全面的评价。一个完整的课堂教学设计成果至少应该包含两部分内容，即一份完整规范的教学设计方案和一份媒体素材清单及多媒体资源。

2．科学规范性

在进行课堂教学评价时，要从教与学统一的角度出发，以教学目标体系为依据，确定合理统一的评价标准，认真编制、预试、修订评价工具；在此基础上，使用先进的测量手段和统计方法，依据科学的评价程序和方法，对获得的各种数据和资料进行严谨的处理，而不是靠经验和直觉进行主观判断。科学规范性原则不仅要求评价标准科学、符合客观规律，而且遵循一定的规范，要求评价程序和评价方法科学。

3．客观指导性

在进行课堂教学评价时，从测量的标准和方法，到评价者所持的态度，特别是最终的评价结果，都要符合客观实际，不能主观臆断或掺杂个人情感，应把评价和指导结合起来，要对评价的结果进行认真分析，从不同角度查找因果关系，确认产生的原因，并通过及时的、具有启发性的信息反馈，使被评价者明确今后的努力方向。

4．简单可行性

在进行课堂教学评价时，还应该从时间、环境、师生条件等方面来考虑其是否具有较强的可操作性，在保证正确导向、科学合理的前提下，尽量简单易行，以保证评价有效的开展。设计的评价方案对教师来说简单可实施，能够体现教师的教学风格、特点及其预备技能，对学生来说，能够针对学生的情况，对学生的预备知识、技能以及学习方法等方面的要求比较合理。另外，在时间方面，进行评价时教师的教学时间、学生的学习时间、教师布置作业的时间、教学占用学生课外时间等安排是否合理。在环境因素方面，还要考虑对教学环境和技术的要求不应过高，具备较强的可复制性。

5．创新多样性

在进行课堂教学评价时，要既能发挥教师的主导作用，又能体现学生的主体地位，教法上要有创新，能够激发学生的兴趣，有利于促进学生高级思维能力的培养，体现出新理念、新方法和新技术的有效应用。尤其是在媒体资源方面的评价，我国教育技术界资源建设委员会专门对资源的编制制定了一系列标准，对媒体技术的应用既要体现出它的技术性，又能够在符合课堂教学特点的基础上表现出一定的艺术性，并能够以较小的代价获得较好的效果。

6．有效开放性

在进行课堂教学评价时，一方面要体现教学的内在要求，另一方面又能够得到多方人员的认可，评价结果既能够反映教学目的，又能体现教学的内在规律，还能够体现教学自身的丰富多彩性。教学本身是一个复杂的系统，具有极为丰富的内涵，一个标准不能覆盖众多复杂的教学行为。

（三）形成性评价的设计

评价是教学设计活动的有机组成部分，它能够使教学设计及其成果更趋有效，能够调节教学设计人员的心理因素。课堂教学评价主要从学生、教师、教学内容和媒体四个要素进行。形成性评价既包括对教学过程的评价，也涵盖对教学设计成果的评价，教学设计成果可以是一种新的教学方案，也可以是一套新的教学材料，如教科书、教学媒体课件等的运用，课堂教学设计中的形成性评价主要是针对教学方案所描述的教学过程的评价。

目前课堂教学设计中的评价一般包括以教为主的形成性评价和以学为主的形成性评价两种主要形式。以教为主的形成性评价可以从教学目标和内容、教学活动组织、学习资源的提供和学生成绩等方面进行设计；以学为主的形成性评价可以从学生学习过程、学生参与学习活动情况、学生学习态度和学生学习结果等方面进行设计。

形成性评价是课堂教学设计人员用来获取数据，并通过这些数据修正教学、提高教学效率和效果的过程，重点是搜集数据、分析数据，用来改进课堂教学设计。形成性评价开始于分析阶段，持续于选择和设计阶段，如果计划中还有试用阶段，则会持续到实施过程的前期。

形成性评价通常包括 6 个阶段，即自我评价、专家评议、一对一评价、小组评价、实地实验以及进行中的评价。

1．自我评价（design review）

设计者、开发者或设计团队中的一些成员在将方案呈现给专家或者使用者评价之前对其进行评价，也叫内部评议，一般是在外部评价之前进行的。为了增加自评有效性，在遵循评价标准的前提下可以以准执行者试行方案并记录各种积极和消极的反馈。

学习者每一次的自我评价实现了对原有认知结构的改造与重组，也就是完成了一次自我的肯定、否定、再否定的辩证评价过程。这种自我评价有利于学习者成就感的形成、目标的明确、个性化的培养，使学生由评价客体成为评价主体，提高学生的参与性，增强学生的自我评价能力。具有独立意识的学生一般具备选择、获取新技能和新知识等的能力，他们能够进行自我反思并确定下一步学习方案，教师可以通过发展学生的自我评价技能，使学生具备反思和自我管理能力。引导学生自评是对学生的尊重和信任，有利于调动学生参与评价的积极性，有利于培养学生的自我评价能力和自我教育能力，也有利于增强学生的主体意识和评价的客观程度，具体案例见表 5-3。

表 5-3　小学英语口语评价表

评价内容	评价等级			
	优	良	合格	待合格
1. 我能吟诵简单的英语歌谣，演唱英语歌曲				
2. 我能借助图片或提示编小对话，讲述英语小故事				
3. 我能用英语就自己、家庭和朋友等话题，进行简单交流和描绘				
4. 我能在情景中、游戏中扮演角色，进行有感情的交流				
5. 我能运用英语进行简单的日常对话（如问候、告别、致谢、致歉等）				

2．专家评议（expert review）

专家评议是指邀请一些内容专家、课堂教学设计专家或相关领域的专家，针对课堂教学设计各要素的选择或设计提出建设信息，并在方案实施前对其中的各个要素进行评议，具体包括以下内容：

- 方案中设计的教学内容是否正确、反映最新发展动态
- 方案中所有的观点是否一致
- 提供的案例、实践练习、反馈是否真实准确
- 教学方法是否符合并反映现代教育观念和教育理论
- 教学内容、方法以及所用的教学资源和工具是否适用于教学对象

对于课堂教学这一层次设计成果的专家评议往往采用说课方式，对产品和系统层次的专家评议通常采用专家评议会方式，教学设计人员认真记录专家意见有助于找出存在问题，以便修改和完善。

3．一对一评价（one-to-one review）

一对一评价有时也被称为诊断性评价，设计人员需要和多名具有代表性的学习者一起工作，从单个的学习者身上采集数据并修正教学材料，目的是确定并改正教学中存在的明显错误，并从学习者那里获得对教学内容最初的使用数据和反馈。这个阶段的评价可以从明晰度、影响力和可行性三个方面进行。

- 明晰度：对学习者个体而言，信息或者呈现的教学内容是否明了清晰
- 影响力：教学对学习者个体的态度和教学目标的实现是否有影响
- 可行性：如果得到所需资源如时间、教学情境等，教学的可行性有多大

一对一评价的关键在于它是一个交互的过程，设计人员要参与到学习者的学习过程中去，观察学习者的参与情况并按照预先设定好的时机与学习者讨论材料中呈现的内容，需要设计人员做好前期准备工作和较强的协作沟通交流能力，能够进行有效的交流。

在一对一评价中可以通过观察记录、学习者讨论的记录、教学完成后的问卷和测验等途径收集数据，不需要随机抽取样本，只需要挑选几个具有代表性的学习者即可。通过一对一评价，可以看到教学中存在的错误和不足，并及时采取措施进行修改从而促进教学。

4．小组评价（small-group review）

小组评价阶段往往是由4～6人组成学习小组，利用教学材料进行自学，然后通过对他们的测试来采集所需数据。小组评价主要是确定在一对一评价之后所做的改动是否有效，确定教学中还存在哪些问题，是否能适用真实的目标群。小组评价需要收集两方面的内容：一是教学有效性方面，主要包括学习者前测和后测

的成绩以及对教学的态度，前测一般包括入门技术和教学目标，后测测定学习者在教学目标上的表现，可以通过测验或者练习获得，对教学的态度信息可以通过态度问卷调查和后续访谈来获取；二是教学可行性方面，一般包括学习者完成教学和所要求的绩效评测所需的时间、在特定条件下实施教学的成本和可行性以及实施者或管理者的态度等。下面是一个学习小组内成员评价标准和要求的实例。

- 小组交流时是否能积极参与，大胆发表自己的见解（+1 分）
- 学习小组成员能积极主动地回答问题（+1 分）
- 能主动提出问题、敢于质疑辩论（+2 分）
- 交流时能对同学的发言提出疑问和不同见解并能进行正确解答和评析（+1 分）
- 课堂展示时获得优秀学生展示（+1 分），是小组同学轮流展示（+1 分），由学习成绩落后学生展示（+1 分）
- 课堂学习过程中小组成员做与学习无关事情、说与学习无关的话等影响课堂学习（−1 分）
- 平时学习中有违纪行为如预习严重拖拉，没做或抄袭（−1 分），平时测验成绩极差而被老师批评（−1 分），课堂违纪而被老师批评（−1 分），小组上课纪律差等被老师批评（−1 分）

5．实地试验（field trial）

实地试验是课堂教学设计结果实施前形成性评价的最后一个阶段，执行人员要在一个与教学材料最终使用环境尽可能相似的学习环境中进行评价。实地试验的目的是确定在小组评价之后所做出的改动是否有效，并确认教学方案在预设的环境中能否使用，主要目的就是要找出并消除教学中尚存的问题。

实地试验的关键是创设一个与“真实世界”尽可能接近的教学情境，不仅要求教学环境、条件与最终的使用环境、条件尽可能相似，而且执行教学的人员尽可能是教师，而不是教学设计人员，实地试验对学习者的要求也比较高。在实地试验阶段，数据收集、分析的过程和方法与小组评价类似，只是问题会依据小组评价的经验，更加集中于教学在预期学习环境下的可行性，重点了解影响教学成功的各种因素。

6．进行中的评价（ongoing evaluation）

进行中的评价是指在教学实施之后，就教学对学习者的学习、工作和应用知识解决问题的效果进行的评价。无论是知识技能还是方法，教学的最终目的并不只是学生能够掌握或者在学习过程中的应用，而是在最终需要运用这些知识技能和方法的环境中进行创造性地运用。进行中的评价可以帮助设计人员了解学习者是否意识到在实际生活中应用所学的新知识和技能、学生应用的效果如何以及学习者对改进教学的意见和建议。

进行中的评价在课堂教学中很常见，如今也越来越受到重视，很多教师都会自觉地运用，只是并不是以一种很明显的评价行为表现出来，如数学学科中计算能力、语文学科中的朗读能力与写作能力等，尽管没有专门的评价，但教师会在其后的相关内容教学中观察学生应用已学知识的情况，并根据学生具体情况采取相应补救措施。

（四）形成性评价的实施

形成性评价是指通过观察、活动记录、学生评价表、测验、问卷调查、咨询等形式对学生学习进行的持续评价。它是伴随学习过程进行的，目的是向师生提供学习状态和进程反馈信息，从而有助于他们调节教与学的活动。形成性评价关注学习过程，试图通过改进学习过程来提高学习效果。除可用于评价知识、技能等可以量化的方面外，形成性评价更适合于评价学习兴趣、学习态度、学习习惯、学习策略、合作精神等不易量化的内容。形成性评价往往是在开放的、宽松的、友好的、师生互动的环境中进行的。形成性评价既是一种评价手段，也是一种学习方法。

教学设计成果的形成性评价通常包括制订计划、选择评价方法、试用设计成果和收集资料、归纳和分析资料、报告结果等几项工作。分析评价是审核教学目标与教学对象和环境是否适应，内容分解是否反映了教学目标，技术是否发挥了优势，学生是否得到了进步和发展；设计评价是判断设计是否能达到预期的教学目标，能否适应学生的学习活动要求等；实现评价是通过实施检查教学目标是否实现，教学活动和学习活动开展情况等。每个阶段的评价都需要做出评价报告，并总结不足，找到改进的方法和措施。

课堂教学的一般方法关注以教为主的形成性评价和以学为主的形成性评价。以教为主的形成性评价通常包括两个环节：一是收集反映课堂教学效果的有关信息资料，二是根据信息资料所反映的教学状况做出即时反馈。在收集反映课堂教学信息时，一般采用测验、调查和观察的方法，其实它们也是课堂教学设计和教学活动中其他评价类型的主要工具，了解其特点、掌握其编制原理和方法是教学设计人员应该具备的基本功之一。这三种方法各有所长，测验适宜于收集认知类目标的学习成绩资料，调查适宜于收集情感类目标的资料，观察适宜于收集技能类目标的学习成绩资料。测验是最重要的教学评价手段，是在心理、智力测验的基础上推广而来的，有常模参照测验、标准参照测验、客观性测验、主观性测验、标准化测验等提法和做法（见表 5-4）。

表 5-4　学习目标与相应评价方法

学习目标	评价方法
知道	各种客观测验、标准测验
理解	论文测验、选择测验、面谈调查
创造力	论文测验、问题情境测验、面谈调查
鉴赏力	论文测验、问卷调查、面谈调查
读、写、算能力	各种客观测验、标准测验、观察
会话、交流能力	各种客观测验、人际交往能力测验
操作、实验技能	观察、客观测验
态度、习惯、适应性	观察、面谈调查、问卷调查
职业能力倾向	能力测验、观察、面谈调查

根据信息资料所反映的教学状况做出即时反馈一般有校正性反馈、鼓励性反馈和帮助性反馈三种。当大多数学生对当前教学内容的学习未能达到教学目标要求时，反馈应是校正性的，即教师及时调整当前的教学内容与教学策略以适应大多数学生的情况和需求；当大多数学生对当前教学内容的学习能较好地达到教学目标的要求，只有少数或个别学生未能达到时，则区分两种情况做出不同反馈，对大多数能达到教学目标的学生给予鼓励性反馈，即根据程度给予相应的、恰如其分的肯定和鼓励，对表现突出的给予更大的表扬；对少数或个别没有达到教学目标的学生给予帮助性的反馈，即教师应尽力提供帮助，可以在课堂上进行，也可以在课后进行辅导。

以学为主的形成性评价的实施考虑到此类教学过程一般采用自主学习策略，即主要依靠学生的自主探索、自主发现，它通常包括小组对个人的评价和学生个人的自我评价，评价主要围绕自主学习能力、协作学习过程做出的贡献和是否达到意义建构的要求三个方面。评价实施过程中，尽量使学生保持轻松愉快，从而客观确切地反映出每个学生学习的实际效果。根据小组评价和自我评价的结果，可以为学生设计出一套可供选择并有一定针对性的补充学习资料和强化练习，使之既能反映基本概念、基本原理，又能适应不同学生要求，通过强化练习纠正原有的理解错误或片面认识，最终达到符合要求的意义建构。

四、总结性评价

（一）总结性评价的定义

总结性评价一般是指某一个阶段的教学完成之后评定这一阶段的学习结果，目的在于评定教学目标的达到程度，检查教学工作的优劣，考核学生的最终成绩、把握教学活动的最终效果，给出教学与学习的最终评价结论。总结性评价又称事后评价，它注重的是教与学的结果，借以对被评价者所取得的较大成果做出全面鉴定、区分等级并对整个教学方案的有效性做出评定。

总结性评价是以预先设定的教学目标为基准，对评价对象达成目标的程度，即最终取得的成就或成绩进行评价，对学习者的学习活动和教师的教学状况给出最终的评价与结论，是为了了解教学活动的最终效果而进行的评价，涉及学生最终的成绩和教师的评定，为各级决策人员提供参考依据。学期末或学年末进行的各科考试、考核都属于这种评价，其目的是检验学生的学业是否最终达到了各科教学目标的要求。总结性评价重视的是结果，借此对被评价者做出全面鉴定，区分出等级，并对整个教学活动的效果做出评定。

（二）总结性评价的原则

1．整体性

在进行教学评价时，要对组成教学活动的各个方面做多角度、全方位的评价，而不能以点代面、以偏概全。

2．科学性

在进行教学评价时，要从教与学统一的角度出发，以教学目标体系为依据，确定合理统一的评价标准，使用先进的测量手段和统计方法，依据科学的评价程序和方法，对获得的各种数据和资料进行严谨的处理，而不是靠经验和直觉进行主观判断。

3．客观性

在进行教学评价时，从测量的标准和方法到评价者所持的态度，特别是最终的评价结果，都应符合客观实际，不能主观臆断或掺入个人情感。

4．开放性

整个教学系统的评价应该是开放民主的，不仅能够为评价者在评价过程中具体掌握标准留有一定余地，更需要具体问题具体分析，为教师和学生提供广阔的创造空间。

（三）总结性评价的设计

总结性评价是整个评价过程逻辑中的第二步，它是证明课堂教学设计有效性或显示其不足的最客观的方法，包括充分收集信息并利用这些信息做出是否利用的决策，它关注的是结果，关注课堂教学设计是否真正解决了教学问题，关注课堂教学设计是否优化了教学，是否获得了比较理想的教学效果。

在总结性评价阶段中，对数据的收集和分析都比形成性评价更正规，它可能采用形成性评价用过的工具，如考试、访谈、观察、调查、小组过程以及档案袋评价等。其中考试环节可以具体包括笔试、口试和操作等方式。

- 笔试是采用书面形式进行测试的一种考试方式。
- 口试是让学生用口头语言回答接受测试的一种考试方式。
- 操作是让学生动手进行实地操作，以考查学生动手能力和对知识的实际应用能力。

但不同的是，总结性评价在很大程度上依赖测试与测量的策略和统计分析来评价课堂教学效果，并为最后的决策提供客观依据。基于信息技术支持的课堂教学评价可以利用现场课、录像课以及包括教学设计方案、教学资源等在内的综合课例等多种形式展开。

（四）总结性评价的实施

总结性评价的实施一般包括准备阶段、信息采集及评价报告三个阶段。准备阶段主要任务是收集各类信息，进行初步筛选，形成评价方案，制订出能够全面评价的要求和文档等材料。信息采集阶段是开展评价的基础性工作，评价信息越全面充分，评价的标准性越高，一般包括问卷法、成绩测验法、各种形式的现场观察等。评价结束阶段，教师有必要就评价过程和结论进行全面的叙述，提出相关建议并将结果以评价报告形式反馈给决策者和被评价者。

对整个课堂教学效果的总结性评价可以从教学结构、学生学习方式和效果、教师教学方式和效果等维度进行，在“主导—主体”教学结构中，教师通过对教学内容、教学媒体、学习活动等的设计，使学生在学习过程中既有很大的自主权，也会得到教师、专家或者同伴的指导，开放式的学习环境有利于学生创新精神和实践能力的培养；总结性评价应充分考虑到是否从学生出发，学生的积极性和主动性是否得到了发挥等；总结性评价还应关注教师的教学方式和效果，对教师在角色转变、教学设计的落实和实施情况、教学方法和手段的有效性、学习资源与工具的应用性及教学组织的掌控性等方面进行多方位全面的评价。

第二节　课件实践案例

一、课件标题和目录案例

课件标题页是最能体现课件设计和制作者想法的页面，也是课件整体风格的最佳体现（见图 5-1 至图 5-4）。

二、课件文本案例

文本是五大类媒体素材中最基本的素材，文字加工包括精简、美化等多方面，好的文字能使课件具备更高的知识表达和传授功能（见图 5-5 至图 5-8）。

图 5-1　封面标题 1

图 5-2　封面标题 2

图 5-3　封面标题 3

图 5-4　具有动画交互的封面标题

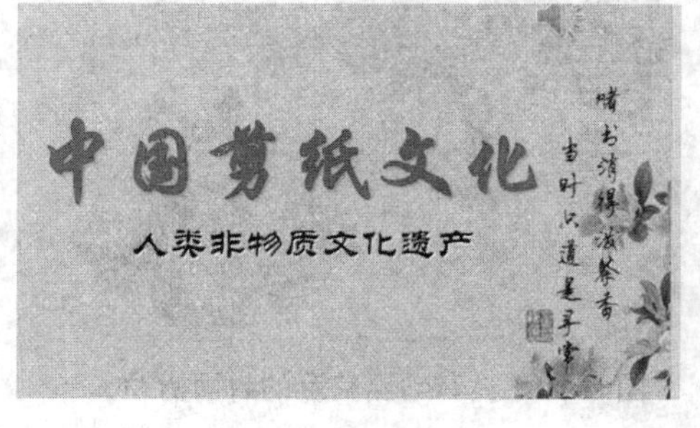

图 5-5　封面标题

图 5-6　具有动画交互的封面标题

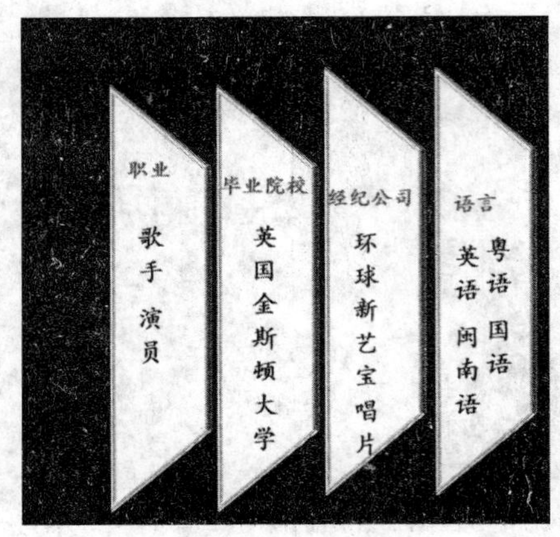

图 5-7　封面标题

图 5-8　具有动画交互的封面标题

三、课件图文案例

课件图形图像与文字结合的界面是最常应用的形式，二者之间的完美搭配不仅能够更好地传递教学内容，更能够为课件增添色彩。图 5-9 至图 5-18 是各具不同色彩和风格的界面设计案例。

图 5-9　封面标题

图 5-10　具有动画交互的封面标题

图 5-11　封面标题

图 5-12　具有动画交互的封面标题

图 5-13　封面标题

图 5-14　具有动画交互的封面标题

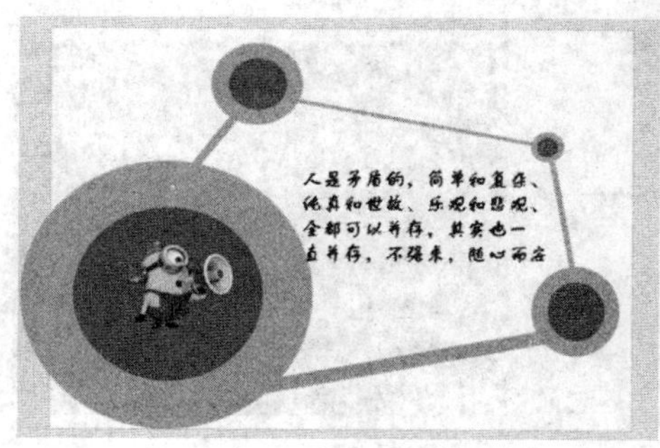

图 5-15　封面标题

图 5-16　具有动画交互的封面标题

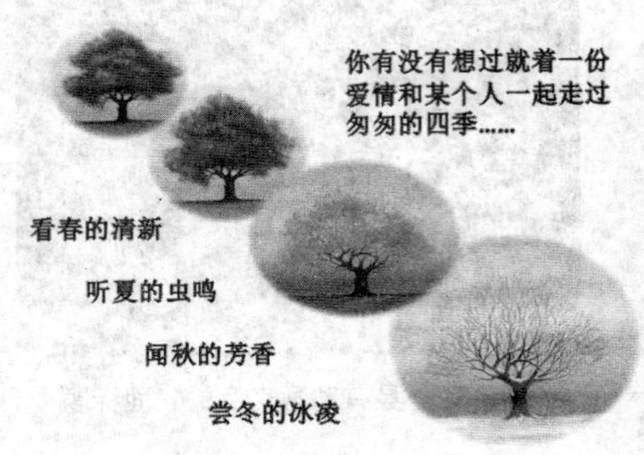

图 5-17 封面标题

图 5-18 具有动画交互的封面标题

四、课件动画和超链接案例

软件的动画功能最能提升课件表现力，针对文字、图形图像的动画与音频、视频以及超链接的多方位组合能够使课件具备类似于视频和 Flash 动画效果的功效（见图 5-19 至图 5-26）。

图 5-19 封面标题

图 5-20 具有动画交互的封面标题

图 5-21　封面标题

图 5-22　具有动画交互的封面标题

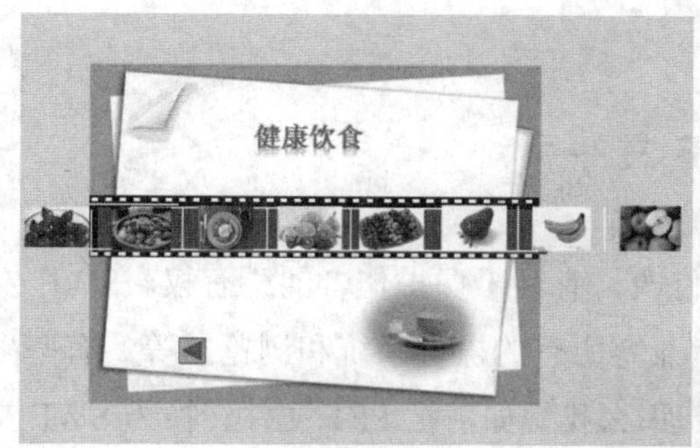

图 5-23　封面标题

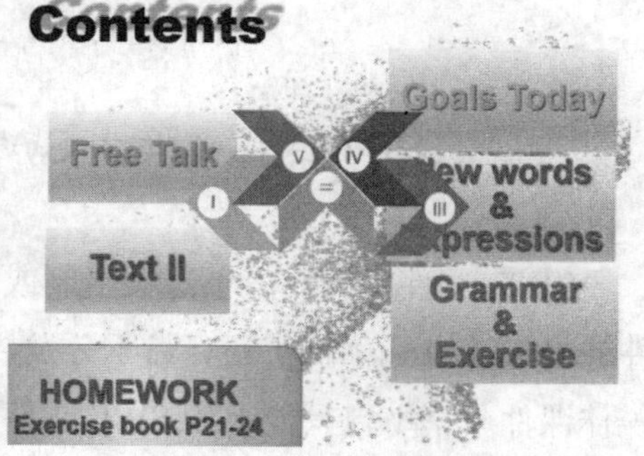

图 5-24　具有动画交互的封面标题

图 5-25　封面标题

图 5-26　具有动画交互的封面标题

第六章　课件制作应用软件拓展

第一节　PowerPoint 相关软件

一、把 PPT 课件转换为 SWF 文件

SWF 文件中的内容不能被复制或修改，有利于保护作者的所有权。SWF 文件的最大特点是体积小巧、易于分发，兼容所有的操作系统和浏览器等。有些多媒体课件分享平台只能上传 SWF 文件。那么我们如何把 PPT 文件转换为 SWF 文件呢？

PPT 转 SWF 的工具有很多，这里我们介绍一款免费的工具——iSpring Free。使用 iSpring Free 可轻松地将 PPT 文件转换为 SWF 文件，转换的同时还会保留原有的可视化与动画效果。

iSpring Free 是以 PowerPoint 插件的形式工作的，安装后会自动添加插件，再打开 PowerPoint 你会发现菜单栏多了一项“iSpring Free”菜单，单击后出现一排设置（见图 6-1）。

工具栏中的“快速发布”工具是以系统默认的设置进行转换，使用简便但缺乏灵活性。“发布”工具允许自定义设置，如标题、输出位置、SWF 文件的播放方式，要转换的幻灯片的页码范围等，如图 6-2 所示，设置完成后，单击右下角的“发布”按钮即可开始转换。

图 6-1 iSpring Free 菜单设置

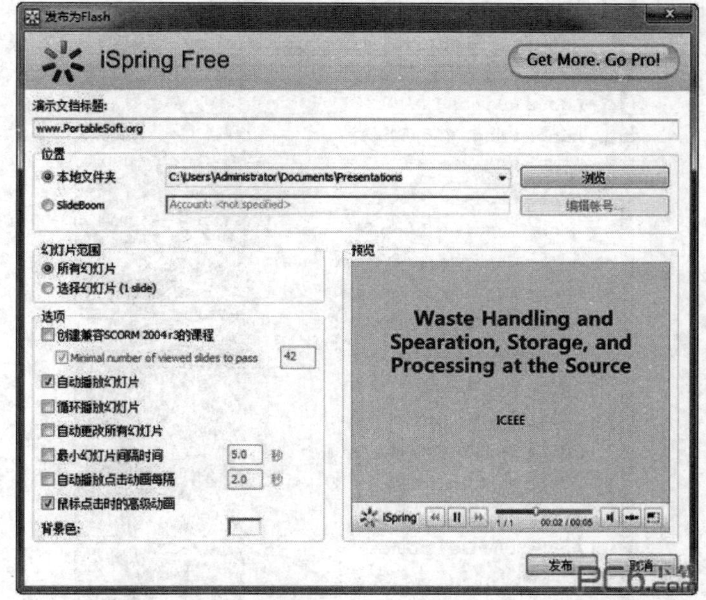

图 6-2 发布为 Flash 对话框

二、专门阅读 PPT 文件的工具

PowerPoint Viewer 是专门阅读 PPT 文件的阅读工具，用 PowerPoint Viewer 只能查看 PPT 文件，不能编辑 PPT 文件。

使用 PowerPoint Viewer，可以完全逼真地查看在 PowerPoint 1997 或更高版本中创建的功能齐备的演示文稿。此查看器还支持打开受密码保护的 Microsoft

PowerPoint 演示文稿。在 PowerPoint Viewer 中可以查看和打印演示文稿，但是不能对文稿进行编辑。

可以使用 PowerPoint Viewer 附带的字体进行显示和打印，但是显示和打印的内容必需来自运行 Microsoft Windows 操作系统的设备。

以下简单介绍 PowerPoint Viewer 的应用：

首先启动软件，在 Windows 操作系统中安装完成 PowerPoint Viewer 后，会在“开始”菜单的“所有程序”中列出 Microsoft PowerPoint Viewer 可执行程序，单击这个图标即可启动软件。

图 6-3　启动 PowerPoint Viewer

然后打开需要预览的 PPT 文件（见图 6-4）。

图 6-4　打开 PPT 文件

在弹出的对话框中查找需要预览的 PPT 文件，选中文件并单击“打开”命令，则该文件就会被 PowerPoint Viewer 预览出来。

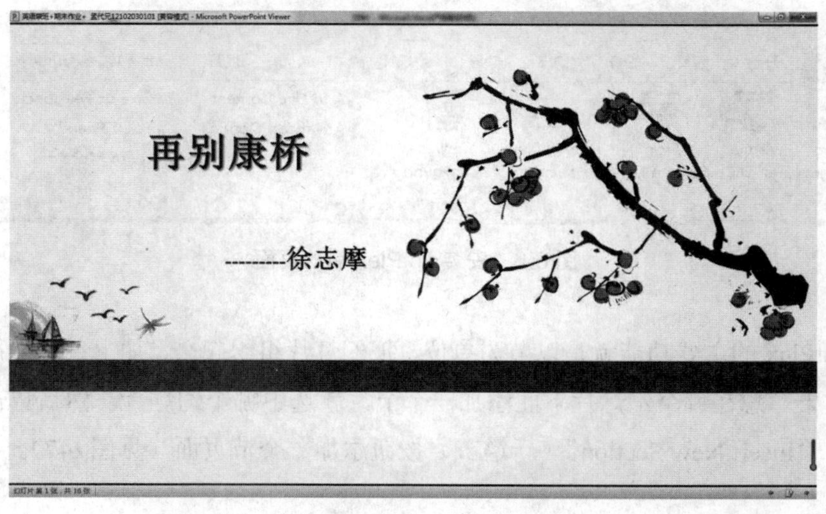

图 6-5　预览 PPT 文件

PowerPoint Viewer 是一款专门用于阅读 PPT 文件的阅读器，它可以在计算机没有安装 Microsoft Office 的情况下使 PPT 文件正常播放，并且保持原 PPT 文件的全部设置和动画效果等。相比其他转换软件（如 ppt2swf）而言，PowerPoint Viewer 能够更加真实地反映出 PPT 文件的原效果。

三、实现 PPT 课件的结构化演示

我们知道，PPT 文件是从头到尾线性播放的，那么在演示过程中，需要引用前面某一页的内容时，就很麻烦。尤其是在答疑环节，需要不停地在多个页面之间反复跳转，我们只能凭着自己的记忆在不同的页面间来回浏览，当找不到时，就会急得满头大汗。

使用 pptPlex 可以根据需要把幻灯片分成不同的板块，使它们在一个页面中动态显示，就像一个概览视图。当你需要讲解某一页时，单击该页就会立即放大，当你讲完了，缩小退回概览。你可以任意缩放页面并找到所要展示的任何板块。

pptPlex 是 OfficeLab 开发的一个 PowerPoint 插件，而且完全免费，安装包大小只有 3.8 MB，很容易在网上下载到。安装 pptPlex 后，打开 PowerPoint 会在上方菜单栏中出现 pptPlex 的标签（见图 6-6）。

图 6-6 安装 pptPlex 后的页面

pptPlex 的主要功能就是以节为单位，把幻灯片组织起来，加上一些缩放和切换的效果。想在哪个幻灯片下面添加一个节，就选中哪个幻灯片，然后单击工具栏中的“Insert New Section”（新增节）按钮添加一个节页面（见图 6-7）。

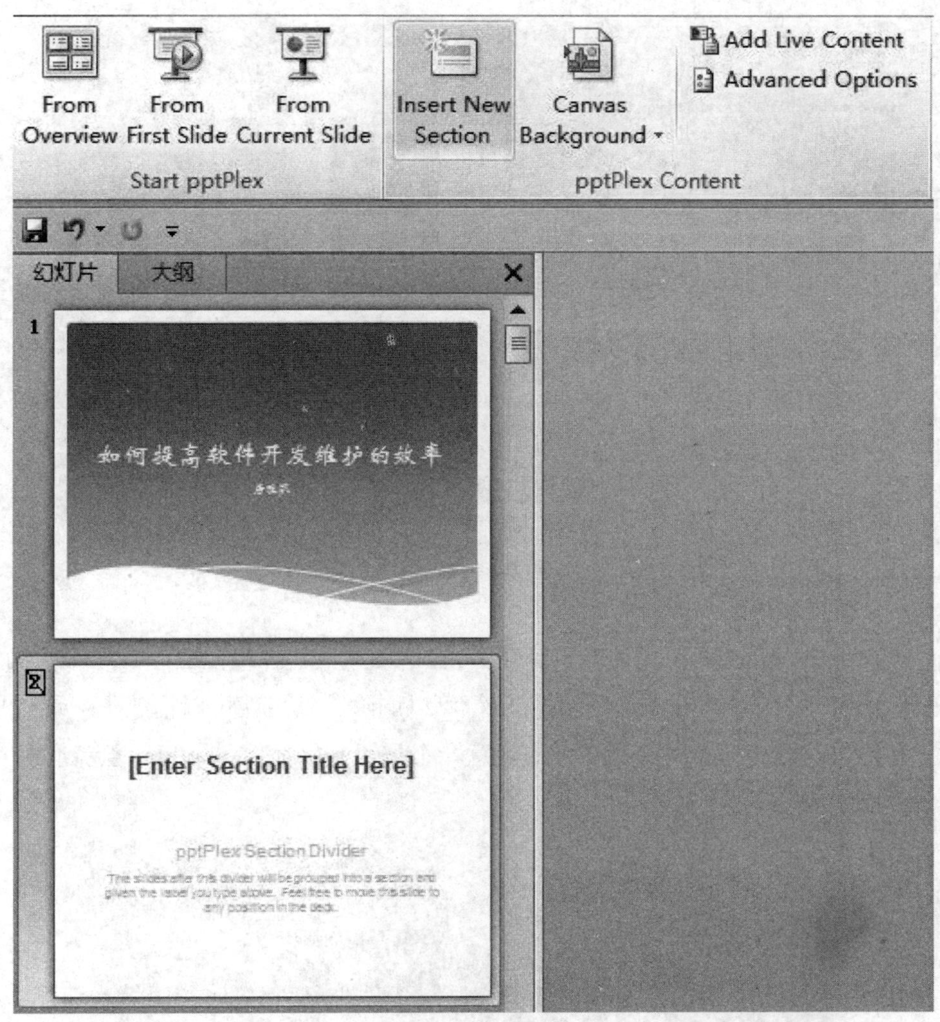

图 6-7 “Insert New Section”（新增节）

我们可以按照逻辑关系把所有幻灯片分成不同的节，可以给节添加标题，还可以通过拖动调整节的位置，就像拖动某个幻灯片那样。

有了节之后，我们就可以把节按一定的形式在一张页面上显示出来，这个页面就叫画布。单击工具栏中的“canvas background”（画布背景）按钮，就能看到系统自带的画布背景。

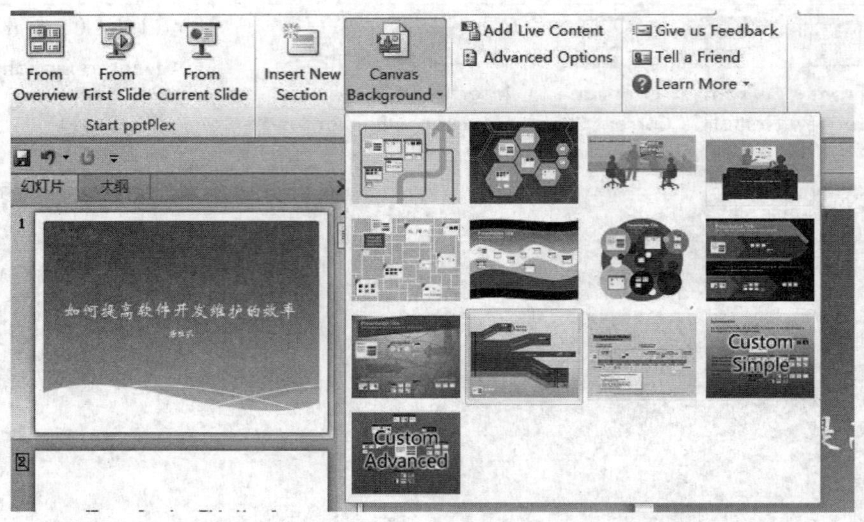

图 6-8 “canvas background”（画布背景）

选择一个预设的画布背景后，pptPlex 会自动为我们在最上面添加一个页面，里面包含了所有节的信息，多余的提示符可以删除，然后就可以播放了。通过单击工具栏最左侧“Start pptPlex”中的任意一个按钮开始播放，pptPlex 会给你一个惊喜。

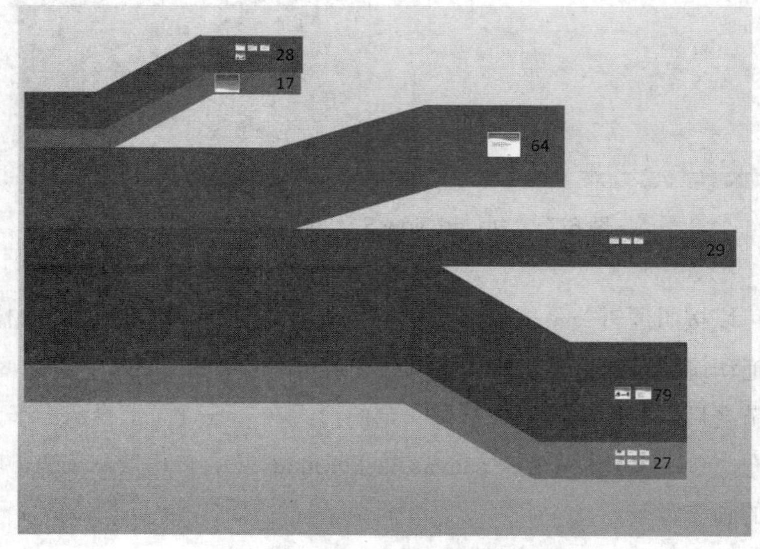

图 6-9 pptPlex 中包含所有节的总图

你会发现所有的 ppt 页面被组织了起来，可以双击任意一张去浏览，也可以方便地缩放，还可以在播放任何一张幻灯片的时候回到这个总图。具体操作方法见表 6-1。

表 6-1 操作方法

要实现的效果	操作方法
放大，进入一个节或者幻灯片	双击这个节的标题或者某个幻灯片
缩小，返回上一级	鼠标右击
无级缩放	鼠标滚轮或者“+”“–”键
放大幻灯片的某一部分	鼠标双击要放大的部分
拖动片子	按住鼠标左键拖动

四、把 PPT 课件转换为翻页电子书

Flip PowerPoint 是一个 PPT 文件转换工具，可以将 PPT 文件转换为翻页电子书效果的文档，类似于数码翻页电子书。还可以为 PPT 演示文稿设置导航目录以及外观效果，如图 6-10 所示。

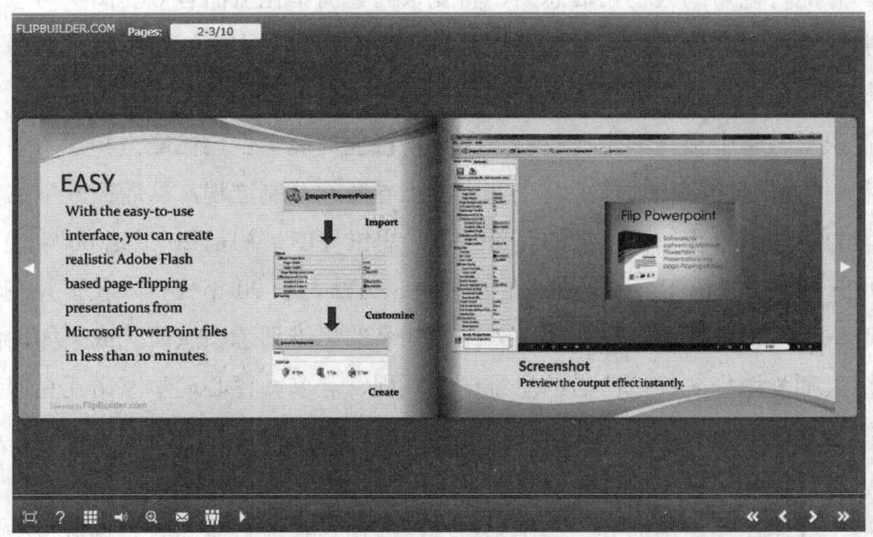

图 6-10 将 PPT 转换为翻页电子书的外观效果

Flip PowerPoint 的工作原理是，先将每个幻灯片临时转换为图片，需要时可以插入外部图片，再合成为翻页电子书效果。只需要导入要转换的 PPT 文件，设置好目录与外观、图像质量等，选择一种格式进行转换即可。

第二节　思维导图软件

一、思维导图概述

当今时代技术迅猛发展，新技术新媒体的出现给人们生活和学习带来了巨大冲击和影响，应用型软件层出不穷，各类软件的应用在教育教学中也越来越深入和广泛。科学研究表明，人的左右脑功能存在差异，即爱说话的左脑和爱画画的右脑，如何根据人脑特点和学生自身差异，帮助学生在特定学科领域进行高效的学习已经成为教育界人士越来越关注的问题。

思维导图已成为 21 世纪全球性思维工具，它打破人们固有的思维定式，在思维模式方面可以帮助人们拓展思路，将复杂问题简单化从而有效提高学习工作效率，并能够在提高创造能力方面发挥其自身特有优势。本书探讨了思维导图作为一种能够利用记忆规律和思维活动帮助人们建构自己知识体系的有效工具，帮助教师在课堂教学中根据学生自身特点和学科特色提高学生记忆能力和学习效率，如何利用思维导图应用软件工具来完成思维导图的绘制过程，从而提升学生有效记忆能力，达到自我知识体系的完美建构。思维导图最初是 20 世纪 60 年代英国人托尼·博赞（Tony Buzan）创造的一种笔记方法，于 90 年代传入我国并在教育领域产生了积极的影响，目前国内外比较知名的思维训练领域研究成果如国际思维训练大师爱德华·德·博诺的思维训练课程、著名教育心理学家诺瓦克博士的概念图、北京师范大学赵国庆博士提出的“隐性思维显性化—显性思维工具化—高效思维自动化”思维训练框架等。

思维导图已经在国内外许多国家被广泛应用，相应科研和教育领域也十分重视和关注其实践应用。如哈佛大学、剑桥大学的师生都在使用思维导图这项思维工具开展教学和学习，在英国思维导图作为国民教育的必修课程，在新加坡思维导图也已成为中小学生的必修课。此外，名列世界 500 强的企业如 IBM、微软、惠普等大公司更是把思维导图课程作为员工进入公司的必修课，用思维导图提升智力能力和思维水平已经得到越来越多人的认可。

思维导图是一种利用记忆规律和思维活动帮助人们建构自己知识体系的有效工具，它既可以用简单的传统工具如笔和纸张，也能够利用各种思维导图应用软件工具来完成思维导图的绘制过程，从而完成学生自我知识体系建构。本章将探讨教师如何运用思维导图在课堂教学中辅助教师根据学生自身特点和学科特色提高学生记忆能力和学习效率。

二、思维导图的教学实践运用

思维导图最初是 20 世纪 60 年代英国人托尼·博赞（Tony Buzan）创造的一种笔记方法，适用于任何需要动脑的时刻，在进行听说读写、思考、策划、执行、时间管理等多方面都能够成为人们的得力助手。

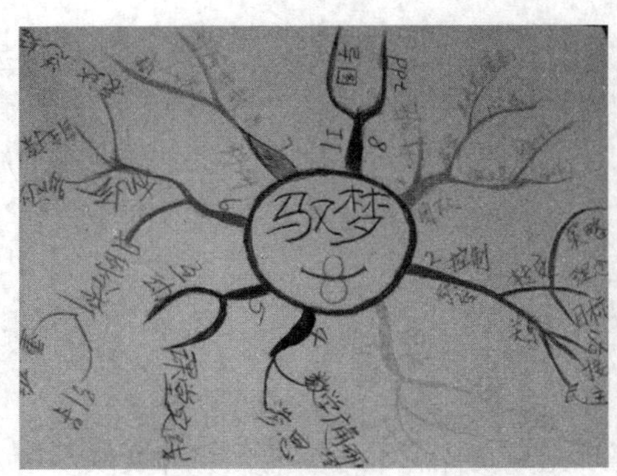

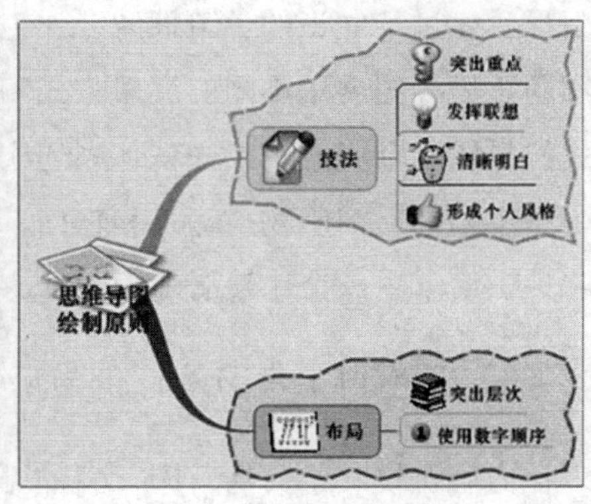

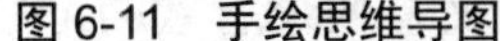
图 6-11　手绘思维导图

图 6-12　思维导图软件绘制的思维导图

思维导图的最大特点是可以将所有知识以非线性方式呈现在一个平面上，教学内容展示清晰，逻辑关系明了，高效省时，有利于学生发散性思维的养成，教师和学生都可以利用 MindManage、MindMap 等软件工具，也可以运用黑板、彩色粉笔及白纸和彩色笔等工具绘制思维导图。思维导图是一种省时高效的学习方式，有助于激发学生的学习兴趣及动机，建构自己的知识体系和认知结构，通过改善学生的学习策略实现建构主义在教学中的实践，从而提高课堂学习效率，最终实现教学和学习“双赢”效果。下面以生物学科中“细胞”这一课题为例阐述如何在生物课堂教学中运用思维导图提升学生学习能力。

（一）学生自主学习能力的激发

生物学科课程中的知识较枯燥乏味、知识点比较多，且被要求记忆的内容也比较多，学生对零星分布的知识掌握不够牢固，特别是不能形成知识网络，更不能比较深刻地了解知识的内部联系。生物课堂教学比较常见的就是教师讲授、学生以听为主的传统教学模式，学生学习积极性不容易被调动起来。知识点之间的内容衔接和逻辑关系弱使知识的学习和记忆更加容易遗忘，如何更好地在课堂教学中调动起学生学习的主动性和积极性，使学生能够迅速理解并高效地掌握知识以达到教学效果最优化是教师们研究和关注的热点问题。

细胞是生命的最小单位，有关细胞的相关知识在生物课程教学中占有重要地位。教师可以提前组织细胞概念的相关知识，通过绘制整体知识的思维导图，组织引导学生进行知识的学习理解、加工记忆和归纳整理；也可以就同一个学习内容利用思维导图展示不同的展现方式和内容间的逻辑关系，从而能够帮助学生利用思维导图工具完成自我知识体系的构建。细胞知识内容学习主要包括细胞的组成、基本结构、细胞物质输入和输出、能量供应和利用和生命历程等几个模块，能够提供给学生一个比较清晰的轮廓。

（二）学生自主学习的评价与反馈

在内容讲授和学习环节中，教师可以充分发挥思维导图的优势开展以学生为主的教学活动。细胞知识的学习主要侧重于内容的记忆，快速有效的记忆方法有多种，如利用情境联想、视觉听觉、讲解复习及持续不断的记忆等。教师在进行教学内容设计时，可以结合化学学科中的元素和化合物知识（见图 6-13），利用形象标记方式促进学生的记忆。教师的作用就是做到引导学生自觉学习，主动构建自我知识体系。

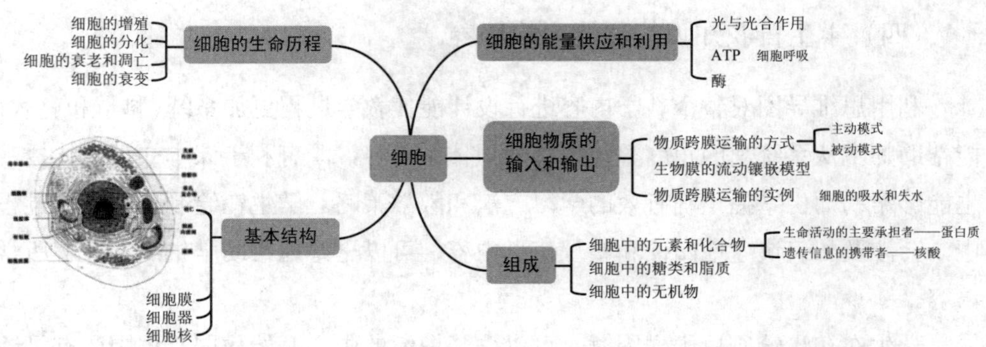

图 6-13 细胞中蛋白质的组成

教师的评价和及时反馈对学生学习起着调节和控制的作用。教师可以根据实际教学情况，准确把握学生学习过程中存在的问题，及时给予学生有效的反馈，发挥思维导图在发散思维过程中的动态呈现过程和创新思维培养的优势，提高学生解决问题的能力。

（三）学生自我学习方式的转变和提高

教学者通过使用思维导图进行辅助教学，学习者通过思维导图进行知识建构，这种教学方式与学习方式可以促进学生的记忆能力的改善，提高学习效率。学生绘制思维导图的过程就是通过自己动手，调动起全身多个感官同时参与到主动编码的学习过程中来，运用自己独特的思维模式自我独立完成知识体系的构建。思维导图改变了以往传统的做笔记方式，它运用丰富的色彩和图像，在同一个平面中充分反映出空间感、多维度和个人联想和创新能力，可以随意组合关键词，这种学习方式和思维方式使学生的学习不再是死记硬背，改变了学生原有的呆板学习方式。

教师可以提供给学生多方面多学科好的思维导图实例来打开学生视野，来促进学生不断提高自己运用思维导图的能力和水平。在思维导图绘制过程中，能够促使学生积极思考、加深对知识的理解，认真体会和观察知识间的关系，发现自己从没注意或意识到的各个知识间的关联，从而产生一些具有创新性的理解，激发学生的学习兴趣，增强其成就感。

（四）学生自我知识管理能力的培养

利用思维导图对整个教学内容进行设计能使教学过程更加系统、科学和有效，能帮助师生从系统观的角度整体把握知识体系内容，既有利于课本知识的传授，也能够帮助师生掌握正确有效的学习方法和教学策略。学生在绘制思维导图过程中，会涉及如何快速地阅读和整理信息内容，可以更好地帮助学生加深理解所学内容。

学生在初步绘制思维导图时，可以先从白纸的中心开始作图，周围留有足够的空白，白纸中心是一个关键词或者一幅表达信息重要内容的图片，中心与分支连接要依照分支的层次关系，每个分支使用一个关键词，尽可能使用多种颜色用优雅的曲线替代直线进行绘制，如图 6-11 和图 6-12 所示，两张图所展示的是学生在进行细胞癌变学习中的过程草图和最后完成图。“重复乃记忆之母”，可以看出在绘制过程中，学习内容被强化和复习，思维导图成为提高记忆力的有效途径和手段。依据艾宾浩斯遗忘曲线图进行学习的复习与强化，能够帮助教师和学生对知识掌握达到事半功倍的效果，而思维导图的绘制和不断完善的过程可以引导学生不断去回忆、强化和复习知识，在复习阶段这是一种既节省时间又节省精力的有效学习方式，每次复习和回忆时，学生能够与其他知识联系起来进而进行知识结构重构。

思维导图能把枯燥的文字变成彩色的、容易记忆的、有高度组织性的图像。通过刺激学生的视觉感官，对所学知识进行知识关联，进行发散性思维训练，来加深他们对知识的理解和记忆，从而提高教学效率和学习效率，达到教与学的“双赢”。思维导图有效应用于教与学的过程，不是一日之功，还需要教师和学生在教学和学习过程中不断应用和提升，进一步开发出思维导图在教育教学中的强大功能。

参考文献

[1] 教育部. 国家中长期教育改革和发展规划纲要（2010—2020）.

[2] 何克抗，李文光. 教育技术学[M]. 北京：北京师范大学出版社，2002.

[3] 李克东. 教育技术学研究方法[M]. 北京：北京师范大学出版社，2003.

[4] 黄荣怀. 计算机支持的协作学习——理论与方法[M]. 北京：人民教育出版社，2003.

[5] 何克抗，郑永柏，谢幼如，等. 教学系统设计[M]. 北京：北京师范大学出版社，2002.

[6] 乌美娜. 教学设计[M]. 北京：高等教育出版社，1998.

[7] 何克抗. 计算机辅助教育[M]. 北京：高等教育出版社，1997.

[8] 薛颖，沈渝平. 现代教育技术[M]. 北京：新华出版社，2013.

[9] [英]托尼·巴赞. 开动大脑[M]. 李燕红，译.北京：世界图书出版公司，2004.

[10] 何克抗，林君芬，张文兰. 教学系统设计[M]. 北京：高等教育出版社，2006.

[11] 张琴珠，郁晓华. 计算机辅助教育[M]. 北京：高等教育出版社，2011.

[12] 薛颖. 协作·探究：网络环境下的教与学[M]. 北京：中国环境出版社，2016.

[13] 薛颖. 教育技术常用软件精编[M]. 北京：中国环境出版社，2015.

[14] 游逆舸. 让掌声响起来 PPT 制作达人速成[M]. 北京：印刷工业出版社，2013.

[15] 孙方. PowerPoint！让教学更精彩：PPT 课件高效制作（修订本）[M]. 北京：电子工业出版社，2013.

[16] 缪亮. 让课堂更精彩！精通 PPT 课件设计与制作[M]. 北京：清华大学出版社，2014.

[17] 李润亚，马文辉. PowerPoint 2010 多媒体课件制作[M]. 北京：人民邮电出版社，2015.

[18] 赵国庆，别说你懂思维导图[M]. 北京：人民邮电出版社，2015.

[19] 王晓莉，杨晓辉. 多媒体课件设计理论与制作[M]. 北京：北京邮电大学出版社，2015.

[20] 刘桂春，王双全，赵晓英. 新编心理学教程[M]. 北京：北京邮电大学出版社，2014.

[21] 陆明玉，孙霞. 现代教育学[M]. 北京：北京邮电大学出版社，2014.

[22] 何荣杰，张艳明. 课堂教学设计[M]. 北京：北京邮电大学出版社，2014.

[23] 何荣杰. 现代教育技术[M]. 北京：北京邮电大学出版社，2014.

[24] 杨晓辉. 多媒体课件设计与制作[M]. 呼和浩特：内蒙古大学出版社，2009.

[25] 李林英，李翠白. 思维导图与学习：学习科学与技术新探[M]. 北京：北京师范大学出版社，2011.

[26] Zhang Zuochen，Xue Ying. An investigation of how Chinese university students use social software for learning purposes[C]. 5th World Conference on Learning，Teaching and Education Leadership. 2014.

[27] 薛颖，王双全，毕东.手机媒体对民族地区高校大学生思想行为影响及对策研究：以赤峰学院为例[J]. 民族教育研究，2015，（3）：16-19.

[28] 薛颖. 普通高中数学教学中协作与探究教学策略的应用研究[D]. 北京：北京师范大学，2005.

[29] 薛颖，朱海波，张艳明. 普通高校大学生就业现状分析与思考[J]. 赤峰学院学报：自然科学版，2014，10（上）.

[30] 张艳明，薛颖. 当前国内翻转课堂热的冷思考[J]. 中国教育信息化，2015，（8）：7.

[31] 薛颖. 民族地区教育技术学专业创新人才培养探析[J]. 民族高等教育研究，2013，1（5）：36-40.

[32] 薛颖. 基于几何画板的高中生数学自主探究能力培养探析[J]. 中小学电教，2013（z2）：86-88.

[33] 薛颖. 协作探究学习策略在大学课程的实践探索[J]. 教育与职业，2012（9）.

[34] 薛颖. 教育技术专业创新人才培养的教学实践探索[J]. 赤峰学院学报：自然科学版，2011（3）.

[35] 薛颖. 关于加强民族学校民族文化校本课程开发的建议[J]. 赤峰学院学报：自然科学版，2016（6）.

[36] 薛颖，张艳明. 思维导图：提升学生学习能力之有效途径[J].中国信息技术教育，2015，（12）：51.

[37] 薛颖. 基于手机客户端的移动学习环境创设[J].赤峰学院学报：自然科学版，2015（17）.

[38] 薛颖，王双全. 个人知识管理在教育技术学专业人才培养中的策略研究[J].赤峰学院：自然科学版，2014（24）.

[39] 薛颖，张艳明，朱海波.普通高校大学生就业现状分析与思考[J]. 赤峰学院：自然科学版，2014，（19）：251.

[40] 薛颖. 如何在物理教学中运用思维导图[J]. 中小学电教，2014，（5）：39.